U0463325

郭家沟村
发展志略

A BRIEF RECORDS OF
GUOJIAGOU'S DEVELOPMENT

苑雅文　董秀娜　罗海燕　著

天津社会科学院出版社

图书在版编目（CIP）数据

郭家沟村发展志略 / 苑雅文，董秀娜，罗海燕著.
天津 ： 天津社会科学院出版社，2024. 10. -- ISBN 978-
7-5563-1042-5

Ⅰ. K292.15

中国国家版本馆 CIP 数据核字第 202489KK30 号

郭家沟村发展志略

GUOJIAGOUCUN FAZHAN ZHILUE

选题策划：韩　鹏
责任编辑：李思文
责任校对：王　丽
装帧设计：高馨月
出版发行：天津社会科学院出版社
地　　址：天津市南开区迎水道 7 号
邮　　编：300191
电　　话：（022）23360165
印　　刷：北京盛通印刷股份有限公司
开　　本：787×1092　　1/16
印　　张：24.25
字　　数：428 千字
版　　次：2024 年 10 月第 1 版　　2024 年 10 月第 1 次印刷
定　　价：98.00 元

版权所有　翻印必究

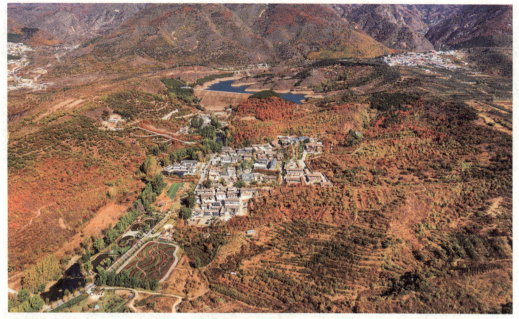

郭家沟村全景

水边农家

天鹅湖

跳泉

郭家沟水库

村民许翠双（2000 年）

村民张宝刚（2003 年）

村民张凌峰、张九峰（1997 年）

村民张秀娥（1985 年）

郭家沟村小学师生（1980 年）

000163

《京兆蓟县地图》（1923 年）

2012 年郭家沟村改造中　　　　　　　　　　　　2012 年郭家沟村改造后

第二十届中国·天津渔阳金秋旅游节开幕式（2012 年）

参观金领农家（2012 年）　　　　　　　　　　经验介绍会（2021 年）

金波农家改造前（2012年）

金波农家改造后（2012年）

党群服务中心

村路

会议中心

游客服务中心

报纸报道

郭家沟村荣誉与认证

郭家沟村党员宣誓

村"两委"成员认真学习

党员义务劳动

胡金领所获荣誉

全国和美乡村篮球大赛（村 BA）
东北赛区场景（2023 年 8 月）

回忆与记录

《郭家沟村发展志略》工作委员会

主　　任：胡金领

副主任：张艳国

委　　员：张志刚　张福刚　贾紫璇　王凤国　杨　蕾

《郭家沟村发展志略》编辑委员会

学术顾问：罗澍伟

主　　编：苑雅文

副 主 编：董秀娜　罗海燕

序 一

　　这本"志略"是我看到的第一本关于乡村发展的完整表述。《郭家沟村发展志略》有清晰的思想脉络,有翔实的史料依据,讲清了历史文化与人民群众生产生活的渊源。其作用和意义会在时光荏苒中逐渐凸显。

　　燕山脚下这座名叫郭家沟的小山村,在中国几十年改革开放的进程中,乘势而上,发挥自身优势,走出了一条创新发展、共同富裕之路。村庄即景区的经营模式,隐含着天道自然的人文理念,成就了太多山里人的梦想。就北部山区而言,郭家沟并没有资源优势。我十几年前来到这里,看不出与别的山村有什么不同。如今时过境迁,郭家沟早已启动了快捷键,摇身变成"中国最美休闲乡村"。这使得这个小村落成了留得住乡愁,也容得下乡愁的地方。传统与现代有机结合,历史与未来相互映衬,为美丽乡村建设提供了新角度,也为这个时代的飞速发展提供了佐证。

　　城市体量虽然庞大,但远没有乡村丰富。最大的城市和最小的村庄都可以这样类比。城市人与自身的历史都是断裂的,迁徙意味着山重水复的距离,也意味着在水泥大厦的丛林中,血脉和根系都无从依附。但乡村不一样,河谷和山峦都是生命中天然的一部分,那不是一个人的生命,而是祖祖辈辈生命的叠加,让山峦耸立,让河谷沉落。先人的骨血植入土地,养肥了庄稼草木。精气被河谷吸附,成为弥散在空气中的微量元素。人与泥土的关系,就是人与血脉和根系的关系。在历史进程中,农耕是中华文明的主基调。时代行进到今天,农民仍然跟着季候走,但换了劳作方式。你会发现,这片产生古老歌谣的地方,在一步一步走出旧有生活的窠臼,找到了更明确的方向,走向更文明富裕的道路。

　　这些都有赖于时代行进的脚步,郭家沟人跟上了时代发展的步伐。有赖于郭家沟人的勤奋和努力,他们以肉眼可见的速度后来居上,成了辖区内旅游专业村的佼佼者。

　　一切变化都需要文字记载,否则我们的历史将是一片空白。这部《郭家沟村发展志略》,以志的方式写史,写透了一座村庄的前生今世。涉及政治、经济、文化、乡风民俗,以及社会生活的方方面面。这部志书的出版,对于一座村庄来说是大事。如果能带动和影响其他村庄的史料征集工作,促进更多有条件的村庄着手村史村志资料的收集和整理,也是大事。如果说有什么东西能传承,除了精神和传统,就是文字。

　　一部书浓缩了一座村庄的历史。沸腾的生活用冷静的文字呈现,让后人在字里行间有迹可循,就是这部书的功用和成效。

　　感谢《郭家沟村发展志略》的编纂撰写者,他们辛勤的付出才结出丰硕成果。把那些琐屑的资料成篇布局绝非易事,不单为郭家沟,也为蓟州留下了一笔精神财富。

尹学芸

天津市作家协会主席

2024 年 7 月 1 日

序 二

群山叠翠，溪水长流，花开遍野郭家沟。

青砖碧瓦，古巷门楼，农家小院郭家沟。

郭家沟美不胜收，郭家沟宾朋自留。

——摘自歌曲《美丽的郭家沟》

这些歌词正是当今郭家沟村的真实写照。

2002年以前的郭家沟村，是个交通闭塞、姑娘远嫁、经济收入低于镇平均水平的小山村。发展乡村旅游后，农家院从"个位数字"、个体经营起步，经过二十多年不懈的改革创新、勤奋经营，成为集体管理、户户经营、村落景区的现代化村落，呈现出环境秀美、产业兴旺、集体强大、农民自信、治理有效、宜居宜游的新时代村镇风采。郭家沟村先后被授予中国人居环境范例奖、中国最美休闲乡村、全国最宜居村庄、全国乡村旅游重点村、全国乡村治理示范村等荣誉，是天津市首个乡村类国家4A级旅游景区。2023年村民人均收入超过10万元，是天津市率先发展起来的旅游标杆村，也是具有中国北方民居特色的休闲旅游目的地。

"绿树池塘荷花，小桥流水人家，塞上好景如画，客至汲泉烹茶"——我虽不是诗人，但面对家乡的巨变，心中也不禁涌出这样的诗句。习近平总书记提出"绿水青山就是金山银山"，作为一名土生土长的农村干部，我深切感受到，在党的引领下，在乡村振兴、农文旅融合的大背景下，郭家沟村发生了翻天覆地的变化，可以说村容、村貌发生了质变，村级党组织的凝聚力、号召力显著增强，村民的生活水平显著提高。能够取得这些成绩，离不开党的领导、离不开广大村民的努力、离不开社会各界的支持。

回顾发展历程，我们总结出成功经验——基层党组织是农村经济发展的领导核心。郭家沟村党组织领导集体所有制的乡村旅游开发中心，联合广大农户和投资人开展经营，基层党组织和村内党员队伍成为凝心聚力、带领村民迈向乡村振兴的领头雁，带领全村走出一条不断创新的持续发展道路。

俗话说："打江山易，守江山难"。我们村虽小，但这就是郭家沟人的江山。激烈的竞争犹如战场，如何保住村民增收致富的"金饭碗"？时代的发展犹如号角，怎样实现党中央发展新质生产力、实现乡村全面振兴、推进中国式现代化的总体要求？这是摆在村党支部委员会、村民委员会面前的课题。我们认识到，乡村振兴必须文化先行，思想文化层面的精神引领，为乡村振兴提供了精神动力和智力支持。我们决定，居安思危、持续奋斗，打造郭家沟村独特的文化气质，在乡村文旅发展上继续探索前行。

第一，加强乡村公共文化思想建设，不断提升村民公共文化素养。整理郭家沟的发展历史，特别是改革开放以来的发展史，做好总结与提升，树立起村民的文化自信和文化自觉。以村史馆建设为抓手，打造"郭家沟大讲堂"等交流和示范平台，夯实人才培养基地建设。第二，培育乡村特色文化产业，传承发展农村优秀文化。通过深入挖掘郭家沟特色传统文化符号，打造特色传统文化产业品牌，盘活地方特色传统文化资源。引导农家院等经营主体认真记录自身的成长经历，鼓励成熟的经营者打造热门文化形象，打造文化气息浓郁的旅游村新风尚。引进"村BA""摄影基地"等文化项目，在整个村庄全面布局文化元素，以文字、实物、展演、系列活动、专题活动等丰富的文化表现吸引村民和游客。第三，壮大专业化乡村文化管理队伍，提升乡村文化建设的专业化水平。我们以培养本村人才为主线，积极吸纳外部能人，打造出共享共融的创业平台。第四，提升乡村文化治理的能力和水平，实现乡村文化治理现代化。通过不断加强基层党建工作，抓实支部，形成以人民为中心、增收致富为落脚点的文化治理理念，推动乡村办公信息化建设，加快乡村文化治理现代化步伐。

这本《郭家沟村发展志略》便是我们文化建设的一个"大手笔"。

"麻雀虽小，五脏俱全。"我们的村庄虽小，从前世到今生，涉及历史、经济、文化、民俗、生产、生活的方方面面，而且大多没有文字资料可查。作者团队历经两年多的努力，不仅查阅整理了大量的档案资料，也走遍了村里各家各户去采访和挖掘。在村"两委"的大力宣传下，广大村民对文化兴村的重要性有了深刻认识，对乡村史志的整理给予有力的支持，并提供了大量的一手材料。

近年来，我们整理了"郭家沟人的故事"，编辑了郭家沟村的报纸，建设了村史展馆，建立了农家院、民宿读书角。这些努力为的是让游客来郭家沟休闲之余，能够了解郭家沟的历史、文化、传统和民俗，使他们记住一个有文化的美丽山村，让他们直接感受到乡村文化振兴的成效。

我们认识到，建设"有文化的郭家沟"需要持之以恒的努力，更需要文化人士的支持与帮助。通过这本书的出版，希望更多的人了解郭家沟，成为我们相互交流的契机与纽带。

感谢在郭家沟的发展中，各级领导、各位朋友的帮助和支持，没有你们，就没有今天的郭家沟！

感谢我的父老乡亲们，没有你们的支持，我们将一事无成！

感谢为《郭家沟村发展志略》作出贡献的学者、作家、摄影家、乡贤和朋友们，郭家沟人将永远记住你们！

感谢广大读者的关注，郭家沟村欢迎您！

胡金领

郭家沟村党支部书记、村委会主任

2024 年 7 月 1 日

前 言

　　《郭家沟村发展志略》正式出版，这是郭家沟村的一件大事，是村党支部委员会、村民委员会（以下简称村"两委"）贯彻落实党中央发展新质生产力、实现乡村全面振兴、推进中国式现代化的总体部署的一项重要举措。习近平总书记指出，我国拥有灿烂悠久的农耕文明，必须确保其根脉生生不息，做到乡村社会形态完整有效，文化基因、美好品德传承弘扬。为此，社科研究人员、乡村文化工作者与郭家沟村党员干部和广大村民共同努力，用文字筑起郭家沟村的特色文化长廊。

　　郭家沟村是个小山村，位于天津北部山区，东西两侧有小山环绕，北部高处是郭家沟水库，村内有潺潺溪水川流而过。村整体呈闭合的椭圆状，地势呈缓坡，是有边界感的区域，让人感到乐哉悠哉。

　　历史上，郭家沟村经济基础薄弱，曾经是人均收入低于镇区平均水平的贫困村。郭家沟村的发展历史上有三个重要机遇：一是 1977 年天津市修建郭家沟水库，彻底解决了郭家沟村区域用水的难题，为农业生产、农民生活用水提供了坚实保障。同时，因为修建水库，青山岭村张氏家族 33 口人迁居落户郭家沟村，为郭家沟村增添了人气，成为人丁兴旺的小山村。二是 2012 年的旅游精品村建设工程，将郭家沟村从传统的"农业＋农家院"经营方式，提升为以旅游产业为主导，带动第一、第二、第三产业全面发展的新乡村。三是 2017 年党中央明确了实施乡村振兴战略的目标任务，郭家沟村不断改革创新，集体经济实力不断增强，乡村治理更加有效。2021 年以来，郭家沟村再次开启壮大集体经济的创新之路，引进外部资本，实现跨越式发展。2022 年底，郭家沟景区被评定为国家 4A 级旅游景区，当年的穷村已经发展成为人均收入 8.5 万元的富裕村。郭家沟村深入践行"绿水青山就是金山银山"的理念，经过多年大胆的创新和辛勤的耕耘，发展成为集乡村旅游活动区、村民生活区于一体的专业旅游村，成为村民获得家乡就业机会、外部投资人和务工者获得经济回报、游客获得休闲享受的现代化和美乡村。

　　盛世修志是中华文化的优良传统。村镇修志是保留历史、铭记乡愁、凝结乡情的重要形式。家乡的山水草木、村街里巷、乡俗民情，是人类最美好的情愫和最珍贵的记忆，如实记录村落里的人和事，留住乡村文化的根脉，能更加激发人们热爱家乡的情怀。因为村级主体档案资料相对缺乏，本次调查和挖掘的深度和广度还有欠缺。但作者团队对村域特色文化和乡村建设等方面有着深入的解析，认为值得以志书的体例记述下来，故定名为"发展志略"，既是对郭家沟村人文历史的记录，也是对发展经验的总结，为今后优秀乡村文化的传承与深度开发奠定下扎实的基础。

《郭家沟村发展志略》以习近平新时代中国特色社会主义思想为指导，以厚重的一手材料为基础，为乡村文化建设进行了积极的探索。作者团队多方挖掘、旁征博引，对村子的历史与现状进行深入考察，将郭家沟村的历史概貌基本梳理清楚，同时将改革开放作为重点，记述了近二十年来村里翻天覆地的变化，特别是在旅游精品村建设上的突出成就。从《郭家沟村发展志略》中，人们可以了解到村庄所承载的历史文化信息，了解到郭家沟村保家卫国、投身革命的勇士，了解到改革开放带来的巨大变化，还可以领略到郭家沟村秉承天地灵秀的大美，接触到崇德向善、勇于创新的郭家沟人……

本书写作过程得到下营镇党政领导的鼎力支持，得到村"两委"班子、村中共党员、村民等的积极配合。村老支书张志刚同志认真写出的回忆材料，给我们很大启发。胡金领、张艳国、王凤国等村领导的认真组织和大力协调，全体党员、各个农家院（民宿）主人、景区管理团队等相关人员的积极配合，为这本书的完成奠定了坚实基础。热心村民提供了很多宝贵资料，村民口述资料和老照片、老房地契等实物证明，对成书也作出了重要贡献。还有摄影师王广山先生倾力拍下的精彩画面；天津市气候中心郭军先生提供了科学准确的数据……

2023年8月2日—8月6日，郭家沟村成为"全国和美乡村篮球大赛（村BA）东北赛区"的承办方和主赛场。这场赛事成为本书的精彩瞬间，更是郭家沟村走向辉煌未来的启航号令……

凡 例

一、《郭家沟村发展志略》(以下简称《志略》)以马克思列宁主义、毛泽东思想、邓小平理论、"三个代表"重要思想、科学发展观和习近平新时代中国特色社会主义思想为指导，坚持历史唯物主义、辩证唯物主义观点和实事求是原则，严格执行国务院颁布的《地方志工作条例》，坚持质量第一，确保政治观点正确。

二、《志略》全面、系统地记述郭家沟村自建村以来数百年的历史与现状，主要突出改革开放成果和民计民生，努力用客观鲜活的史料揭示村庄的发展轨迹，体现时代特征和地方特色，力求科学性、著述性、资料性的统一。

三、《志略》现实部分记述范围为郭家沟村域。

四、《志略》记述时间上限为清朝早期，下限至 2023 年 8 月。

五、《志略》采用述、记、志、传、图、表、录并用体裁，以志为主。概述以序为主，间或有论。图、表、照附于相关部类，力求史料翔实、图文并茂、文字简练、内容全面，为存史、资治和育人服务。

六、《志略》按类立编，编下设章，章下设节。个别章下不设节，而是按照具体内容，分段叙述。大事记不设章。为便于阅读，编、章之间有题序。

七、《志略》人物传遵循"生不立传"原则，对村经济、文化建设有贡献者，采取简介、自述方式记入。

八、《志略》采用规范语体文，各种名称首次出现用全称，再次出现用简称。具体时间不详处，沿用"是（这）年"的传统写法。

九、《志略》纪年，辛亥革命前用年号纪年，括注公元纪年；辛亥革命后用公元纪年。

十、《志略》计量单位执行 1984 年国务院颁发的《关于在我国统一实行法定计量单位的命令》，统一使用现行法定的计量单位，如千克、千米、公顷等。为尊重阅读习惯和村民口述特点，土地用亩数、计量用斤。

Contents 目　录

概　述

小山村的脱贫与蝶变

　　郭家沟村位于天津市蓟州区下营镇中部，依山傍水、风景秀丽、泉甜物美、民风淳朴。村东西两侧各有一座小山，山坡上树木葱郁、物产丰富，村内地势呈缓坡状，北高南低，高处水库、低处有湖，岩石缝渗出的潺潺溪水穿村而过，是一个山清水秀的小山村。2022 年，郭家沟被评为国家 4A 级旅游景区，是全市第一个乡村类的 4A 级景区，也是蓟州区在黄崖关长城、梨木台、独乐寺、蓟州溶洞之后的第 5 个 4A 级景区。

　　清中期，黄崖关守将郭把总见这一带山水交融、树木葱茏，且地处两座小山之间，以天然屏障形成围合之势，是安居、乐居之所，于是携家眷定居在此，繁衍成族。清朝末年，郭氏后人举家他迁。

　　郭家沟村人口时增时减，始终未绝。到民国时期，村庄逐渐稳定下来。抗日战争时期，郭家沟村一带被日军划为无人区，人口再减。中华人民共和国成立后，村民才拥有属于自己的田地。由于地处山区，村民生活相对贫困。20 世纪 70 年代末，郭家沟水库竣工，全村生产生活用水难题得以解决。到 20 世纪 90 年代，村里开展植树、修路等环境整治，寻求靠绿色致富的道路。进入 2000 年，蓟县全面开发乡村旅游。郭家沟村响应上级发展号令，依靠得天独厚的自然环境优势和特色文化优势，开始大力发展旅游产业。

　　2003 年，胡金领当选村党支部书记。在基层党组织的带领下，郭家沟村民逐渐蹚出一条致富之路，旅游产业健康、持续发展，成为产业兴旺、集体强大、村民富裕、治理有效的旅游专业村。

　　在旅游产业发展之初，郭家沟村就制定出明确的定位和科学的规划：以打造"京津地区最具中国北方民居特色的水乡旅游目的地"为目标，规划设计了山村观光、野趣观赏、乡宿度假、文化观赏、大坝娱乐和农田展示六大板块功能区，为山村旅游注入了灵魂、添加了韵味。在此基础上，明确了"都市白领阶层、自助游度假群体、大中型企事业单位"三大旅游客源市场，"山水田园风光、北方乡村文化、塞上民俗风情"三大旅游产品定位以及"休闲养生地、山水郭家沟"总体旅游品牌定位。

郭家沟村旅游产业跨越式发展得益于公司化运营、集聚式管理的先进模式。2012年，在旅游精品村建设工程中，由农家院分散经营转变为村旅游开发中心统一管理，形成抱团发展的新格局。

到2017年，郭家沟村的发展可简要概括为：青山绿树繁花、小桥流水人家，不是江南更似江南；景观化民居，错落有致，宁静祥和；通畅的道路，完善的设施，洋溢现代文明气息。值得一提的是，旅游管理公司化、土地经营规模化，让农民不仅拥有经营收入，还有薪金、股金以及租金收入。

郭家沟村景

党的十九大提出实施乡村振兴战略，郭家沟村又迎来新的发展机遇。

在乡村产业方面，紧紧围绕乡村旅游，通过对农家院提档升级，形成了精品民宿集群。特别是引进外部投资，成功创建天津市首个国家级乡村4A级景区，吸引了更多的游客，经济效益快速增长。2022年，村民年人均收入达到8.5万元。

在乡村人才振兴方面，郭家沟村充分发挥能人治村效应，以头雁带动全村发展，村民通过搞农家院和其他服务业掘获第一桶金后，吸引村里的年轻人和外地的有为才俊到村里大施所能、大展才华，通过创业、守业、兴业，实现了人才成长与成熟。

在乡村文化建设方面，大力挖掘地域优秀文化，通过梳理乡村历史、整理乡村民俗、活化文化遗产等，不断培育文明乡风、良好家风、淳朴民风，让全村焕发出新时代的文明新气象。

在乡村生态保护、产业发展方面，不断提升发展理念、拓宽发展模式、创新发展举措，护美绿水青山，做大金山银山，通过人居环境整治完善生产生活条件，把郭家沟打造成为"全国最美休闲乡村""全国最宜居村庄""全国乡村旅游重点村""国家森林乡村"。

在组织建设方面，抓实基层党建，形成以人民为中心、增收致富为落脚点的治理理念，实现了基层党建的"五个一"，即一个带领村民致富的基层党组织、一支勇于创新的党员队伍、一个党群关系融洽的和美乡村、一股积极奋进的自信"精气神"以及一幅充满美好愿景的幸福蓝图。

郭家沟村党员大会（2023）

经过寻路、探路和闯路，淳朴厚道、敢闯敢干的郭家沟人发展乡村旅游，不仅实现本村脱贫致富，还通过以旅兴农，带动周边地区共同发展，成为全面推进乡村振兴的先行军。

【媒体报道】

天津蓟州郭家沟：美丽乡村"蝶变记"

从天津市中心驱车一路向北，150千米后沿着马营公路后半段的山道前行，每到一个拐弯，或急或缓，都能从不同角度欣赏到郭家沟村的秀美风光：千米绿廊藤蔓缠绕宛如翡翠，各色花朵争奇斗艳美如油画，山水间民居依山高低错落，林木中鸟啼虫鸣不绝于耳……

五步一景，十步一画，这是郭家沟村"直给"的美丽。位于蓟州区下营镇的郭家沟村，素有"蓟北水乡""山中不夜城"的美称，是京津冀地区名气响当当的度假村。2013年至2021年间，郭家沟村先后被国家相关部门授予美丽乡村、中国人居环境范例奖、中国最美休闲乡村、全国最宜居村庄、全国乡村旅游重点村、国家森林乡村等荣誉。2022年年底，郭家沟景区正式被评为国家4A级旅游景区，这也是天津市首个乡村类的国家4A级景区。

谁能想到，这里曾经是一个人均年收入不足1000元的贫困村。穷则思变，借助文旅产业的东风，郭家沟村破浪前行，完成华丽蜕变。

曾经人均年收入不足1000元

如果不曾了解郭家沟村的历史，很多人都会误以为这座小村庄的美丽来自于大自然的鬼斧神工。

从前，只有50余户人家、150余人的郭家沟村，是一个交通闭塞、贫穷的小山村。由于郭家沟村位于蓟州区北部山区，耕地面积零零散散，人均耕地面积还不到1亩。

"我们的地都在山上，只能种点核桃、板栗，秋天摘下来卖一卖，当时村里看起来灰蒙蒙、光秃秃的。大部分时间我们都出去打工，听说我们是郭家沟的，大伙都笑。"回忆起多年前郭家沟村的景象，村民张凌峰直摇头。

昔日的贫困，郭家沟村党支部书记、村委会主任胡金领也清晰地记得：外村姑娘不愿嫁到郭家沟来，婚丧嫁娶都靠借钱。"人均年收入还不到1000块钱，太穷了！"

农家院在摸索中前行

外地人有意或无意的笑声，深深刺痛了郭家沟村村民的心。"这种情况必须要改变！"郭家沟村党支部书记、村委会主任胡金领下定决心要将村里容貌焕然一新，"以后咱再说是郭家沟的，要让别人羡慕。"

那是 1999 年，当时正在外地打工的胡金领被郭家沟村"召回"，出任村委会主任。怎么让村子美起来、村民富起来？这个问题天天在胡金领脑子里盘旋。找不到思路的他，在村里一圈接一圈地转。

郭家沟村有得天独厚的优势，东临梨木台、西临九山顶两大自然风景区。不光郭家沟村，整个下营镇处处皆风景，北连河北兴隆，西接北京平谷，这里有一代名将戚继光成守的黄崖关长城，还有中上元古界国家级自然保护区。

在几轮考察商讨过后，旅游成了胡金领和村干部们对郭家沟新的发展定位。

说干就干，利用政府的开发政策扶持补贴和村筹集到的资金，郭家沟村修建山路，栽种果树。胡金领带着村干部到附近旅游村考察学习，对办农家院有了更明确的计划。

可是，胡金领没想到这个想法会遭到村民拒绝。"之前也不是没人弄过，哪有干成的？""投那么多钱，赔了咋办？"村民们你一言我一语，说着各自的顾虑。

尤其是"你自己为啥不做"这句话，一下子扎进了胡金领的心里。他和家人商量后，决定给村民们做个示范，胡金领在自家院子里建了公共卫生间，把房子粉刷一番，在自己家办起农家院。

当时，村党支部副书记张金波是胡金领最坚定的支持者，他相信走农家院的路子可以改变村庄状况，也拿出自家几间房做起农家院。就这样，郭家沟村第一批农家院开了5 家。

2006 年，张金波当年开农家院的利润达到了 3 万多元。"以前每年全家的收入只有几千块，开农家院收入 3 万元，已经很高了。"胡金领知道，村民们都在观望他们办农家院的成果，也越来越有办农家院的想法。2011 年，郭家沟村的农家院增加到 11 家，村子也逐渐在蓟州区旅游界有了名气。

在这 12 年间，郭家沟村的农家院一直在摸索中前行。

文旅赋能乡村振兴新征程

2012 年，更好的机遇来了——蓟州区推出乡村旅游精品村建设，首批锁定下营镇的五个村，郭家沟村排在前头。

郭家沟村抓住这难得的机遇，以"京津地区最具中国北方民居特色的水乡旅游目的地"为定位，不搞大拆大建，对现有村庄、民居、环境、景观进行改造提升。"我们改造民居房屋、道路、里巷街道，新建旅游接待设施、示范房和安置房，打造水系景观、景点，进行管线入地和变压器增容，建设污水处理工程，对村庄进行全面绿化。"胡金领说。

"所有的标准有统一规定，从农家院的面积、硬件设施、餐饮标准，都根据不同星级有明确规定，所有农家院的毛巾、被单等用品统一清洗，服务员统一培训，所有的农家院都有统一的标准。"胡金领介绍，旅游带动乡村改变，但一些旅游地区管理混乱，甚至会出现欺骗顾客的做法，为了杜绝这种情况，郭家沟加速规范管理，建立起统一营销推广、统一服务质量、统一采购支出、统一分配客源、统一收费结算的联合经营模式。

目前，郭家沟村有农家院 46 户，占到全村的 90% 以上。

取得眼前这样的成绩，是持续不断乡村治理的结果。"郭家沟村在区、镇党委、政府的正确领导下，聚焦加强农村公共服务建设，在基础设施建设、人居环境整治提升，以及农村教育、医疗卫生、文化体育、养老托幼、特殊群体关爱保护、社会保障等方面都积累了一些经验与做法。"胡金领表示。

在郭家沟村的最北面有一座水库，站在大坝上俯瞰，湛蓝的库水清澈见底。水库大坝上，用草坪拼出的"绿水青山就是金山银山"几个字格外引人注目。

"我们是'绿水青山就是金山银山'的践行者，也是受益者，我们将继续遵从绿色发展理念，对部分农家院进行改造提升，打造夜晚灯光秀项目。"已经当了 23 年村支书的胡金领，想法颇为深远，"作为专业化的旅游村，乡村的文化氛围是产业发展的重要基础，今年我们计划把村史村志重新整理完善，出一本书，挖掘郭家沟村的根脉，讲好郭家沟村的故事，树立起村民高度的文化自信，提升乡村文明和软实力"。

（来源：人民网天津频道，2023 年 6 月 21 日，孙翼飞）[①]

---

① http://tj.people.com.cn/n2/2023/0621/c375366-40465017.html，最后检索时间：2023 年 6 月 30 日。

郭家沟村的荣誉

1. 2002 年度先进集体

中共下营镇委员会、下营镇人民政府

2. 天津市民主法治示范村

天津市依法治市领导小组　2004 年 9 月

3. 天津市 2003—2006 年农村卫生户厕改造先进村

天津市人民政府

4. 2005—2006 年度先进党组织

中共蓟县委员会　2006 年 6 月

5. 2005—2006 年度　蓟县社会治安综合治理先进集体

中共蓟县县委、蓟县人民政府　2007 年 3 月

6. 万村书库工程

中央宣传部、中央文明办　2006 年 10 月

7. 2006 年度　文明村

蓟县精神文明建设委员会

8. 2007 年新农村建设"五比三创一考评"活动达标型创建工作先进村

中共蓟县委员会、蓟县人民政府　2008 年 2 月

9. 天津市旅游特色村

天津市旅游局、天津市农村工作委员会

2008 年 5 月

10. 五个好村民委员会

中共天津市委组织部、中共天津市委农村工作委员会

天津市民政局　2008 年 5 月

11. 2007—2008 年度　先进党组织

中共蓟县委员会　2008 年 6 月

12. 天津市创"四无"社区　优秀人民调解委员会

天津市司法局　2008 年 11 月

13. 2008 年天津市"寻找美丽乡村"大型电视活动
美丽乡村奖

天津市旅游局、天津市农村工作委员会、

天津电视台　2008 年 11 月

14. "五个一"创建活动　先进村镇

天津市精神文明建设委员会　2009 年 2 月

15. 2008 年度　先进旅游特色村

蓟县旅游经济委员会　2009 年 4 月

16. 2007—2008 年度　市防范工作示范社区（村）

天津市人民政府防范和处理邪教问题办公室

2009 年 10 月

17. 天津市民间文化特色村

天津市文化广播影视局　2009 年 12 月

18. 2009 年度新农村建设"五比三创一考评"活动　示范型创建工作先进村

中共蓟县委员会、蓟县人民政府　2010 年 2 月

19. 节能减排宣传培训示范村

农业部农民科技教育培训中心、中央农业广播电视学校　2010 年 6 月

20. 2010 年全国先进农村综合信息服务站

工业和信息化部、科学技术部、农业部、商务部、文化部　2010 年 9 月

21. 天津市 2009—2011 年度　文明村镇

天津市精神文明建设委员会　2011 年 12 月

22. 2012 年被评为市级红旗党支部

中共天津市委组织部　2012 年

23. 蓟县下营镇郭家沟　休闲农庄

全国休闲标准化技术委员会　2013 年 5 月

24. 全国休闲农业与乡村旅游示范点

中华人民共和国农业部、中华人民共和国国家旅游局

2013 年 12 月

25. "千村美院"创建村

天津市妇联、天津市农委、天津市文明办

2014 年 5 月

26. 天津市休闲农业示范点（村）

天津市休闲农业协会、魅力城乡网　2014 年 9 月

27. 二〇一四年度优秀志愿服务团队

蓟县志愿服务协会　2014 年 12 月

28. 天津市 2012—2014 年度 文明村镇
天津市精神文明建设委员会 2014 年 12 月

29. 中国乡村旅游模范村
中华人民共和国国家旅游局 2015 年 8 月

30. 全国最佳乡村休闲旅游目的地
中国乡村旅游网办公室 2015 年 9 月

31. 天津市旅游特色村
天津市旅游局、天津市农村工作委员会 2015 年 9 月

32. 中国最美休闲乡村
中华人民共和国农业部 2015 年 10 月

33. 全国无邪教创建示范社区村
国务院防范和处理邪教问题办公室 2015 年 12 月

34. 天津市市级卫生村
天津市爱国卫生运动委员会 2013—2015 年

35. 2015—2017 年度 文明村
蓟州区精神文明建设委员会

36. 2015 年度交通安全优秀村
蓟县道路交通安全委员会 2015 年 12 月

37. 2016 年天津市最佳休闲农庄
天津市休闲农业协会 2016 年 10 月

38. 国家级五星园区

全国休闲农业与乡村旅游星级企业（园区）评审委员会

2016 年 12 月颁发　有效期三年

39. 先进基层党组织

中共天津市蓟州区委员会　2018 年 9 月

40. 全国乡村旅游重点村

文化和旅游部　2019 年 7 月

41. 国家森林乡村

国家林业和草原局　2019 年 12 月

42. 天津市先进基层党组织

中共天津市委员会　2021 年 6 月

43. 国家 4A 级旅游景区

全国旅游景区质量等级评定委员会

2022 年 12 月

44. 全国"和美乡村篮球大赛（村 BA）"东北赛区
特殊贡献奖

中国农民体育协会、中华全国体育总会群体部

2023 年 8 月

45. 五星书记工作室

中共天津市蓟州区委组织部　2023 年 8 月

郭家沟村的第一

1938 年夏，胡林加入中国共产党，成为郭家沟村第一名中共党员。

1950 年，郭家沟村第一所小学校建立。时借村民胡德荣的正房作为教室。首批学生有张玉恒、胡云明、胡云丰、胡瑞丰、胡青等。学校的第一位老师为赵有志，马伸桥人。

1957 年，张玉福参加中国人民解放军，成为中华人民共和国成立后郭家沟村的第一名义务兵。

1962 年，郭家沟村大队部安装村里的第一部电话。

1965 年，郭家沟村有了第一位赤脚医生。张文芳担任赤脚医生，工作至 1981 年。

是年，郭家沟村拥有了第一辆自行车。张玉恒购买了一辆飞鸽牌自行车，非常爱惜，每次骑后都要把车擦拭干净。

1970 年，郭家沟村出现第一位"乡村大厨"。张玉文为村民的红白喜事承办酒席服务。

1975 年，郭家沟村民拥有第一部照相机。张玉刚购买并学会使用照相机。

1977 年，郭家沟村第一位汽车驾驶员出现。张福刚考取驾驶执照，成为下营公社汽车司机。

是年，郭家沟村民拥有了第一辆摩托车。张福刚购买并学会驾驶摩托车。

1980 年，下营乡给郭家沟大队配置第一台手扶拖拉机。高中毕业生张金波成为郭家沟村第一位拖拉机驾驶员。

1981 年，郭家沟村民拥有了第一台录音机。张建刚买到一台日本三洋牌收录机。

1983 年，郭家沟村民购买第一辆卡车。张福刚贷款 2.4 万元购买一辆解放牌卡车。

1984 年，郭家沟村出现第一位大学生。张玉萍被南开大学录取。

1985 年，郭家沟村民购置第一台彩色电视机。村民张玉刚以 2100 元购买 21 英寸彩电，还购买电风扇等电器。

是年，郭家沟村出现第一户拥有牛车的家庭。张志刚家购置了牛车。

1993 年，郭家沟村民开办了第一家商店。胡金领和妻子许翠双在下营镇核心区租门脸房开店，经营建筑材料。

1995 年，郭家沟村第一家企业出现。张福刚在村北开办了织造玻璃纤维布的工厂。

1998 年，郭家沟村民开办了第一家家用电器修理部。潘学良在下营镇核心区租房开始经营。

2002 年，郭家沟村第一批农家院开张营业——金领农家、金波农家、康玉平农家院、云生农家院和学军农家院。

2007 年，郭家沟村民获得第一个国家级荣誉称号。胡金领被团中央、农业部授予"全国农村青年创业致富带头人"称号。胡金领 2012 年当选蓟县政协委员，是郭家沟村第一位县（区）政协委员；2015 年获得天津市劳动模范称号，是郭家沟村第一位市级劳模；2017 年当选天津市第十一次党代会代表，是郭家沟村第一位天津市党代会代表；2017 年当选天津市人大代表，是郭家沟村第一位市人大代表；2021 年任天津市人民代表大会农业与农村委员会委员，是第一位在市人大任职的郭家沟人。

是年，郭家沟村第一个集体所有制企业成立，名为"天津市塞上水乡旅游开发中心"。

2014 年，郭家沟村民开办的第一家家电商场开张纳客。潘学良在下营镇核心区置办房产，经营起面积为 500 平方米的"学良家电商场"。

2019 年，郭家沟村出现第一位出国留学的村民。张浩远赴澳大利亚留学。

2020 年，"第一届郭家沟厨艺大赛"成功举办。

是年，郭家沟村民的第一家精品民宿开业。孙鹤飞的裸心民宿开张迎客。

2021 年，郭家沟第一位"大学生党务工作者"入村工作。来自张家口市的贾紫璇被上级组织部门安排到郭家沟村工作。

2022 年底，郭家沟村成为天津市第一个乡村类国家 4A 级旅游景区。

第一编　建置地理

　　郭家沟村位于蓟州区北部，下营镇境内，属天津市远郊地区，清中期立村。村域总面积1.1平方千米，属中上元古界长城纪团山子组地层范围，俯瞰呈"两山夹一沟"状，水资源丰富。村域有郭家沟水库大坝、金屏风山（东坡）、银屏风山（西坡）、飘花溪、水鸣桥、环山景观道、"7"字树、天鹅湖、许愿树、老龙潭、六尺瀑、跳泉、休闲生活区等特色景观，也留下棋盘子地、朱砂地、王八盖子山、杨树行子、老棉花地、石头沟、南十亩地、郭家坟、东窑、憋死猫沟、河北寺、"塞上水乡"壁、"福禄全"葫芦廊等历史记忆。

第一章　建　置

第一节　区位地理

一　区位四邻

郭家沟村地处下营镇东部，距下营镇政府所在地约 3 千米，距蓟州区政府约 25 千米，距天津市区约 150 千米，距北京市区约 105 千米，距滨海国际机场、大兴国际机场均约 140 千米。地理坐标数据为北纬 40°18′ 至北纬 40°20′，东经 117°48′ 至东经 117°50′。

村西临津围北二线，东接青山岭村、团山子村，西接白滩村，北有郭家沟水库，南临马营公路（G233）。

二　环境地理

郭家沟村处于长城脚下、燕山群中，东近梨木台风景区，西望甘露山自然风景区，而南北为中上元古国家自然保护区。村围有两座小山，东侧金屏风山（俗称东坡），西侧银屏峰山（俗称西坡）。

三　地理交通

郭家沟村口，马营公路、津围北二线连接津围公路。天津市区可经津蓟高速、津围北二线抵村。北京市区经京平高速、津蓟高速抵村。河北省石家庄等市可经京港澳高速、首都环线高速抵村。

郭家沟村设有公交站点，目前开通蓟 4 路、蓟 4 路区间、车神架旅游专线等。

第二节 建置沿革

一 立村

《天津市地名志·蓟县卷》记载：郭家沟，清代成村，相传郭姓把总在此山沟定居成村，故名。[①]

黄崖关长城一带地势险峻，明代设守备一职，到清顺治十一年（1654）改守备为都司，设千总一名、把总两名。郭家沟村地处黄崖关长城脚下，清朝中叶，任上的郭姓把总巡查时经过这里，见这个山谷丛林茂密、地势舒缓，两侧山脉如龙般自九山顶蜿蜒而下、在谷口相汇，以天然屏障形成合围之势，符合人们安居的追求，于是决定举家定居于此。清末，郭氏后人举家迁往其他地区，现在的郭家沟村，已无人姓郭。在村东部金屏风山坡的开阔处，曾有一座规模较大的陵地，村民称"郭家坟"。郭把总后人迁走后，曾托付当地人守护陵地。1944年绘制的区划图上即标有"郭家坟"的地名。

中华人民共和国成立后，郭家沟村属团山子管理区白滩生产大队管辖。1962年，成立下营公社郭家沟大队，郭家沟村成为单独经济核算的行政村。

【口述】郭家沟村的由来

郭家沟村是蓟州北部一个的小山沟。明代时，几片可耕种的土地和山地大多是邻村大户人家所有，区域内只有来此经营的人们踩出的几条小道。村北小山沟里有一个人称河北寺的寺庙，大约建于明朝初期，香火旺盛。那时的郭家沟只有拜佛香客的来往，并无其他村民居住。

张志刚

清朝时，有一个"武职官"把总，来到马兰峪道台衙门做官，其家属随任，经人介绍，在此处买了田产盖房安了家。这位把总大人姓郭，他的家族在此繁衍了近一百年。后来，郭氏后人举家迁至蓟州平原地区。从此人们管这里就叫作"郭家沟"。其后遵化马兰峪赵姓富户来此定居。

（口述人：张志刚，曾任郭家沟村党支部书记）

[①]《蓟县》编撰委员会：《天津市地名志·蓟县卷》，天津人民出版社，2001年，第101页。

在郭氏家族离开之后，村里人口时增时减，但始终未绝。抗日战争期间，日军将郭家沟一带划为无人区，村里人口再次削减。中华人民共和国成立时，郭家沟村仅有十余户。改革开放前，村里人口增加到三十余户。但是，因为地处山区，人口增长一直较慢。

二　隶属变迁

西周时期，属燕国。春秋中期，属无终子国黄崖营。战国后期，属燕国右北平郡。秦朝，属无终县。东汉，属右北平郡。南北朝，属北魏渔阳郡。隋，属幽州。唐，属渔阳县。宋，属平卢县。金，属渔阳县。明，属蓟州。

1913年，属蓟县。1914年，属京兆特区。1928年，属河北省。1935年，属"伪冀东防共自治区政府"。1938年，属"伪河北冀东道"。1941年，属"伪河北省燕京道"。

自1938年至1945年，先后属密平蓟联合县、抗日民主政府、蓟平密联合县、蓟遵兴联合县等。1946年，属冀东区行署第十五专署蓟县。

1949年，属河北省通县专署。1958年，属河北省唐山专署蓟县。1960年，属河北省天津市。1962年，属河北省天津专署蓟县。1973年8月，属天津市蓟县。2016年7月，属天津市蓟州区。

第二章　自然环境

第一节　地层与地貌

一　地层

郭家沟村所在地区属"中上元古界"内，地层属距今 18 亿—14 亿年的中上元古界长城纪团山子组范围，以粉砂质页岩为主，岩性松软，易被风化侵蚀。

二　地貌

郭家沟村一带处于燕山纬向、东西向断裂带，即许家台—蓟县—马伸桥断裂带。沿断裂带两侧地貌有很大差异，北部为燕山山区，南部为平原区。郭家沟村地处燕山山脉低山区，海拔 240 米，两翼高中间低，呈长方形的"两山夹一沟"状。村北临郭家沟水库，村内小溪潺潺，山水相依，风景秀美。

第二节　水土资源

一　土地资源

根据蓟州区 2014 年土地利用变更调查，郭家沟村土地总面积为 109.70 公顷，其中，农用地 88.02 公顷，占土地总面积的 80.24%；建设用地 21.68 公顷，占土地总面积的 19.76%。农用地中，耕地为 12.98 公顷，占土地总面积的 11.83%；园地为 54.19 公顷，占土地总面积的 49.40%；林地为 17.43 公顷，占土地总面积的 15.89%；其他农用地 3.42 公顷，占全村土地总面积的 3.12%。其他农用地有设施农用地、坑塘、农村道路、沟渠等，散落分布于村四周。建设用地中，农村居民点用地（包含建制镇用地）7.66 公顷，占土地总面积的 6.98%；水工建筑用地 14.02 公顷，占土地总面积的 12.78%。

土壤为壤土和黏土，微酸性。耕地全部为水浇地。园地全部为果园，面积占全村总面积近一半，分布在村东西两侧。

二　郭家沟水库

1969 年，蓟县对小水库、小塘坝建设制定出十年发展规划，小水库、小塘坝建设进入大发展时期。其间，蓟县建小水库 8 座、小塘坝 44 座，能够发挥灌溉效益的水库达到 100%，其中，以郭家沟水库效益最为显著。

1975 年，下营公社经过调查研究，提出在郭家沟北部上谷修建一座水库，以解决郭家沟、青山岭、团山子等大队山地的灌溉用水问题。建这座水库，要搬倒两座山，捡光一条河床的大石头，再筑起大坝，总工程量达 28 万方。入冬后，郭家沟水库工程正式启动，被称为"重新安排下营山河"的重点工程。

【媒体报道】

沸腾的水库工地：记蓟县下营公社郭家沟水库工地

燕山深处的蓟县下营公社郭家沟水库工地上，开山炮声震撼山谷，竞赛红旗迎风飘扬。干部民工不怕山高坡陡，不顾烈日炙人，推着冒尖的石土，你追我赶，龙腾虎跃，施工定额连连突破，工程进度不断加快。人们要问，这种沸腾的气氛，跃进的形势是怎样来的？一幅凌空高挂的大字般红标语作了回答："加快施工进度，用实际行动迎接党的十一大胜利召开！"

郭家沟水库是重新安排下营山河的重点工程。全部工程完成后，可以使东部五千亩旱地变成水浇地。党的十届三中全会发出了以社会主义革命和建设的新成就迎接党的十一大的号召后，战斗在水库工地的三百名干部、民工心里像点燃了一把火。这些天来，他们抢晴天、战雨天、出大力、流大汗，不断创造施工新纪录：土坝填筑，原来上一层土料要五天时间，现在只用三天半到四天就可完成；浆砌石坝，原来日进度四十九立方米，现在达到了五十六立方米。

七月下旬的一天，大雨哗哗地下着，库水位猛涨到十二米。在西坝头，为运料方便留下了一个四米宽的豁口，比其他坝段低四米，库内的洪水眼看就要从这里漫溢，直接威胁着大坝的安全。负责浆砌施工的八十五名干部、工人见此情景心急如火，他们不怕电闪雷鸣，不怕大雨倾注，豪迈地说："别说是下大雨，就是下刀子，也要把豁口补上去，向十一大献厚礼！"他们冒着滂沱大雨进行浆砌。运块石道路泥泞，车不好推，他们就用肩膀子把石头从山坡上一块一块地扛过来。手磨破了不喊痛，摔倒了爬起来继续干，猛打猛冲，同大自然搏斗了十二个小时，终于完成了浆砌任务，确保了大坝安全。

工地上活跃着一支由五十名姑娘组成的"三八"队。她们担负着运料筑坝任务，这些英姿飒爽的姑娘和男同志比着干。运料用的小推车，每车载重都在二三百斤。可是她们还嫌不跃进，又都把车斗接长一节，使载重量都达到了四百斤上下。新到工地的高中毕业生王淑英，乍一推起这么大的车不习惯，走不了几步就翻车。这时，一种向党的十一大献厚礼的政治热情，激励着她起早贪晌，勤学苦练，几天工夫，双手磨出茧子，终于闯过了推车关，天天超额完成任务。

（来源：《天津日报》1977 年 8 月 18 日第 2 版，蓟县县委报道组）

《天津日报》报影（1977 年 8 月 18 日）

1978 年底，郭家沟水库基本竣工。水库枢纽工程有大坝、溢洪道、泄水洞、引水洞、灌溉洞、节制闸。大坝长 254 米、高 33 米，迎水坡为浆砌石墙，背水坡用山坡土堆积、干砌块石照面。溢洪道位于大坝东头，为溢流堰式，最大流量为每秒 30 立方米。泄水洞位于大坝中段底部，长 45 米，最大泄水量为每秒 1.2 立方米。引水洞位于水库北端山岗腹部，长 110 米。引水洞北有长 25 米截潜坝，截潜引水占库容量的 60%。灌溉洞位于水库西侧，长 500 米，自流灌溉郭家沟等 7 个大队的农田。

到 1979 年底，郭家沟水库完全建成，控制流域面积达 10 平方千米，库容最大 205 万立方米，设计标准为抗洪 50 年一遇、校核 200 年一遇。

郭家沟水库

2007 年 10 月，郭家沟水库除险加固工程竣工，进行了大坝加固、溢洪道改造和进水洞改造等，设计标准达到抗洪 50 年一遇、校核 500 年一遇。

2010 年 11 月 18 日，郭家沟水库除险加固完善配套工程竣工，包括硬化坝顶路面、硬化防汛上坝路路面、整修大坝下游护坡、铺设启闭机房台阶、增设大坝观测设施等。

2023 年，郭家沟水库维修加固和配套工程竣工，包括新建大坝渗流监测设备和水库视频监控设备、更换引水暗涵闸门及启闭机、更换放水洞闸门及启闭机、拆除重建溢洪道挡墙等。

第三节 动物植物

一 动物

▶ 常见兽类

蝙蝠、老鼠、黄鼠狼、松鼠、兔、刺猬、狗獾、猪獾、鼬、貉等。

村中老人介绍,貉又名狸、土狗、土獐、貉子,穴居于河谷、山边和田野间,昼伏夜出,喜食鱼、鼠、蛙、虾、蟹。

▶ 常见鸟类

雕鸮(本地人称豪横)、山噪鹛(本地人称黑老婆)、北红尾鸲、暗绿柳莺、白鹡鸰、白脸山雀、大杜鹃、白头翁、长尾连、斑鸫、北朱雀、苍鹰、大嘴乌鸦、蜡嘴雀、白鹇、麻鸭子、鸳鸯、喜鹊、灰喜鹊、黄鹂、啄木鸟、斑啄木鸟、山麻雀、红脚隼、红尾伯劳、黄腹山雀、黄眉柳莺、黄雀、家燕、鸫鹎、金腰燕、兰翡翠、绿头鸭、麻雀、柳莺、普通翠鸟、山斑鸠、山噪鹛、勺鸡、岩燕、火燕、燕雀、云雀、山雀、秃尾巴鹌鹑、野山鸡等。

村里常见一种通体绿色、体长只有 5 厘米左右小鸟,隐藏于树叶之下,村民称“树叶鸟”。

雕鸮　　　　　　　　北红尾鸲　　　　　　　山噪鹛
　　　　　　　　　　(李威摄)

▶ 常见两栖爬行动物类

花背蟾蜍、黑斑蛙、北方狭口蛙、丽斑麻蜥、山地麻蜥、北滑蜥、鳖、黑眉锦蛇、虎斑游蛇、黄脊游蛇、玉斑锦蛇、团花锦蛇、王锦蛇、乌梢蛇、无蹼壁虎、中华蟾蜍、元鱼、泽蛙等。

▶ 常见鱼类

村里水资源丰富,鱼类种类和数量较多。常见花老头、青鳝、奶包子、鲇鱼(鲇鱼姥姥)、泥鳅(泥巴篓子)、白鱼片等。其他品种还有鲢鱼、棒花、鳊鱼、草鱼、鲫鱼、鳜鱼、花鳅、黄鳝、虾虎鱼、宽鳍鱲、鲤鱼、青鱼、麦穗、鳙鱼等。

花老头，又叫老头鱼，是北方地区常见的冷水鱼。身长六七寸左右，因长相丑陋而得名。鱼鳞很小，几乎可以忽略，口感鲜嫩。至今在水塘里仍有身影。

青鳝，形状如蛇，区别在于背上有鳍，如马鬃。以前抽水浇麦子时节，常将此鱼抽上来，营养价值很高，被称为"水中人参"。

鲇鱼姥姥，即鲇鱼，无鳞，身长约一手掌长短，肉质口感鲜嫩。因鱼子较多，得此名称。

奶包子，一种常见的小野鱼，肚子大，因形状像包子而得名。常见于水塘中。

泥巴篓子，即泥鳅，生活在水塘边的淤泥里，身体灵活。困难时期曾为村民餐桌上的美食。

白鱼片，一种小白鱼，身体扁平，因呈片状而得名，味道鲜美可口。

▶ **常见螺蚌类**

河蚬、蚌、螺等。

▶ **常见昆虫类**

村内昆虫很多，且常在夜晚出现。曾有村民傍晚时在院里点上灯，灯下放一装满水的大盆，转天早上可见盆中有无数小昆虫，而且大部分是非常少见、叫不上名字的品种。比较常见的有蓝凤蝶、东亚飞蝗、蝗、菜蚜、大豆蚜、地老虎、豆天蛾、高粱蚜、黑尾叶蝉、梨尺蠖、梨二叉蚜、梨星毛虫、马铃薯瓢虫、蝼蛄、绿豆象、麦长管蚜、麦蛾、麦二叉蚜、苜蓿盲棒象、棉红铃虫、棉红蜘蛛、桑天牛、粟灰螟、桃蚜、油葫芦、油松毛虫、玉米螟、枣尺蠖等。

蓝凤蝶

二　植物

村域内植物以果树居多，常见柿树、梨树、酸梨树、山楂树、李子树、杏树、核桃树、栗子树等。

板栗园（西坡）

树木有油松、侧柏、香椿、蒙古栎、大叶白蜡、榆、杨、槲栎、槲树、旱柳、糠椴、蒙椴、元宝槭、坚桦、北鹅耳枥等，以及豆科、蔷薇科中一些种类。

古树

植被为温性半旱生的次生灌草丛。主要有荆条灌丛，绣线菊、欧李、蚂蚱腿子灌丛，酸枣灌丛,白羊草、黄背草灌草丛,小叶鼠李灌丛等。

村域山地有多种野生药材,常见药材有黄芩、防风、桔梗、黄精、远志、地榆、苍术、白芷、荆芥、蒲公英、山豆根、仙鹤草、酸枣仁、艾蒿、白头翁、生地、熟地、葛头、益母草、穿山龙、知母、丹参、柴胡等。有时,村民家中有人生病,不严重的情况下也会上山采药、熬制后服下。村民多用黄芩叶制茶饮。

第四节 气 候

一 特征

郭家沟村一带属温带大陆性季风气候。冬季,受西伯利亚冷气团控制,盛行西北风。夏季,受西太平洋副热带高压控制,盛行东南风。春秋两季风向多变。

四季分明,季节更替显著。春季,天气逐渐变暖,气温回升,太阳辐射强,日照多,多风少雨。夏季,全年高温期,湿度大,降水多。秋季,暖湿空气减弱,气温下降明显,天气以晴为主,冷暖适中、秋高气爽,是旅游佳期。冬季,气候寒冷,干燥,晴天多,有降雪,大地封冻。

二 温度

根据天津市气候中心下营镇自动站 2009—2022 年观测数据统计,郭家沟村一带年平均气温 11.1℃。

1 月为全年最冷月,平均月气温 -4.7℃;7 月为全年最热月,平均月气温 25.1 ℃。

冬季平均气温低于 5℃的冷期为 87 天,低于 -5℃的小寒期 31 天,低于 -10℃的严寒期较为少见。夏热期内,气温高于 25℃的炎热期 34 天,高于 28℃的暑热期为 5 天,高于 30℃的酷热期较为少见。

三 降水

据天津市气候中心下营镇自动站 2009—2022 年观测数据统计。郭家沟村一带 4—10 月为雨季,总降水量平均为 640.9 毫米。降水主要集中在夏季的 6—8 月,降水量平均值为 489.7 毫米,占整个雨季总降水量的 76%;其中,7 月降水量为全年最大值,平均为 233.7 毫米。入秋后降水逐渐减少,10 月降水量平均值为 25.1 毫米。

四 日照

据天津市气候中心蓟州气象站 1991—2020 年数据统计,郭家沟村一带年平均日照数为 2295 小时。其中,春、夏季日照时数最多,秋季次之,冬季最少。

　　该地区 4 月、5 月日照时数最多,均在 220 小时以上;7 月、8 月雨季来临,日照时数相应减少,月平均日照时数为 180 小时左右;11 月、12 月,月平均日照时数为全年最小值,150 小时左右。

第三章　村庄地理

第一节　乡村地图

一　特色景观

▶ **郭家沟水库大坝**

郭家沟水库1973年开始修建,1980年建成,储水量250万立方。水库大坝位于郭家沟村最北端,高33米,有180级台阶,大坝后面即为郭家沟水库。大坝对面,山脉如五指样伸入水面,树影倒立、水天一色,勾勒出一道亮丽的风景线。站在大坝上向下看,水库如一面大镜子,青山倒映在水中,仿佛少女在照镜梳妆。微风阵阵时,在金色的阳光照射下,水面波光粼粼,十分迷人。人们转过身,则可一览郭家沟景区全貌。

郭家沟水库大坝

▶ **金屏风山**

村东侧的山坡,又称东坡。该山与青山岭村、团山子村相连。

▶ **银屏风山**

村西侧的山坡,又称西坡。山坡上有50余亩平地,是果树主要种植地。郭家沟景区过山车的最高点设在坡上。该山与白滩村相连。

▶ **飘花溪**

从村北部流向马营公路,2千米溪流纵穿全村,汇入澜河。溪水源自村北部岩石缝隙,与郭家沟水库非同一水源,常年流水,水质清冽,是郭家沟村民心中的"神水",民间传说这里曾出现吉祥鸟"水鸽子"。小溪水面漂满睡莲花,或白或粉,或亭亭玉立,或睡意嫣嫣,因此也被称为荷花溪。

飘花溪

▶ **水鸣桥**

雨季来临,飘花溪水昼夜不停在桥下流淌,发出不同的声响:水流大时,似虎吼雷鸣;水量小时,如百鸟鸣唱。站在小桥上,仿佛听到溪水在鸣叫。

水鸣桥

▶ **环山景观道**

2016 年 10 月修建，全长 1800 米，分布在郭家沟景区东西两侧山坡上。站在景观道最高处，可欣赏整个村庄美景，有一览众山小的豪放与美景尽收眼底的惬意。

▶ **"7" 字树**

村主路边，飘花溪西岸，有棵呈 "7" 字状生长的大树，主干凌于小溪，密密麻麻的叶子将树干掩藏起来，展现出神奇、兴旺的山地风姿。这是一棵百年树龄的杨树，因紧邻溪水，部分树根落在水里，树干则倾斜生长，几乎跨过小溪。水面上空的树干上，悬挂着鸟巢状的大摇篮，放置着可爱的玩偶，成为郭家沟村的特色一景。

"7" 字树

▶ **天鹅湖**

天鹅湖位于村南主路西侧的一片湖水，东临彩虹花海景区。天鹅湖扩建于 2021 年，因游弋着数十只美丽的黑天鹅而命名。清澈的湖水倒映着蓝天白云，湖水里成群结队的大白鹅、麻鸭子、鸳鸯与黑天鹅一起嬉戏玩耍，如童话中的世外桃源，成为游客的 "网红打卡地"。

天鹅湖

▶ 许愿树

许愿树又被称为核桃树王，树龄两百年以上。它的果实仁大而丰满，味觉甜香而悠长，每年结果的时候有很多人争相预订。民间传说，在这里许愿灵验。因此，大树枝干上结满红色丝带，寄托着人们美好的愿望与祝福。

许愿树（王广山摄）

郭家沟村小学师生许愿树下合影（1981 年 6 月 1 日）

前排左起，张宝刚、张子义、张凤亚、胡占友

中排左起，胡金敏、胡亚军、张凤双、张奇峰、张长江

后排左起，胡金艳、张秀萍、杨杰老师、张雪峰

▶ **老龙潭**

老龙潭位于村东北部，飘花溪西侧，是一口天然水井。老龙潭的井水清澈甘甜，深不见底，从没干枯过，是旧时村民向龙王爷"求雨"之地。

▶ **六尺瀑**

六尺瀑位于银屏风山（即西坡）脚下，郭家沟水库南侧。飘花溪流到这里，因有石砬子产生落差，形成小瀑布，飞水直下，叮咚作响。雨季时，瀑布水流至水面落差达五尺，至水底落差达七尺，故命名为"六尺瀑"，取"六六大顺"之意。

六尺瀑

▶ **跳泉**

跳泉位于村中心郭马老街口，是 2021 年新增的景观。跳泉是借助郭家沟村地下水资源、巧妙利用机械设备的功能打造出的微型景观。绿荫树下，10 口水井依次排列，清凉的泉水从某一井口跳出，又准确地落到另外的任意井口。泉水跳跃的过程既有规律、又出人意料，给人们带来惊喜。泉水跳跃过程中有晶莹的水花飞溅，在阳光照耀下形成小小的彩虹。常有儿童穿梭其间，嬉笑打闹。

跳泉

▶ **休闲生活区**

2012年,按照"京津地区最具中国北方传统民居特色的水乡旅游目的地"的定位,郭家沟村本着"因村制宜、一村一品"的原则,不搞大拆大建,不搞大的征地拆迁,对现有民居统一提升改造,形成旅游服务与村民生活交融、共荣的格局。

休闲生活区

二 历史记忆

▶ **棋盘子地**

棋盘子地位于郭家沟村南部,占地4亩,因形状方正,如同一个棋盘而得名。

棋盘子地

► **朱砂地**

朱砂地位于村南小河沟西侧山坡下,与团山子村相连。因这块地的东半部分土壤呈红色而得名。村民说,虽然此地块的红土不适合种庄稼,但可用于药材或提取颜料等。

► **王八盖子山**

王八盖子山是位于郭家沟水库下坎的一座小山,山头圆形,如同乌龟壳,因此村民俗称"王八盖子山"。

► **杨树行子**

杨树行子位于飘花溪东侧、村大路边,沿道路呈长条状,因杨树成行生长得名。

► **南十亩地**

南十亩地位于村东南部,"老棉花地"南面,是齐整的十亩地。这块地是村里难得的、面积较大且平整的农耕好地。

► **老棉花地**

老棉花地位于"许愿树"西侧。村民说,此地只宜种棉花,种其他作物皆不能成功,故名"老棉花地"。

► **石头沟**

石头沟是位于"南十亩地"下坎的一条小山沟,紧邻团山子村。因沟里布满石头,故而得名"石头沟"。

► **郭家坟**

郭家坟位于村东南部,相传是郭氏祖坟所在地,曾有坟茔十几座。现只在民间留下"郭家坟"这一地名。

► **东窑**

东窑位于郭家沟水库南侧的东坡之上,曾经有烧木炭的窑口。该处现为村公共墓地。

► **憋死猫沟**

憋死猫沟位于"郭家坟"后山的一条小山沟,呈口小肚大的形状,像一个大口袋。村民形容这里猫进去也找不到出口,因此得名"憋死猫沟"。该处现改造为绿地。

► **河北寺**

河北寺位于村东侧山坡上背靠山的一块平地处,相传明代时河北寺香火旺盛,现仅存遗址。寺前有一永不干涸的水洼,至今流水潺潺。

► **"塞上水乡"壁**

进入村境内的主路南侧,曾经有面石壁,四个遒劲有力的红色大字"塞上水乡"刻于壁上。

"塞上水乡"壁

▶ **"福禄全"葫芦廊**

郭家沟村曾建有一条 1500 米长、4 米宽的葫芦长廊。传说，郭把总曾救下一只受伤的小燕子，转年，小燕子从南方衔来村里第一颗葫芦种子，秋后结出处处悬挂的葫芦。有一年这一带流行瘟疫，郭家沟村民喝了葫芦籽熬成的水，竟无一人染病。

工艺葫芦

第二节　基础设施

全村目前完成供水管网铺设；污水排入郭家沟污水处理站；铺设燃气管网，主干管沿主要道路铺设；电源引自下营镇变电站，电力线均为地埋敷设；有线电视和网络全覆盖。

全村目前有环卫站 1 处；垃圾转运点 1 处，占地面积 10 平方米，日处理能力 1 吨；垃圾桶 40 个。全村实行垃圾及时处理的"不落地"制度。

郭家沟村目前有公共停车场 4 处，总占地面积 0.19 公顷；旅游公共厕所 2 座，居民户厕普及率 100%。

旅游公共厕所

第三节　机构设置

一　党群服务中心

党群服务中心设有村党支部办公室、村委会办公室、会议室、党员活动室、农村警务室、文化活动站（室）、图书室、村广播站、卫生室、健康指导室、便民服务点、老年活动中心等。

党群服务中心

二　老年人日间照料服务中心

郭家沟村老年人日间照料中心（以下简称"中心"）成立于 2022 年 1 月，位于郭家沟村党群服务中心，建筑面积达 500 平方米。"中心"设休息室、文体活动室、健身活动室、休息室、医务室、老年学校、图书阅览室、配（就）餐室、多功能室等。"中心"主要任务有三，一是照料重点服务对象，对行动不便、空巢和失独等老年人开展服务。二是提供基本服务，开展就送配餐、生活日用品便利店、呼叫、家政。三是提供拓展服务，选择性开展日间托养服务、特色服务、志愿者服务等。

老年人日间照料服务中心

第二编 人 口

清中期，郭姓的把总在此地定居成村。到1921年，村人口不足百人。1949年前，受战争、灾荒等影响，郭家沟村人口时增时减。中华人民共和国成立后，人口数量逐渐增长。1977年，青山岭村张氏家族33人迁入郭家沟村，全村人口达到161人。1949年后，村民受教育程度不断提高。2023年全村197人中，八成以上村民达到初中以上文化程度。郭家沟村民姓氏有潘、白、郭、王、胡、张、史、朱、孙、许、杨、刘、李、尹、庞、卢、高、康、魏、段、孟、崔、吴、葛、管、蔡、郝、郑等，其中张姓、胡姓人口数量居前两位。

第一章　人口概况

第一节　人口数量与构成

一　人口数量

1962年成为行政村时,郭家沟村全村有32户,105人,其中男性65人,女性40人。到1976年,有12户家庭因外迁等原因没有继续在郭家沟村生活,依托外来人口迁入、年轻人结婚等原因,全村人口总体上有所增加。1976年底,全村有27户,135人,包括村民128人,知青7人,其中男性73人,女性62人。

1977年,因修建郭家沟水库,青山岭村张氏家族5户,共33人搬迁至郭家沟村。其中,男性12人,女性21人。不考虑知青人数,全村村民合计32户,161人,其中男性82人,女性79人。

1996年,全村有43户,158人,其中包含劳动力67人。

2000年,全村有41户,153人,其中包含劳动力68人。

2015年,全村有57户,183人,其中包含劳动力90人。

截至2023年6月底,全村有51户,197人,其中包含劳动力100人。

二　人口构成

▶ **年龄构成**

截至2023年6月底,全村197人。其中,18(不含)岁以下45人,占22.84%;18—29岁村民24人,占12.18%;30—44岁村民42人,占比21.32%;45—59岁村民34人,占比17.26%;60(含)岁以上村民52人,占比26.40%。

全村18—60岁的劳动力人口100人,占村总人口的50.76%,其中,男性47人,女性53人。

郭家沟村民年龄结构一览表（截至 2023 年 6 月底）

年龄分组	人数	比例（%）
18 岁以下	45	22.84
18—29 岁	24	12.18
30—44 岁	42	21.32
45—59 岁	34	17.26
60 岁以上	52	26.40
合计	197	100

郭家沟年龄结构图

▶ **民族构成**

村民全部为汉族。

▶ **文化构成**

旧社会时，郭家沟村所在地的人口文化素质不高，受过高等教育的人很少。中华人民共和国成立之后，随着学校教育的正规化、普及化，村民受教育程度大幅度提高。截至2023 年 6 月底，郭家沟村在读学生和学龄前儿童 50 人，其中，学龄前儿童 17 人、小学生19 人、初中生 8 人、高中生 4 人、大学生 2 人。其余 147 名村民中，初中文化程度占比最高，占比 57.82%，未入学读书的仅有 2 人。2023 年 6 月，村民受教育程度见下表。

郭家沟村民受教育程度统计表（截至 2023 年 6 月）

受教育程度		大学	大专中专	高中	初中	小学	未读	合计
非在读	人数	7	4	22	85	27	2	147
	比例（%）	4.76	2.72	14.97	57.82	18.37	1.36	100
在读人数		2	–	4	8	19	17	50

▶ **职业构成**

改革开放之前，村民大多数从事农业生产。自 20 世纪 90 年代，有村民开始从事运输、建材销售等行业。2002 年，村里开办了首批 5 家农家院。其后，从事旅游服务业的村民逐年增加。2012 年以后，几乎家家户户经营农家院或从事旅游服务业。到 2023 年 6 月底，全村有 46 家农家院及精品民宿。此外，还有村民从事观光车、旅游纪念品售卖等服务项目。

▶ **婚姻构成**

解放前，郭家沟村民一般 20 岁左右成婚。中华人民共和国成立后，婚姻法普及，村民结婚年龄执行法律规定。

▶ **家庭构成**

解放前，村民家庭以传统的多世同堂为最多。目前，村里以中小家庭为主要形式。占比最多的是两代家庭，由夫妻两人加上孩子构成。截至 2023 年 6 月底，每户家庭最多者 8 人，最少者 1 人。

郭家沟村的两代家庭（2012 年）

▶ **长寿老人**

郭家沟村周边遍布茂密森林、茂盛植被，使这个区域成为天然大氧舱。宜居的自然环境、富足的经济环境和祥和的社会环境，使村民身体健康、精神愉悦。郭家沟村民平均寿命达到 80 岁以上。在仅有 197 人的小小的郭家沟村，就有 70 岁以上老人 23 人。其中，80 岁以上老人 8 人。郭家沟村也因此成为当地有名的长寿村。

第二节 人口迁移

郭家沟村所在地在明代只是蓟州北部的一个小山沟,没有名字。这条山沟的北面是香火旺盛的河北寺。山沟里有几条小路,是前来烧香祭拜的香客们踩踏出来的。

清朝中期,小山沟因郭姓把总在此定居而得名"郭家沟"。绘制于1923年的《京兆蓟县地图》清晰可见"郭家沟"的地名,见下图。

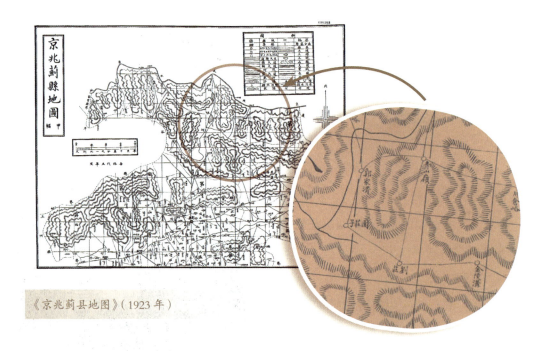

《京兆蓟县地图》(1923年)

继郭氏之后,当时遵化县一赵姓富户也在郭家沟购置了田产,成为这个山沟的第二大户。郭把总去世后葬于郭家沟村,村民称郭家墓地为"郭家坟"。清末,郭氏后人举家迁居他地。后来,赵姓家族从郭家沟村迁至遵化县,赵姓人家也在郭家沟村消失。

清朝末年,兴隆人张玉珠在郭家沟村置地、盖房,胡占鳌由广东一路卖唱来到郭家沟村,成为村第二代"原住民"。民国初年,胡文顺带着三个儿子落户郭家沟村,开枝散叶、繁衍生息。其后,王家、张家、潘家等人家,有的从山东逃荒而来,有的从山西迁徙而来,有的从邻县挑着货郎担子叫卖过来……至1977年兴修郭家沟水库时,青山岭村张氏家族5户共33人迁居至郭家沟村。

岁月更迭,郭家沟村逐渐发展成为现在的规模,家庭、人口稳定增长,村民安居乐业,折射出中国近现代发展史的脉络。

第二章 姓氏家族

一 老张氏家族

清末，张家祖先张玉珠，从兴隆县迁至郭家沟村。

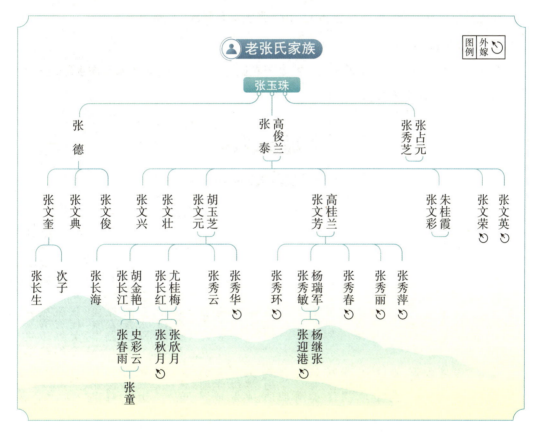

老张氏家族图

张玉珠，妻姓名不详，生二子一女：子张德、张泰，女张秀芝。

张德，妻姓名不详，生三子。长子张文奎，妻姓名不详，生二子，长子张长生、次子名字不详，均落户东北。次子张文典，定居兴隆县。三子张文俊。

张泰，抗日战争时期曾担任村办事员，参加抗日活动。中华人民共和国成立后，曾任生产大队长。张泰娶妻高俊兰，生五子二女。长子张文兴落户到老家兴隆县。次子张文壮。三子张文元娶妻胡玉芝，生三子二女：子张长海、张长江、张长红，女张秀云、张秀华。长子张长海落户外村。次子张长江娶妻胡金艳，生子张春雨。张春雨娶妻史彩云，生女张童。三子张长红为退伍军人，娶妻尤桂梅，生二女，长女张秋月外嫁，次女张欣月。张文元长女张秀云，嫁本村胡云彩。次女张秀华外嫁。张泰四子张文芳，娶妻高桂兰，生五女：张秀环、张秀敏、张秀春、张秀丽、张秀萍。二女张秀敏嫁杨瑞军落户本村，其他女儿均外嫁。张秀敏生一子一女，子杨继张、女张迎港。

张泰五子张文彩，娶妻朱桂霞。张泰二女张文荣、张文英，外嫁。

张玉珠之女张秀芝，嫁本村张占元，由"张氏支系张族"记载。

二 新张氏家族

先祖张文彬，下营镇青山岭村人，娶妻张翟氏。1977 年，因修建郭家沟水库，张家 5 户 33 口人一起迁居郭家沟村。

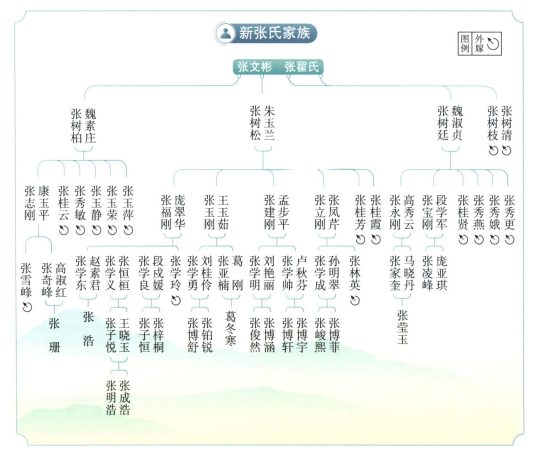

新张氏家族图

张氏家族合影（1973年）

前排左起，张桂霞、三姑太、张文彬（张老太爷）、张建刚、张永刚

中二排左起，朱玉兰、魏素庄、张立刚、张雪峰

后三排左起，张宝刚、魏淑珍、张桂云、张桂芹、张树松、张树廷、张志刚、康玉平

张文彬有三子二女：子张树柏、张树松、张树廷，女张树枝、张树清均外嫁。长子张树柏，娶妻魏素庄，生一子五女：子张志刚，女张桂云、张秀敏、张玉静、张玉荣、张玉萍，五女均外嫁。张志刚，中共党员，曾任村党支部书记，妻康玉平曾任村赤脚医生，有一子一女：子张奇峰、女张雪峰。张奇峰，退伍军人，妻高淑红，中共党员，有女张珊。张雪峰，教师，外嫁。

张文彬次子张树松，娶妻朱玉兰，生四子二女：子张福刚、张玉刚、张建刚、张立刚，女张桂琴、张桂霞均外嫁。长子张福刚，曾任村党支部书记，娶妻庞翠华，有三子一女：子张学东、张学义、张学良，女张学玲外嫁。张福刚长子张学东，娶妻赵素君，生子张浩。

次子张学义，娶妻张恒桓，生子张子悦。张子悦，娶妻王晓玉，生子张明浩、张成浩。张福刚三子张学良，娶妻段戌媛，生一子一女，子张子恒，女张梓桐。

张树松次子张玉刚，中共党员，曾任村会计、乡企经委会计，娶妻王玉茹，生一子一女。子张学勇，娶妻刘桂伶，生女张博舒、张铂锐。女张亚楠，嫁葛刚，子葛冬寒。

张树松三子张建刚，退伍军人，娶妻孟步平，生二子：张学明、张学帅。长子张学明，娶妻刘艳丽，生一子一女：子张俊然、女张博涵。次子张学帅，娶妻卢秋芬，生二女：张博轩、张博宇。

张树松四子张立刚，娶本村张凤片，生一子一女。子张学成，娶妻孙明翠，生一子一女：子张峻熙、女张博菲。张立刚女张林英，外嫁。

张文彬三子张树廷，娶妻魏淑贞，生二子四女：子张永刚、张宝刚，女张桂贤、张秀燕、张秀娥、张秀更，四女均外嫁。长子张永刚，公务员，妻高秀云为医生，生子张家奎。张家奎，娶妻马晓丹，生女张莹玉。张树廷次子张宝刚，教师，娶妻段学军，生子张凌峰。张凌峰，娶妻庞亚琪。

三　张氏支系家族

张占元，兴隆人，娶妻张秀芝，随岳父张玉珠落户郭家沟，生二子四女：子张孝、张印，长女张桂芹、次女张桂英、三女张桂兰、四女张桂荣均外嫁。

张占元长子张孝，娶妻李玉芝，生一子四女：子张金波，女张淑芹、张淑云、张淑敏、张淑芬均外嫁。张金波，中共党员，娶妻胡淑芬，生二女：张峥、张蕾。张峥，嫁王长富，定居郭家沟，生一子两女：子工辰鑫，女王馨莹、王思莹。张蕾，嫁卢利壮，定居郭家沟，生二女：卢泽萱、卢则琦。

张占元次子张印，娶妻孙书芹，生一子一女：子张艳国，女张艳静外嫁。张艳国，中共党员，娶妻刘朝阳，生一子一女：子张淮宽，大学在读；女张秀华，小学在读。

张占元长女张桂芹嫁本村王佐发为妻，早年病故。

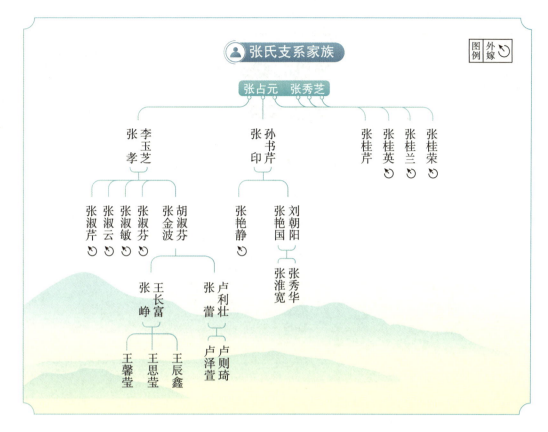

张氏支系家族图

四 另张氏家族

抗日战争前夕,兴隆人张富冒迁居郭家沟村,妻张陈氏,生五子:张玉增、张玉圣、张玉文、张玉恒、张玉福。长子张玉增,革命军人,落户北京,妻姓名不详,子张全。

张富冒三子张玉文,娶妻张秀珍,生四女。长女张凤芹嫁本村张立刚。次女张凤兰嫁刘喜,生二女刘张军、刘国军,已外嫁。刘喜去世后,张凤兰嫁段荣贵。张玉文三女张凤亚、四女张凤双均外嫁。

张富冒四子张玉恒务农,娶妻王玉民,生女张凤伶。张凤伶,嫁王喜文,生子王浩森。张富冒五子张玉福,退伍军人。

张富冒弟张富忠,后投奔来村。

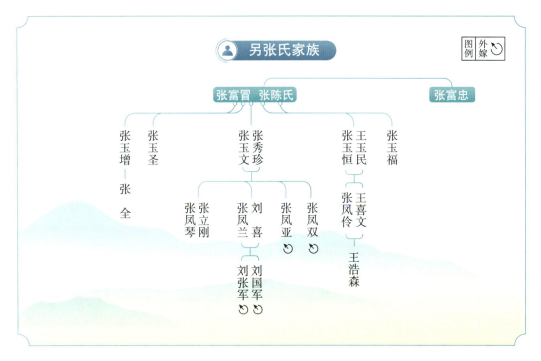

另张氏家族图

五 老胡氏家族

清同治年间，老胡氏家族的先祖胡占鳌由广东一路卖唱来到遵化。光绪年间迁居到郭家沟村。胡占鳌，妻姓名不详，生二子：胡长春、胡长发。

胡长春，妻姓名不详，生二子：胡德荣、胡德庆。胡德荣，妻姓名不详，生子胡顺宝。胡顺宝，妻赵凤英，生二子二女：子胡俊、胡青，女胡玉兰、胡玉琴。长子胡俊，中共党员，解放战争时参加中国人民解放军，1948 年牺牲，革命烈士。次子胡青，中共党员，曾任村党支部书记、村委会主任，娶妻赵彩云，生二子一女：子胡占东、胡占友，女胡金茹。胡占友，娶妻吴翠伶，有二女：胡继元、胡馨缘。胡继元，嫁郑腾飞，生一子一女：子郑傲琛、女郑伊含。胡顺宝长女胡玉兰嫁本村张文元，次女胡玉琴外嫁。

胡长春次子胡德庆，妻姓名不详，生子胡顺平。胡顺平，妻姓名不详，生一子一女：子胡芳，女胡亚奇外嫁。

胡占鳌次子胡长发，妻姓名不详，生子胡德胜。胡德胜娶妻刘福珍，生二子一女：子胡瑞庭、胡瑞丰，女名字不详。胡瑞丰，中共党员，曾任村委会主任，娶妻崔玉兰，生三子一女：子胡海生、胡海军、胡海信，女胡海霞。长子胡海生，退伍军人，中共党员，娶妻张会芹，生一子一女：子胡凯然，女胡金旭。胡凯然，娶妻王杰，生一子一女：子胡天宇，女胡语甜。胡瑞丰次子胡海军，娶妻张秀娥，生一子二女：子胡侧然，女胡金会、胡金辉均外嫁。胡侧然，娶妻刘雪楠，生女胡若安。胡瑞丰三子胡海信，娶妻孙淑华，生二子：胡启然、胡自然。长子胡启然，娶妻赵娜，生二女：胡思宁、胡斯嘉。次子胡自然，娶妻吴秀华，生一子一女：子胡宸语、女胡诗雅。

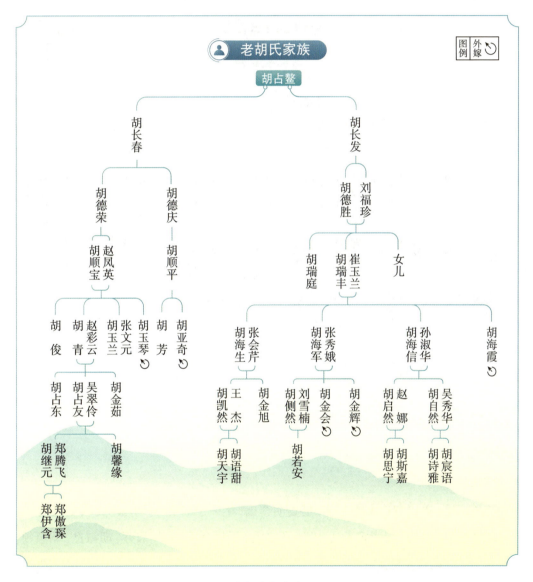

老胡氏家族图

六　新胡氏家族

胡文顺，蓟州蔡庄子村人，有制作木梳的手艺。民国初年携家眷来郭家沟村落户。胡文顺，妻姓名不详，生三子：胡珍、胡山、胡林。

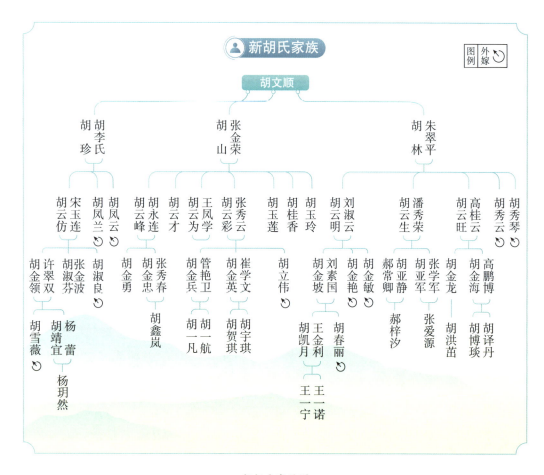

新胡氏家族图

长子胡珍，曾以制作木梳为业，娶妻胡李氏，生一子二女：子胡云仿，女胡凤兰、胡凤云均外嫁。胡云仿，娶妻宋玉连，生一子二女：子胡金领，女胡淑芬、胡淑良。胡金领，任村党支部书记兼村委会主任，娶妻许翠双，生二女：胡雪薇、胡靖宜。长女胡雪薇外嫁。次女胡靖宜，嫁杨蕾，生女杨玥然。胡云仿长女胡淑芬嫁本村张金波，次女胡淑良外嫁。

胡文顺次子胡山，娶妻张金荣，生四子三女：子胡云峰、胡云才、胡云为、胡云彩，女胡玉莲、胡桂香、胡玉玲。胡云峰，娶妻胡永连，生二子：胡金勇、胡金忠。长子胡金勇，居外村。次子胡金忠，中共党员，妻张秀春，中共党员，村党支部委员、村委会委员，生女胡鑫岚，小学在读。胡山三子胡云为，娶妻王凤学。胡山四子胡云彩，娶妻张秀云，生二子一女：子胡金兵、胡金英，女胡立伟外嫁。胡金兵，娶妻管艳卫，生一子一女：子胡一航、女胡一凡。胡金英，娶妻崔学文，生一子一女：子胡贺琪、女胡宇琪。

胡文顺三子胡林，郭家沟村第一位中共党员，曾任书记，娶妻朱翠平，生三子二女：子胡云明、胡云生、胡云旺，女胡秀云、胡秀琴均外嫁。长子胡云明，娶妻刘淑云，生一子二女：子胡金坡，女胡金艳、胡金敏均外嫁。胡金坡，娶妻刘素国，生二女：胡凯月、胡春丽。胡春丽外嫁。胡凯月嫁王金利，生二女：王一宁、王一诺。

胡林次子胡云生，曾任村委会主任、乡村医生，娶妻潘秀荣，生二女：胡亚静、胡亚军，均为教师。胡亚静嫁郝常卿，生女郝梓汐；胡亚军嫁张学军，生女张爱源。胡林三子胡云旺，娶妻高桂云，生二子：胡金龙、胡金海。胡金龙有子胡洪苗。胡金海，娶妻高鹏博，生一子一女：子胡博琰、女胡译丹。

七　另胡氏家族

胡左起，民国年间定居郭家沟村，妻姓名不详，生二子三女。长子胡荣喜，妻姓名不详，生女胡淑芝，嫁本村王佐发。次子胡荣元，生二子三女。子胡永生、胡永全。长女胡永连，嫁本村胡云峰，次女胡永瑞嫁本村王福贵，三女胡永香外嫁。

胡左起长女名字不详，次女胡荣霞、三女胡荣珍，均外嫁。

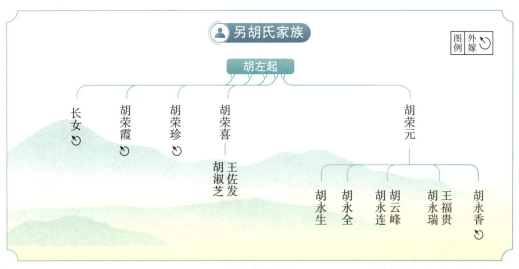

另胡氏家族图

八　王氏家族

清康熙年间，王氏先祖携子孙由山西平阳府洪洞县大槐树迁出，至遵化、宝坻、蓟州一带，其中一支落户青山岭村。民国初年，后人王庆的三个儿子王怀玉、王怀山、王怀宝，因分家由青山岭村迁至郭家沟村。

王庆长子王怀玉，妻姓名不详，生四子：王佐臣、王佐清、王佐生、王佐成。长子王佐臣，娶妻曹福珍，子名王福贵。王福贵，娶妻胡永瑞，生二女：王艳芳、王艳荣，均外嫁。王怀玉四子王佐成，曾任扫盲老师。

王庆三子王怀宝，妻姓名不详，生二子。长子幼年亡故，名字不详。次子王佐发，中共党员，1947年加入中国人民解放军，参加过解放战争和抗美援朝，曾担任村治保主任。王佐发，娶妻胡淑芝，生六子一女：子王凤祥、王凤明、王凤山、王凤春、王凤林、王凤国，女王淑英外嫁。王凤林，娶妻孙淑艳，生一子一女：子王震，女王欣。王凤国，中共党员，任村党支部委员、村委会委员，娶妻蔡学如，有一子一女：子王晟宇，中共党员；女王也。

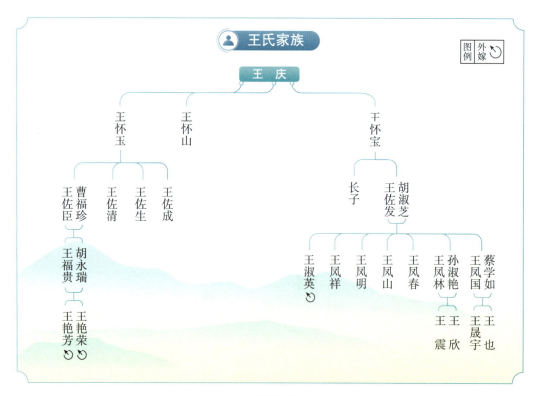

王氏家族图

九 另王氏家族

民国初年,山东逃荒过来的铜锅匠王占江、王占海兄弟,落户郭家沟村。兄王占江,妻姓名不详,生一子一女:子王宝山,女王翠英外嫁。弟王占海,妻姓名不详,生四子:王宝林、王宝全、王宝珍、王宝合。

另王氏家族图

十 另王氏一人

平谷人王富,以游走干木匠活为生。民国时期,王富娶另胡氏家族胡荣珍为妻,定居郭家沟村,有子王怀臣。王怀臣,娶妻王杨氏,生子王宝顺。

另王氏一人图

十一 孙氏家族

光绪年间，祖籍蓟州史家屯村的孙连生挑着"火龙挑"（蓟州土语，意为货郎担）落户郭家沟。孙连生，妻姓名不详，有六子三女：子孙广珍、孙广金、孙广才、孙广发、孙广成、孙广元，三女名字不详、均外嫁。

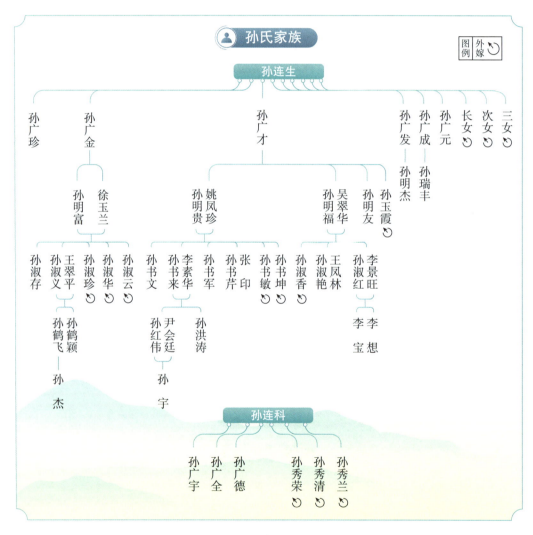

孙氏家族图

孙连生次子孙广金，妻姓名不详，有子孙明富。孙明富，娶妻徐玉兰，生二子三女：子孙淑存、孙淑义，女孙淑珍、孙淑华、孙淑云均外嫁。孙淑义，娶妻王翠平，生一子一女：子孙鹤飞，女孙鹤颖。孙鹤飞，生子孙杰。

孙连生三子孙广才，妻姓名不详，生三子一女：子孙明贵、孙明福、孙明友，女孙玉霞外嫁。长子孙明贵,娶妻姚凤珍,生三子三女:子孙书文、孙书来、孙书军,女孙书芹、孙书敏、孙书坤。孙书来,娶妻李素华,生二子:孙红伟、孙洪涛。孙红伟,娶妻尹会廷,生子孙宇。孙广才次子孙明福,娶妻吴翠华,生三女:孙淑香、孙淑艳、孙淑红。长女孙淑香外嫁。次女孙淑艳,嫁本村王凤林。三女孙淑红,嫁李景旺,生二子:李宝、李想。孙明贵女孙书芹,嫁本村张印,另两女外嫁。

孙连生四子孙广发,妻姓名不详,生子孙明杰。五子孙广成,妻姓名不详,生子孙瑞丰。

孙连生之弟孙连科同来郭家沟定居。孙连科,妻姓名不详,生三子三女:子孙广宇、孙广全、孙广德,女孙秀荣、孙秀清、孙秀兰均外嫁。

十二 潘氏家族

清光绪年,潘氏先祖从山东逃荒到平谷。民国时期,潘禀德携父母落户郭家沟村。

潘禀德娶妻潘王氏,生一子一女:子潘福增,女潘玉珍外嫁。潘福增,娶妻王存珍,生二子二女:子潘永祥、潘永生,女潘秀荣、潘秀云。

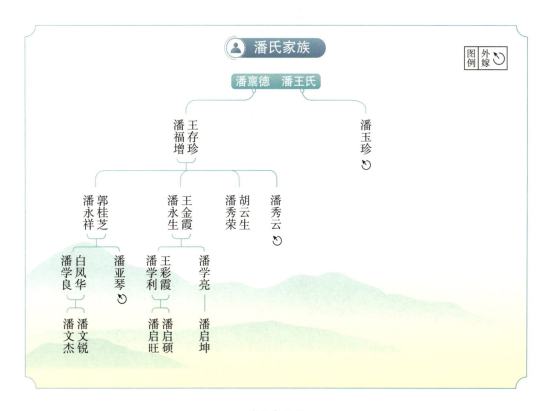

潘氏家族图

潘福增长子潘永祥，娶妻郭桂芝，生一子一女：子潘学良、女潘亚琴外嫁。潘学良，娶妻白凤华，生二子：潘文杰、潘文锐。

潘福增次子潘永生，娶妻王金霞，生二子：潘学利、潘学亮。长子潘学利，娶妻王彩霞，生二子：潘启旺、潘启硕。次子潘学亮，有子潘启坤。

潘福增长女潘秀荣嫁胡云生，次女潘秀云外嫁。

十三　宋氏家族

20世纪40年代，潘禀德遗孀潘王氏，改嫁宋德银，生二女。长女宋玉连，嫁本村胡云仿。次女宋玉荣，外嫁。

宋氏家族图

第三编　村域经济

　　郭家沟村地处山谷之中，缺少耕地，更少平地。1949年前，土地耕作条件差，加之战争、自然灾害、分配不公、交通不畅等原因，村民务农的劳动回报很低，村民生活贫困。中华人民共和国成立后，随着生产关系变革，生产力不断提升，村民生活达到温饱水平。改革开放后，郭家沟人在致富路上不断探索，村域经济逐步发展。2002年开始，郭家沟村发展乡村旅游，特别是2012年建成集聚管理的旅游精品村，村域经济实现跨越发展。郭家沟村旅游业相关情况详见第四编。

第一章　农　业

第一节　经济制度

清朝，郭家沟成村，土地均为私有。贫困村民一般租种富户土地。

1946年6月，郭家沟村开展土地改革。1947年，郭家沟村进行土地复查。到1948年，郭家沟村村民获得平分土地。

1949年6月，为巩固土改成果，蓟县县委开展确权发证工作。到1951年底，村民领到政府颁发的土地房产所有证，彻底消灭了封建土地所有制，建立起"耕者有其田"的土地制度。

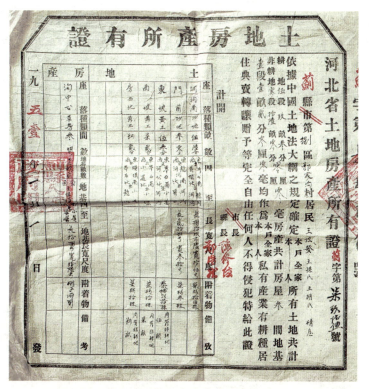

1951年颁发的土地房产所有证

1950 年春，蓟县县委制定的《1950 年生产计划》指出：村民加入互助合作组，个体农民土地私有，劳动互助，收益归己。1953 年开始，蓟县初级社由试办转入全面发展。初级社指保留个体农民的土地所有权，实行土地作股入社，按股分红，统一经营，部分按劳分配。1955 年底，郭家沟村基本实现初级形式的农业生产合作化。

1958 年，郭家沟村民加入高级农业生产合作社。全村废除土地私有制度，土地归高级社社员集体所有。生产队对高级社分配的土地进行经营管理，持有土地使用权。高级社对土地拥有处置权、调整权，由高级社向国家缴纳农业税并完成粮棉征购任务。

1958 年 9 月，下营人民公社成立，原高级社的一切生产资料包括土地全部归公社所有。人民公社化初期，以公社为基本核算单位，经营管理与收益分配权集中在公社，由公社统一核算、统一分配。1962 年 2 月 13 日，根据中共中央《关于改变农村人民公社基本核算单位问题的指示》，蓟县县委决定基本核算单位改变为以生产队（小队）为基本核算单位，生产队持有土地使用权，"三级所有，队为基础"的经营体制基本确定下来，并延续 20 年之久。郭家沟村规模小，生产大队下未设生产队（小队），生产大队亦为基本核算单位。

1982 年，家庭联产承包责任制普及全县。1983 年，撤销郭家沟生产大队，改立郭家沟村，设村党支部、村民委员会和农业生产合作社。实行家庭联产承包责任制后，土地所有权属于村农民集体，由村民委员会代表村农民集体行使土地所有权。农户在承包期内，对土地持有经营使用权。

1997 年，郭家沟村完成土地延包任务，土地承包期延长 30 年。

2012 年，遵循"土地性质不变、土地用途不变、依法有偿自愿"原则，宅基地以外的 1000 亩山场、林地和耕地流转到村集体集约使用，提高了土地产能和效益。

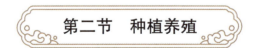

第二节　种植养殖

一　农作物种植

郭家沟村的粮食作物主要有玉米、小麦、高粱、谷子、白薯等。

郭家沟村的蔬菜作物主要有大白菜、豆角、倭瓜、黄瓜、茄子、韭菜、萝卜、青椒等。

黄瓜　　　　豆角　　　　茄子　　　　青椒

二　林果种植

郭家沟村及周边地区植物资源丰富，植被覆盖率高。

园林绿化植物有侧柏、杨树、柳树、栾树、火炬树、槐树、合欢、臭椿、月季、牵牛花、爬山虎、地锦、串红、万寿菊、波斯菊、鸡冠花、刚竹、福禄考、五月菊、萱草、凤仙、紫茉莉等。水生植物有芦苇、睡莲、菖蒲等。

鲜果类产品主要有梨、山楂、杏、柿子、李子、葡萄、桑葚等。其中，白梨（又称秋白梨），具有清火润肺功效，可入药，是拔丝菜肴的首选材料。

干果类产品主要有板栗、核桃等。

山楂　　　　　　　梨　　　　　　　苹果

柿子　　　　　　　栗子　　　　　　核桃
（刘光辉摄）

三　禽畜养殖

禽畜养殖主要有猪、鸡，还有养羊、兔、鸭等。村里老人回忆，20世纪60年代，村民家中一般养5—6只鸡，产下的鸡蛋大多送到供销社变卖。

第三节　农机具

一　农具

郭家沟村村民的耕种用农具主要有：耙子（俗称"二人累"）、七寸步犁、双铧犁、双交子、地滚等人力或畜力牵引的机具，以及锄头、镐、耙、三齿子等传统农具。村民回忆，"二人累"系木制，结构与犁相似，是由两个人配合使用的农具。使用该工具时，前面人为动力，用肩膀向前拉；后面人为支持，肩膀、腿用力向前顶，两人前后协调进行翻地劳作。对于山村小地块农田来说，"二人累"是较为合适的耕种农具。1949 年前，村民多使用人工牵引的传统农具，生产效率低下。20 世纪 50 年代末，开始使用七寸步犁等畜力牵引农具。到 20 世纪 70 年代，双铧犁、双交子等农具已停用。

郭家沟村村民的收获用农具主要有：镰刀、把锹、柴刀、抓钩子等收割工具，小拉车、胶轮车等运输工具，以及杈子、木锹、簸箕、石碾、石磨等加工工具。

二　农业机械

20 世纪 80 年代后，购置拖拉机、农用三轮车（俗称"三马子"）等农业机械的农户增多。这些机械用于农业生产和运输环节。

民宅中的农用三轮车（1998 年）

第二章 工商业

第一节 传统手工业

一 胡氏木梳

▶ **发展历程**

老胡家制作木梳（民间俗称"拢梳"）的技艺源自清朝。蓟州城关镇西路庄村有 20 多户人家制作木梳，远近闻名。老胡家祖上住在离这个村不远的蔡庄子村，也跟随着做起木梳营生。据胡家后人回忆，祖传的制梳技艺，到胡文顺这一代达到一定规模，建有木梳作坊。虽然做木梳很辛苦，挣钱不多，但靠着这门手艺，胡家人生存无忧。

民国初年，木梳生意不太景气。特别是做木梳的主材白梨木需要从山里运出，成本比较高。为此，胡文顺带着全家离开蔡庄子村，辗转到位于材料产地的郭家沟村安家落户。这门手艺也被带到了郭家沟村。

胡文顺带领儿孙开荒种地，农闲时制作木梳售卖。因当地梨树多，制造木梳的成本降低，胡家靠做木梳能够糊口。胡文顺去世后，长子胡珍继承做木梳的手艺，农闲时游走售卖。胡珍曾在村里建有小作坊。

1956 年，农村成立农业合作社，郭家沟村成立农业互助组，胡氏木梳停止制作和销售，胡氏木梳技艺逐渐失传。2012 年，郭家沟村全面改造时，胡家的后人卖掉了前辈做木梳的全部工具。

▶ **制作工艺**

第一步，选材。因梨木木质细腻、硬度高，是做木梳的好材料，其中以郭家沟村大面积种植的白梨木为上品。砍下梨树后，把枝杈去掉，将树干上最粗的一段截取下来。

第二步，开大板。由两个人拉大锯，将树干开成板，板的薄厚与成品梳子相差无几。为防开裂，开好的板材需放入大铁锅中加水煮沸。

第三步，开小板。煮好的板材平放晾干，再开成长方形、半圆形的小板（与梳子的形状、大小相近）。下料时需看原料大小，大料做大木梳，小料做小木梳。为避免成品开裂，小板需再放入铁锅中煮一次。

第四步，开齿。使用特制的开叉子锯，给梳子开齿。此锯比普通菜刀宽大，形似刀，装有两个刃口，第一个锯齿开出深齿，第二个锯齿开出浅齿。须反复操作，方可成型。

第五步，打磨。木梳成型后不需要上涂料，而是用粗砂纸、细砂纸打磨。打磨基本合格后再用"广珠"（蓟州土语，一种用串在一起的珠子制作的打磨工具）细磨，三遍过后，木梳呈现出细滑光亮的品质，这时一把木梳才算完成。一般一把木梳需要十天左右的时间才可制成。

▶ **售卖**

胡珍售卖木梳图　董梦瑶画

做好的木梳以 12 个为一箍，一批次能做几十箍。因郭家沟村的木梳在附近山区小有名气，经常有人来村"走货"（批发）。余下的木梳由胡珍挑着担子、流动售卖，足迹遍及北京、唐山、遵化、兴隆等地。胡珍多才多艺，地方小调唱得优美嘹亮，卖木梳时边走边唱，很快将人们的注意力吸引到货郎担里的木梳上。这样游走售卖，直到担子两边筐里的木梳都卖完，胡珍才往家的方向走。

胡氏木梳的价格不等。糙芬根（指木质粗糙些的材料）做的木梳比较便宜，细芬根（指木质细腻一些的材料）做的木梳比较贵。用梨木外层制作的木梳颜色发白，价格较低；用梨木的红芯部位做的木梳呈红色，价格较贵，被视为高档木梳。胡珍曾向东陵的大户人家卖出一把售价一两银子的木梳。

【口述】爷爷做拢梳的手

我可记得爷爷的那双手——一直这样蜷着！简直不敢相信那是手。为什么？因为单靠种地吃不饱饭，爷爷就用郭家沟村产的梨木制作成拢梳去卖。要等到梨木水分全晾没了，也就是材料最硬的时候用刀切，然后削成多种形状，最后打磨成拢梳售卖。长年累月削木头，双手就变形到无法伸直。听父亲说，每年过年前，爷爷都要出门卖货，只有把拢梳全部卖出去，爷爷才会回家，全家也才能过个"温饱"年。

（口述人：胡金领，郭家沟村党支部书记）

少年胡金领
（1980 年）

二 张氏木杈

▶ **发展历程**

郭家沟村民以种植果树和农耕为生，木杈被广泛使用。木杈是常见农用工具，几乎家家都要使用，这就催生了制作木杈这一手工业。

木杈，俗称木杈子，顾名思义，是用木头制作的杈子，多用来挑麦秸秆，晾晒豆子、高粱等农作物也需用木杈翻转。1957 年，张树廷开始制作和售卖木杈，开创了郭家沟村的一项手工艺。由于郭家沟村一带原材料质量好，加上手艺好、价格合理，张树廷的木杈很受欢迎，经常被乡供销社请去制作木杈。

由于制作过程复杂、原材料成本较高，木杈的价格相对较高。到 20 世纪 70 年代末，木杈被性价比更高的铁叉子代替，村民大多购买价格仅为木杈 1/4 的铁叉子。张树廷被迫停止制作木杈。

▶ **制作工艺**

张氏木杈制作工艺图 董梦瑶画

取材。一把木杈子由杈杆、杈梁子、杈齿三部分组成。制作杈杆需用硬杂木，多取材于郭家沟北面大山，树种选择多为苦梨、包马子、牛筋子、臭檀等；杈梁子多用椿木，因此树纹路好，便于劈出豁口；杈齿用郭家沟山坡上的荆条，荆条柔韧性能好，成品结实耐用。

煨制。对采集的木料按照所需要的长短截段，趁着树木有水分，用炉火煨制。杈杆部分长约两米，放入特制的杈杆炉内，煨制过程中不停查看，直到表皮脱落，"成熟"为止。杈齿部分放进杈齿炉，按照一定的角度，煨制成型。

制作牛筋绳。买来牛板筋，挂在墙上固定住，使用最锋利的剃刀，迅速裁成一根根长约 60 厘米、宽约 5 毫米的牛筋条。裁好的牛筋条用水泡软后，缠成团晾干后即成为比铁丝还要结实的"牛筋绳"。

打孔安装。在煨好弯度的杈齿尾部打孔，再根据齿数，用竹钉把杈齿固定在一起，用特制的斧子砍出斜茬。在杈梁子上根据三杈、四杈、六杈、八杈的规格砍出豁口。将杈齿的斜茬用力楔进杈梁子的豁口，然后用牛筋绳固定。一把没有铁钉、不用铁丝的纯木杈子就此完成。

▶ **工具**

杈杆炉，高约两米，下部可使用锯末、树皮等下脚料加热，用于杈杆的制作。

杈齿炉，高约一米，设在屋内靠墙角位置（省去炉子两面的材料），与板凳配合，用于杈齿定型制作。

木工刨子，用于给杈杆抛光。

木工大锯，用于截断木料。

特制斧子，形状特殊，窄而长，斧身有一斜弯，专门用于木料定型。

木钻，用于在杈杆上钻孔。

直杈柄木桩，用于确定插齿的位置。

牛筋剃刀，用于在牛筋上剔出绳子，捆绑杈齿使用。

【口述】张树廷与木杈子

我的三叔叫张树廷，1931 年出生，2011 年 5 月去世。

1954 年，23 岁的张树廷在蓟县城关镇杈子铺学徒，三年学徒期满后，回村做起木杈子营生。开始时，他把做好的木杈子打成捆，绑在洋车子（作者注：蓟州土语，即自行车）后面，到周边各村去卖，有时到各集市"追集"去卖。因为郭家沟村一带原材料品质好，加上技术水平高、价格合理，张氏木杈子在乡里很受欢迎。后来乡供销社经常把他请去做木杈子，工钱每天 2.5 元，交给生产大队折算成工分，年终按工分分配。

木杈子分为三齿、四齿、六齿、八齿，八齿最贵。我曾经给三叔打过下手，制作过程非常繁杂，技术要求很高。

后来市场上出现了铁叉子。尽管木杈子有韧性、轻巧省力，但铁叉子价格特别便宜，更受大家欢迎。记得 1978 年春天，三叔在公路边卖木杈子，旁边是卖铁叉子的，买主毫不犹豫选择了 2 元一个的铁叉子，8 元一个的木杈子根本没人买。

从那以后，三叔不再制作木杈子。如今，张树廷和他制作的木杈子，深深留在我们的记忆里。

（口述人：张志刚，曾任郭家沟村党支部书记）

张树廷与家人合影（1990 年）

前排左起，魏淑珍、张树廷

后排左起，张宝刚、张永刚

三　豆腐坊

▶ 发展历程

20 世纪 70 年代中期，郭家沟村开有两家豆腐坊：胡瑞丰家和王宝珍家。村里的豆腐坊一般在农闲时节营业，采用与买主采取黄豆换豆腐的"物物"交换方式，坊主几乎没有盈利，目的只在于用剩下的豆渣做养猪的饲料。制作豆腐工艺繁杂，需要分工协作。因运营成本高,村豆腐坊在 20 世纪 80 年代初停止经营。

▶ **制作工艺**

精选优质黄豆,经浸泡、磨浆、滤渣、冲浆、煮浆、点浆、压制等多道工序精工细作。

泡好豆子后,用石磨磨为豆浆。将开水冲入生豆浆,边冲边搅。然后把豆浆倒入纱布滤包里过滤。将过滤的生浆倒入大锅内,大火煮沸,边煮边撇去浮沫。随后,将热豆浆移入缸内,稍微冷却,用熟石膏粉点浆。熟石膏要用固定的小酒杯量取。点浆时将石膏液冲入豆腐缸里,用勺子轻轻搅匀,盖上缸盖静置数分钟,豆浆开始凝结成豆腐脑。最后是压制,将滤架平放在一个空磨盘上,架子上立置一无底的方框豆腐笼,先往笼里平装进去第一块木隔板,板上铺展包布,将豆腐脑放入,包布四边扯平包好,再放第二块隔板,直至笼满。在最后一块隔板上,放置重石以挤水,即成豆腐。

▶ **工具**

有水盆、水缸、水桶、石磨、浆桶、炉灶、大铁锅、铜勺、豆腐缸、木笼、隔板、包布、滤架、空磨盘等。

四　葫芦烫画

▶ **发展历程**

因葫芦的谐音是福禄,寓意吉祥幸福,能够带来福气,还象征着子孙满堂,因此郭家沟村自古以来有种植葫芦的传统。人们多在房前屋后和菜地的边缘种上葫芦,成熟的葫芦便于保存,不但可以放在家里做摆设,还常常当作礼品馈赠亲戚友人。

2006 年,郭家沟村建设一条 1500 米长的葫芦种植长廊,各种形状的葫芦喜获丰收。村里请来王宝利老师为大家授课,村民胡永生、张印、许翠双、张立刚、王玉茹、胡海信、潘永祥、张秀敏等积极参加,很快掌握了葫芦烫画的技巧。从此,郭家沟村民开始制作葫芦烫画。

郭家沟村的葫芦烫画利用葫芦本色的基调,在上面临摹国画作品,线条流畅、形态生动、风格质朴。许翠双、张秀敏、王玉茹等女学员的作品尤为出众。葫芦烫画使葫芦从田间地头变成了艺术品,成为郭家沟村的一张"旅游名片"。

尽管葫芦长廊后来被取消,但葫芦烫画在村里已经深入人心,很多爱好者坚持烫画爱好,不断有新作品问世。

▶ **制作工艺**

首先,选择图案。多选择人物(如观音、财神)、动物(如老虎、鹰)、山水、花鸟、松树等寓意吉祥的图案为临摹对象。

第二步，选葫芦。一般采用两年生、皮质较好的葫芦。葫芦水分干透后，适合烫画、上色，层次分明。

第三步，准备工具。一是复写纸、碳素笔，用于把选好的图案印在葫芦上。二是小电烙铁，一般为两把：一把平头、一把尖头，这样在葫芦上写字、画画均可。

最后，烫画制作。按照烫画的专业技法进行烙刻、润色和渲染，把每个细节都描绘出来，有深有浅，使烫画有层次、有远近，形成透视关系，最后还要在葫芦上题字。

五　其他手工业

▶ 纺线织布

农闲时纺纱织布，村里妇女都会这个手艺。手织布技艺复杂，主要包括五道工序：一是纺线，先用棉花搓捻子，再在纺车上拧扯出细细的白线。二是缠线，把纺锭上卸下的线穗子扎成束，浆洗、晾干，缠成线筒子。三是经布，将棉线拉伸到一定长度，重复数次，依次排列，成为"经线"组合，卷成线团。四是刷布，将经线的线头插入织布机刷柱缝隙，通过缠线、提经，梳理好经线。五是织布，把经线滚子架上织机，纬线左右穿梭，织成布后卷于木棍上，直至把经线织完。

▶ 绑笤帚

高粱"一身是宝"，用处很多。种高粱，可收获粮食；高粱叶可喂牲口；秸秆则可制作架柴、可插篱笆、可糊房棚，还可作烧柴；高粱篾子可做成篓子之类的用具；高粱苗则可用于扎制笤帚。村民利用当地高粱苗，冬闲时绑笤帚，除了自用之外，还可以集中销往外地。

郭家沟村做笤帚注重用料，做工讲究。质量最好的净苗大笤帚，前脸苗长1.2尺，后腿苗长九寸，成品笤帚底面宽1.2—1.3尺，前脸四道经，后腿一道经。

此外，还有青苗小炕笤帚、黄苗小炕条帚、黄苗炊帚、大青苗炊帚、红青苗炊帚等多种产品。这些不同规格的笤帚虽然用料不同、尺寸不同，但均能达到苗齐、面平、把光的质量效果，可长久使用。

▶ 手工制鞋

第一步，"打夹帜"。用面粉打出稀糨糊，在木板上涂上一层糨糊，贴一层旧布，然后再在旧布上涂糨糊，再贴旧布，贴至七八层，放至太阳下曝晒，干后即为鞋底材料。鞋样放在夹帜上，画出鞋底形状，然后将多层夹帜糊在一起，一般4层到7层皆可。

第二步，钉底子。钉底子的工具有针锥、针鼻子可穿过粗麻线的大针以及顶针。麻绳一般自家制作。秋天，水坑边砍下一人高的野生植物麻，在水里泡软，几天后剥下麻皮，在水中摔打至麻皮柔软，劈成细丝，两股合在一起搓成麻绳。然后用针锥扎、大针穿，用麻绳将鞋底材料勒紧,针脚要排列整齐,鞋底才结实耐穿。

第三步,纳鞋帮。新布做鞋面,旧布做鞋里,将夹帜放在里、面之间紧紧连成一体,用针线纳好鞋帮,沿好鞋口。

第四步,绱鞋。用标准针脚将鞋帮和鞋底缝合在一起,鞋帮要左右对齐。至此,一双鞋就做出来了。

村民张福刚记得,母亲生了他们6个孩子,他们穿的衣服和鞋子都是母亲亲手做的。那时,母亲白天在生产队出工,纺线、做鞋都在夜里。多少个深夜,他起夜的时候都看见母亲在油灯下钉底子。男孩子穿鞋费,母亲做了这双做那双。那时的乡亲们家家如此。

▶ 烧砖

烧砖采用马蹄窑,以柴草或烟煤为燃料,和泥、制坯、上架、装窑、焙烧、湮窑等工序全部是手工操作。1955年,郭家沟村建有砖窑,就地取土烧制。

第二节　废铁回收业务

1992年秋,看到国家基础建设需要大量的钢铁材料,为壮大村集体经济,张志刚、张印等村领导决定发展废铁回收业务。村里组织起十余名村民的工作小组,启动废铁回收工作。收回来的第一批货很快被首都钢铁厂顺利收购,郭家沟村第一月就盈利8000多元。

开门红极大调动了村民的积极性。但是,由于资金不足以建设厂房,材料质量无法保证,只能采取粗放式的方法运营,即扩大回收范围和提高销售量。当时回收来的废铁,大部分源于边角料,质量比较差。加之没有厂房用来存放,回收来的废铁只能搁置在空地,潮湿的空气加快了材料的腐蚀速度,质量因此大受影响。

这时,钢铁厂技术改造后提高了原材料质量标准,而欧洲市场钢铁产能过剩,低端生产线以及旧船、旧机器等输入中国。这种竞争态势下,村里回收来的废铁在质量和价格上都处于劣势,苦撑了五个月后,亏损两万多元,项目以失败告终。

第四编　乡村旅游

　　曾经的郭家沟村是个穷村，人均收入低于全镇平均水平。2002 年，在基层党组织带领下，郭家沟人办起了第一批农家院，到 2006 年成为具有一定规模的旅游村。2012 年，郭家沟人抓住机遇，在政府引导、政策支持下，大胆创新管理模式，成为天津市乡村旅游精品村建设的示范村，成功转型为集聚管理的旅游村。2013 年以来，先后被国家农业部等部门授予美丽乡村、中国人居环境范例奖、全国最美休闲乡村、全国最宜居村庄等称号。经过十年的积累与沉淀，2022 年，郭家沟村再次腾飞，与天津市陶陶投资有限公司开展合作，成功晋升国家 4A 级旅游景区，是天津市第一个乡村类 4A 级景区。

　　纵览郭家沟村乡村旅游业二十多年发展历程，可见这样的规律：十年一大步，年年不停步！

第一章 发展历程

第一节 积蓄酝酿：2002 年前

一 区域环境

蓟州区被誉为"山水蓟州，京津花园"，是全国乡村旅游开发较早的地区之一。

20 世纪八九十年代，蓟县的山区、库区农民过着"春种几垄地，秋收几筐果"的清苦生活，收入低于全市平均水平。20 世纪 80 年代中期，盘山等景区周边有农民利用自家房屋开办的家庭食宿服务。1994 年，在与郭家沟村同属下营镇的常州村，高翠莲开办了全市第一个农家旅店。在政府和相关部门的引导和扶持下，旅游服务逐渐成为山区农民发家致富的主业，而以往的山货采卖、果品销售等则成为附属产业，形成旅游与农业相互依托、互相促进、协调发展的局面。

郭家沟村所在的下营镇位于天津最北部山区，是京津冀三省市交界处，下辖 35 个行政村，两万多居民，镇域面积 143.6 平方千米，约占全区总面积的十分之一。镇域内自然资源、旅游资源丰富，发展乡村旅游前，就拥有黄崖关长城、八仙山、梨木台、中上元古界等著名景区，是京津冀地区重要的旅游目的地之一。

与郭家沟村一山之隔的常州村，也曾是"出行靠两腿，收入靠老天"的村子，村里曾办过石子厂、炭厂、铁矿等。1993 年，时任村党支部书记王宝山带领村民集资进行九山顶景区建设。1996 年，景区正式开放。其后，常州村农家旅店快速发展起来，到 1998 年，全村开办农家旅店 27 户，村民人均年收入达到 8000 元。与此同时，下营镇还涌现出黄崖关村等多个村落，利用毗邻景区的资源优势，发展食宿等旅游服务产业。下营镇成为天津市发展乡村游的领先地区。

发展旅游产业前，除从事传统农业，蓟州山区居民主要靠开山凿石、出卖资源发展经济。曾建有几百家小型采石场、水泥厂、石灰厂，增收的同时，也在一定程度上破坏了生态环境。

进入 21 世纪，农村经济资源重组以及增长方式转变是我国战略性调整的重要内容。

在此目标下，农村发展必须跳出只发展农业的圈子，发挥区域资源优势，形成与城市发展互补或配套的农村产业。2000年，蓟县政府提出"一产围绕绿色调，二产围绕资源调，三产围绕旅游调"的发展战略，把旅游业作为重要支柱产业来培育和发展。通过修建进村道路、整治村容村貌、兴建水电设施、整修农家庭院等工程，农村面貌焕然一新，彻底改变了"晴天一身土、雨天两脚泥、柴草随处放、家畜满街跑"的落后状况，乡村旅游环境不断改善和优化。同时，干鲜果品批发市场的建成，满足游客购物需要。当时的蓟县从挖土卖沙的"卖资源型"转化为可持续发展的"保资源型"。

2000年，下营镇成立了镇旅游总公司、镇旅游管理办公室，决定充分利用镇域内生态资源优势，鼓励旅游专业村和个体旅游户的发展。经过认真研判，下营镇确定了以结构调整为突破口，以专业村建设为重点，以形成绿色食品、旅游和养殖业为目标，建设"作青山秀水净气文章，抓鸡鸭牛羊鱼鸟效益""建好天津（后花园的）园中园，欢迎朋友来休闲"的休闲、度假和观光旅游胜地。

旅游业带动下，下营镇自产的干鲜果品身价倍增，各种特色农产品成为市集上的抢手货。下营镇开发了袋装野菜、小杂粮、水果罐头等加工农产品。

二　郭家沟人的探索

受资源条件、管理水平等多种因素制约，郭家沟村人均收入远低于下营镇平均水平。1996年，下营镇人均收入2012元，郭家沟村只有1343元。同时，村里的硬件环境非常薄弱：农田水利设施只有大眼井1个，机配水利设施1个，塘坝和水池各1个，一条300米长的干渠条，落后于当时下营镇大多数村子。

郭家沟村景（1990年）

为实现村民致富，村领导班子带领村民进行了两次试水。1992年，上马废铁回收业务，因产品质次价高，缺乏竞争力，5个月后宣告失败。1998年，发展葡萄种植项目，采取"村集体＋农户＋企业"方式合作经营，因种植成本高、市场价格整体下滑，经营效益差，坚持两年后，项目以失败告终。

【口述】想带领村民致富，真难！

1998年，我上任村党支部书记。当时村里比周围邻村都穷，村民有句顺口溜："收入一两千，百姓抽旱烟。"而村集体缺乏致富渠道，很多村民外出打工。我和村委会主任胡海信决定引进新项目，蹚出一条新路。

我们村西岭地块地势高、光照好、土质好，但因为这里土质存不住水，不适宜种庄稼，却适合种葡萄。我们与制酒企业达成合作意向，我们种葡萄，他们收购。这时土地延包至2027年，村民加入项目的热情很高。我们这样运营：以西岭50亩地和各家村民自愿提供的1亩地开展葡萄种植，建立起土地联合经营下"村集体＋农户＋企业"的合作组织，村集体负责总体组织和协调，农户负责育苗种植，企业负责技术指导和葡萄收购。

当时我们测算，种植葡萄每亩年纯收入能达到3000元，比种粮食效益好多了。但是，干起来发现，种葡萄的人工成本太高，种植过程很费人工。加上酿酒对原料要求很高，我们必须遵守烦琐的技术要求。可是我们的付出没有得到回报——葡萄的市场收购价不断波动、整体下滑，有时为每斤2.6元，有时跌到每斤1.5元，这就导致村民的收益没有保障。算下来每亩年收入不到1000元，预计的收益根本达不到。

2000年，葡萄种植项目下马。我们这届领导班子感到：想带领村民致富，真难！必须要有新生力量进入！于是年轻的胡金领加入村领导班子中。

（口述人：张福刚，曾任郭家沟村党支部书记）

进入21世纪，中央提出大力发展县域富民产业，强调村庄大力发展集体经济。2000年，蓟县提出将旅游业作为重要支柱产业，下营镇也提出大力扶持农村旅游产业。

看到地处深山的邻村常州村发展旅游先富起来，郭家沟人也开始反省：我们能不能发展旅游？2000年，而立之年的胡金领当选村民委员会主任。新一届两委班子决心带领全村群众走上致富道路。村干部们开始走出去向先进村取经。他们多次到常州村学习考察，然后走出大山，到北戴河、北京等地区学习，开阔眼界。

与县、镇旅游管理部门讨论交流后，郭家沟村确立了"吃环境饭，发旅游财"的目标，制定出治好两面坡、开发一条路、形成四个示范区的规模化发展的三年规划，开始了建设旅游村的实践探索。

治理两面坡是指治理郭家沟村的东西两坡。这里地势较高、光照充足，不适宜种植粮食作物，但是发展经济作物的好地域。2001 年，郭家沟村投资 2 万元、投工 3000 个、动土石方 2.4 万方，先后在东西两坡栽植板栗、核桃、玫瑰花等作物。为了保证树木用水，在县、镇支持下，修筑坝台 10000 米、修建小水窖 15 个。之后，又投资 10 万元、投工 2500 个，修建东西两坡扬水工程、翻修灌溉渠道和过水涵洞。为方便果品运输，村集体投资 30 万元、投工 7000 个，扩修了 3 千米柏油路。

通过政府政策扶持补贴和自筹集资金，郭家沟村修通由马营路至村北的大路，同时，完成 500 亩种植园和 5 亩垂钓园的开发建设，发展乡村旅游的基础条件不断完善。

第二节　探路前行：2002—2011 年

一　艰难起步

具备了一定的基础条件，2002 年，村"两委"班子决定动员村民开办农家院。但是村民的思想工作并不好做：尽管非常羡慕常州村的富裕，但是又担心竞争不过人家。还有一个严重阻碍，村里有三个以收废品为业的农户，这种村貌显然不利于发展旅游产业。这时，村"两委"干部冷静处理，没有强令制止，而是只干不说，每天跟在三家人的后面捡拾散落垃圾、清理环境卫生。终于，这三户能够主动把垃圾收拾干净。这让村民体会到村"两委"班子发展乡村旅游的决心。

为了找到发展之路，村"两委"成员外出学习考察。回村后，村干部们挨家挨户做工作，将外村、外地的先进做法告诉村民，磨破嘴讲：要靠山吃山、靠水吃水，把主副业换个位，把发展旅游变为主业，让原来的农产品产生附加值，形成主业兴、副业精的局面。但村民只是羡慕，由于缺乏创业资金、担心经营收益，村民无人应声。

胡金领、张金波等党员干部决定自己带头做示范！他们多方筹资，对自家民宅进行改造，具备了经营条件。2002 年，郭家沟村"金领农家""金波农家""康玉平农家院""云生农家院""学军农家院"开门纳客。这是村第一批农家院，标志着郭家沟村旅游产业开始起步。

由于当时的农家院接待条件简陋，钢管床、公共旱厕，加上缺乏营销和服务经验，市场反响一般。

孩子们在郭家沟村第一代农家院的房间内

二　摸索提升

▶ 经营农家院

郭家沟村的初始定位是"住农家院、吃农家饭、干农家活",突出传统农家的"土""真"和"原始"。当时的农家院叫农家旅舍,规模小,一次最多接待十来个客人,为游客提供基本住宿和简单的餐饮服务。客房由自住的民房简单改造而成,大火炕改成单人床、双人床,再换上新被面、新床单。

2003 年,蓟县政府提出"坚持天津市城市后花园发展定位,念山水经、打旅游牌、走联合路、做环境文章,构建中等旅游城市"的总体工作思路。在地区改革号令的召唤下,面对村里第一代农家院并不景气的困境,2003 年上任村党支书的胡金领没有退缩,他决定继续当先锋——拆掉老民房,投资 13 万元建设新客房,修建了水冲卫生间和淋浴房。这种当时处于领先地位的标准化农家院获得了市场欢迎,经济效益不错。村民争相效仿,郭家沟村的旅游产业逐步发展起来。

2002 年,郭家沟村农家院定价为每人每天 40 元。当时,农家院的饭菜很"土气":"烧上大柴锅,炒盘自家鸡刚下的蛋,一盘山野菜,一盘花椒芽,一盘小河虾,烙几张大饼",城市客人们吃得赞不绝口。只是,农家院硬件条件的欠缺让大部分游客却步。

还有一个更大的难题,也是村民办农家院必须解决的问题——寻找客源。那时郭家沟人经常站到公路边,支起一个农家院的牌子,挥手招揽客人。常州村客满时常会转过来一些客人。胡金领、张金波等人主动找到天津市区的企业来村搞团建活动。胡云生的女儿读大学期间，老师和同学们来蓟州实习，成为他家的第一批客人。在不断地实践中，农家院主们认识到，必须争取回头客。村民视客人为亲戚，跟客人拉家常，游客很喜欢这种形式的接待服务。

作为后发展起来的旅游村，郭家沟村面临着激烈的市场竞争，特别是没有景区依托，只能以优质的服务赢得市场。

▶ 建设示范家园

2003 年到 2005 年，郭家沟村投资 65 万元打造"清水川生态示范家园"（后定名塞上水乡），依托郭家沟水库周边美景，开发 100 亩水面景观，建起观光休闲、亲水娱乐等游乐区，推动"乡村游 + 农家乐"协同发展。这也是郭家沟村乡村旅游发展中的过渡期。

这一阶段，村里建立了"两议、一公开、一监督"的村务决策实施及监督机制，树立起村集体的核心领导力。"两议"指成立党员议事会和群众议事会，各由 3 人组成；"一公开"指重要村务须经全体村民大会公开审议；"一监督"指村民选出的村民代表履行对村务监督、建议的职责，村民代表共计 5 人。在修建河套拦水坝工程中，就如何确保工程质量问题，村"两委"、党员议事会和群众议事会按这个程序进行反复协商讨论，最后形成一致意见，从而获得了村民支持，确保工程质量。

开发中，郭家沟村坚持以环境整治为核心、以绿化美化园区环境为目标的治村理念，将围绕水环境和人居环境的整治作为一项常态工程。村公共环境卫生治理方面，村里执行"一清二看三制止"工作标准："一清"指垃圾清运，分包到个人，安排专人对村路面进行清洁管理，做到路面干净，无杂草；"二看"指小河看护，以户为单位看管好家人，不能到小河钓鱼、药鱼和电鱼；"三制止"指坚决制止不文明行为，不准各家牛羊上柏油路，不得随意丢弃垃圾等。

在推进厕所改造工程中，村采取"改建用"三步走策略，顺利完成这项工程。"改"是普及农村卫生厕所，新改户厕所入院，有条件的鼓励厕所入室，农家院借此提升改造，大部分经营户做到厕所入室；"建"是在市容委的支持下，合理布局村公共厕所；"用"是探索厕所粪污就地处置、综合利用。

同时，郭家沟不断加强干部群众培训力度，组织农家院经营户外出考察，对村民导游加强培训，服务水平有很大提高。

三　稳步发展

2005 年，天津市全面启动文明生态村创建工程，提出"六化"标准，即村内道路硬化、街道亮化、饮水安全化、能源清洁化、垃圾污水处理无害化以及村庄绿化美化等标准。同时，当时的蓟州进入构建中等旅游城市的关键时期，下营镇确立了"环境立镇、科技兴镇、旅游强镇"的发展定位。

郭家沟村抓住政策机遇，狠抓基础设施配套及项目开发，加大村容村貌整治，特别是整合旅游资源，发挥水优势，打造"景村一体化、纯正农家游"的品牌形象，提高对游客的吸引力。2006年，村正式启动"塞上水乡"工程。随后几年，依托自身的自然环境优势，郭家沟村不断强化基础设施配套和村容村貌整治，广泛栽植花卉苗木，建设了大枣、优质桃、李子等特色采摘园，种植葫芦、丝瓜、豆角、猕猴桃等农作物，完成荷花溪、戏水浅滩、水具展示、观光小路等景观建设，呈现出江南水乡的秀美风光，成为京津一带小有名气的旅游村。

郭家沟村的旅游产业蒸蒸日上。先干起来的几个农家院，虽说创业守业辛苦，但经常有客人光顾，经营收入远高于种地，这让其他村民打消了顾虑，主动上门讨教，探寻开展农家院经营的路子。全村开办的农家院达到十多家。

郭家沟村打造具有水乡特色的农家旅游环境，"塞上水乡"特色品牌得到了市场认同。同时，景村建设的不断提升，推动了农家院的换代升级。其后，各农家院基本保持每年小改造、五年大翻新的升级步伐。早期的农家院只有两三间客房，这时发展为拥有客房7间以上，能容纳三十多人同时入住；卫生间由室外改为室内蹲便后，又改为室内坐便；客房内则配置了空调、闭路、热水器等设施，被褥保持一客一换。良好的接待条件，得到了市场的认可。2006年，升级改造后的"金波农家"年收入达到3万多元。

这一阶段，虽然村里对各农家院采取松散管理，各户独立经营，但是村"两委"在村容村貌、产业发展规划等方面起到了顶层设计的作用。随着乡村游市场逐渐升温，周边很多村纷纷建起小楼房，但郭家沟全体村民达成不允许加盖"二起（层）"的村规，郭家沟村的原始风貌得到了保护。

在新农家院不断涌现的同时，一些老农家院也实现了两代经营者的顺利"交棒"。比如，婆婆康玉平将经营权全面转交给了儿媳高淑红，"康玉平农家"也更名为诗情画意的"宜云院"，实现了郭家沟人的"初心传承"。

在当时的蓟县旅游经济委员会支持下，2007年9月，郭家沟村成立集体所有制的"天津市塞上水乡开发中心"（以下简称"开发中心"）。开发中心负责对本辖区内旅游经营活动统一管理，对外形象宣传，客源安置，为游客提供信息、咨询、游览、讲解等服务，受理游客投诉。开发中心成立后，接受县旅游行政主管部门的行业管理。其后，开发中心成为郭家沟村抱团发展的"内核"，通过不断改进管理模式，吸引力和控制力不断增强。

经过不断地发展建设，郭家沟村变得环境优美、景色宜人，村民精神面貌焕然一新，呈现出一片欣欣向荣的社会主义新农村景象。郭家沟村也因此成为 2008 年度"天津美丽乡村"。

"天津美丽乡村奖"证书

郭家沟村本着保护、开发并重的原则，艰苦创业抢抓机遇，充分利用自然与人文资源走上了农家休闲旅游经济的发展道路。2006 年，郭家沟村农家院有 11 家，年人均收入达到 6878 元。到 2011 年，乡村旅游成为村主业，农家院达到 18 家，全年旅游接待 2.8 万人次，实现旅游综合收入 470 万元，人均纯收入达到 1.5 万元。

2011 年，天津市新农村建设与城市化建设统筹推进，郭家沟村成为天津市"以旅游为特色、可复制、可推广"的新农村建设示范点。当年 12 月 11 日，全体村民签署旅游村改造承诺书：第一，无条件服从全村统一规划，不阻挠、不反对规划的实施；第二，完全服从本村新农村改造其他的各项规章制度；第三，院落、房屋改造施工统一进行，绝不私搭乱建。

第三节　勇立潮头：2012—2021 年

一　建设旅游精品村

随着乡村旅游规模不断扩大，游客数量急剧增长，乡村旅游业暴露出很多问题：项目布局不合理，旅游产品初级化、同质化严重，经营户盲目压价、恶性竞争，接待和服务设施滞后等。为解决这些问题，2012 年，蓟县县委、县政府推出乡村旅游精品村建设，走上"规划引领、一村一品；市场运作、资金平衡；农企捆绑、集约经营"的乡村旅游发展道路。

郭家沟旅游精品村建设列入当时全县 50 个重大项目之一。2012 年 2 月 1 日，工程正式启动。首先成立了郭家沟新农村建设指挥部，由当时的县、镇领导担任总指挥和副总指挥，时任旅游局、建委、发改委、农工委、规划局、土地局、审管办、交通局、水务局、环保局、农业局、市容委、下营镇分管领导等为成员。当时的县旅游局为总牵头单位，负责项目建设的统筹协调。指挥部办公地点设在下营镇郭家沟村委会。指挥部下设综合服务、施工建设、手续办理、质量监督四个职能工作组。指挥部实行周例会制度，四个职能工作组每周汇报工程进度，明确下周工作任务，研究解决相关事宜。同时建立工程进度台账，实行动态监督和管理。实行包保责任制，任务到单位，责任到具体人，一包到底。

秉承"可持续发展、以设计创造价值"的设计理念，聘请专业规划设计公司，郭家沟村《旅游项目控制性详细规划》《村庄建设规划》《修建性详细规划》和《建筑设计方案》等完成，对村庄的生态环境、基础设施、功能布局、产品项目、外观风貌等进行了整体规划，将江南风情融入塞上北方的硬朗中，成为一个乡村特色的旅游景区。

2012 年 3 月，郭家沟村容村貌改造提升工程的"百日会战"开始。这是工程的重要阶段，包括同时实施的三个板块：一是新建区，完成游客接待中心、停车场、公厕、多功能厅、工艺品作坊、还迁房等建设；二是改造区，完成污水处理、垃圾处理、沼气池、民宅外包装、室内装修、街道绿化美化、柏油路和石板路铺设、管线入地以及太阳能路灯安装等工作；三是景观区，完成水系景观、绿廊景观和农业景观建设。

郭家沟旅游精品村改造中（2012 年 5 月）

"百日会战"不仅是工程质量、进度的大比拼，更是解放村民思想、协调村民矛盾和纠纷的会战。工程中最难的是迁坟，原来村里按家族安排坟地，现在要打破家族界限，统一规划成排成行，有的村民坚持不迁。这时，全村党员带头执行迁坟，还承担起思想疏导工作，反复入户，耐心与村民聊天，关心村民生活，经过一番和风细雨的感情交流，迁坟工作顺利完成。

"百日会战"后,又继续进行了后期完善。经过 7 个月的紧张施工,2012 年 9 月,郭家沟村完成民居改造工程、公共设施配套工程、基础设施建设工程和自然景观打造工程,打造出集北方民居、山水田园和塞上风情于一体的郭家沟村景观区。同时,郭家沟村旅游开发中心规范运营,为全村农家院经营户提供管理和服务。

此次提升改造工程中,郭家沟村改造民居 51 座、11422 平方米,改造门楼 51 个、围墙 9175 平方米,新建示范民居 1 座、140 平方米,建设安置房院落 4 座,新建旅游接待中心 175 平方米、文化娱乐中心 615 平方米、停车场 7110 平方米、茶吧 145 平方米,新建垃圾转运站 2 处、公共厕所 1 处等多项公共设施配套工程。同时,加大市政基础设施工程,改造主干道 2134 米、乡间小路 1980 米、入户道路及游园路 3750 米,建设污水处理站 1 处、铺设污水管道 2550 米、铺设 10 千伏电缆 1500 米,布置路灯、景观灯 218 座。完善景观建设工程,改造沟渠 2700 米、新开挖沟渠 520 米、人工湖 1500 平方米,建拦水坝 19 处、木桥 3 座,水库大坝外坡加固美化 13743 平方米,新建、改造绿廊 2034 米,改造宅间绿地 7500 平方米,进行零星绿化 2000 平方米。

走进 2012 年 9 月的郭家沟村,人们眼前一亮:原来杂乱无章的民居统一改造成青砖青瓦的四合院;穿村而过的小溪改造为 21 个小湖泊,使每个农家院都能够与水相邻、相近。北方庄重大气的房屋与水乡秀气的小桥流水相映成趣,特色的八卦蔬菜园,别致的葡萄架,静谧的垂钓园以及芬芳的荷花沟,处处洋溢着诗情画意,成为集休闲度假、生态观光、果品采摘和水上游览于一体水乡风情旅游村。

郭家沟旅游精品村改造完成(2012 年 9 月)

2012 年 9 月 26 日,由天津市旅游局、天津人民广播电台和蓟县人民政府共同主办的第二十届中国·天津渔阳金秋旅游节,在郭家沟旅游特色村隆重开幕。

郭马老街夜景

二 创新管理模式

为优化产业结构，郭家沟村实施了资金支持、统一管理、农户全程参与以及城乡联动的新型管理模式，取得了具有引领、示范作用的实践经验。

一是搭建融资平台，让经营户安心发展。通过政策扶持、外部资金投入、联保增信贷款、土地流转招商等方式，郭家沟村有效破解了乡村旅游转型发展融资难问题。第一，搭建政策平台。当时的县委、县政府组织相关部门对郭家沟改造提升项目进行分类包装，最大限度争取上级政策和资金支持。县农商银行成立乡村旅游特色村信贷支持小组，建起以农家乐为主体的信用共同体，无须抵押，几户联保就可贷款。第二，搭建融资平台。授权天津广成集团组建投融资建设公司，对村庄规划中的建设用地进行收储、整理和开发建设，以土地出让收益权作为质押，申请银行贷款。第三，搭建信用平台。出台《天津银行蓟县"农乐贷"暂行管理办法》，将个人经营贷款和公司联保贷款品种相结合。第四，搭建招商平台。按照"土地性质不变、土地用途不变、依法有偿自愿"的原则，村集体对宅基地以外的 1000 亩山场、林地和耕地等集约使用，既形成新的田园景观，也提高了土地产能和效益。以上方式总计融资近 1.1 亿元，有效保障了项目建设资金需求。

【媒体报道】

土地打包式流转收益反哺助发展

人们不禁会问，郭家沟打造旅游村，要对老百姓的承包地统一规划和开发，村民们同意吗？村里建了那么多公用设施和安置房，钱又是从哪里来的？

　　打造郭家沟旅游村的主体是全体村民，得到他们理解和支持至关重要。村里是通过签订承诺书方式赢得村民支持，推进工作开展的。汪东悦表示。在做村民工作时，算账是最有效的方法，也是促进土地流转、解决建设用地问题的有力措施。"我们把全村农户承包的土地一次性租过来，平均每人1.53亩的承包地，每亩租金按2000元计，村里每人每份地年补偿金约为3000元。这个数字比种地收入高许多，租金村里每年春天发放。"汪东悦坦言，"如果不搞设施农业，不搞经济作物，靠种玉米等，即使用最好的地、最好的劳力、最好的投入，得到最好的产出，一亩地收入也不过1000元左右，去掉种子、化肥、农药、水、工钱等费用，纯收入也不过600元左右。通过算账，土地流转'一刀切'措施得到村民认可，家家户户都签了协议，满意率达到100%。"

（摘自：《住在大山深处的"金领"——调研天津蓟县郭家沟旅游示范村有感》，《中国经济导报》2013年6月20日第B07版，作者杨秦、荆文娜、王敏）

　　二是统一管理、联合经营，为经营户创造更大的盈利空间。改造后的郭家沟村红了，但也出现了新问题：游客把郭家沟村当免费景点，人满为患，停车场、公共卫生间满负荷，卫生保洁、设施维护、景点运营等跟不上，旅游体验迅速下滑。郭家沟村决定创新经营管理模式，采取公司化运营管理，将过去农家院各自经营转变成为乡村旅游经营联合体。2012年，进一步强化"塞上水乡旅游开发中心"的管理职能，既承担公共服务职能，也担负农家院的统一管理，实现宣传营销、接待登记、分配客源、接待标准、费用结算的"五统一"管理。作为集体所有制企业，开发中心把各自为战的农家院集聚在一起，结成经营联合体、利益共同体，"抱团"闯市场。开发中心制定了《郭家沟村农家院星级评定标准》《郭家沟村农家院运营方案》等制度，对村内旅游经营户实施统一管理、统一营销。这种运营模式有效地解决了个体农家院办不了、办不好的事情，不仅打通了各种经营壁垒，也让消费者的信任度大幅提升，增强了村整体在乡村旅游市场的竞争力。统一管理的村农家院，实行差异化定价，划分为五星、四星、三星甲、三星乙四个等级，执行不同的收费标准，不允许农家院主自由定价和自行收费，由开发中心统一收费，扣除每人次每天28元作为环境资源维护服务费后，与农家院统一结算经营收入。年终，根据综合考评情况及土地入股比例，对经营利润进行再分配。

三是农户全程参与，让村民更放心。村民以土地入股的形式，全程参与乡村旅游的经营与管理，从而明确了村民的经营主体和利益主体地位，调动了村民支持乡村旅游公司化管理的积极性和主动性。开发中心除每年发给村民土地使用补偿金外，根据经营情况按股分红。村民可参与旅游住宿接待、特色产品销售、土特产加工等项目，同时监督开发中心的财务收支情况，实现农民利益与企业效益的紧密结合。通过客源分配、收入分配、利润分配等制度，村民可获取财产性收入、经营性收入、商品销售收入、土地租赁收入、工资性收入等多项收入，进一步拓宽了村民的增收渠道。

四是城乡联动，打造精美乡村。郭家沟村借助设计师之手精心打造了山、水、农完美结合的"塞上水乡"，成为城市人寻找乡愁的梦中水乡。全村充满华北村落的文化气息，农家院在原有老房子的基础上修缮翻新，统一设计为传统北方民居风格，取名听溪园、古月居、文雅居等雅号。郭家沟村保护、挖掘地域文化，通过手工作坊的体验方式，展示皮影雕刻、豆腐坊、榨油坊、石磨坊等工艺流程。葫芦祛灾的故事在郭家沟村广为流传，郭家沟人还发展起葫芦烫画。旅游精品村建成后，郭家沟村声名大振。2012—2015年，郭家沟村的农家院成为"一房难求"的卖方"大佬"。每到旅游旺季，人们往往要提前一个多月预订客房。2013年，郭家沟村开办了35家农家院，总床位控制在600张，全年接待游客超过16万人次，实现旅游综合收入1500万元，当年人均纯收入达到6.6万元。在旅游产品开发上，除了农家院中高端食宿服务，还打造了水岸休憩带、葫芦工艺坊、乡村小戏台、采摘果园、纪念品商店等休闲和互动项目，满足城市游客差异化、精品化的消费诉求。旅游业的发展带动本村和周边农民的就业和致富，"穷山沟"翻身变成"黄金沟"。郭家沟村2013年被授予美丽乡村、中国人居环境范例奖，2015年被授予中国乡村旅游模范村、中国最美休闲乡村、全国最佳乡村休闲旅游目的地等称号。

郭家沟村2015年获得荣誉称号

三　开放融合发展

进入 2016 年，随着外部旅游产业快速发展，郭家沟村面临的竞争压力越来越大。通过不断完善内部管理方式，郭家沟村得以持续发展、突破。

培养本村人才，吸纳外部能人。郭家沟村的发展离不开人才的支撑。郭家沟村的管理团队中，不仅有精明的带头人、踏实的村"两委"班子成员、干练的旅游公司员工，还有三位出谋划策的老支书，人力资源相对丰富。发展中，郭家沟村得到各级领导和很多专业机构的直接指导，管理能力迅速、大幅提高。几年下来，这支管理团队具备了独立作战的能力，如今能够自如地应付日常的经营管理和长远发展的重大决策等事宜。发展过程中，部分农民取得一定的经济收入后，不免产生"小富即安"的思想，不再辛苦经营，过起当房东收租金的日子。很快，他们便放弃了这种生活，继续前行：一方面，村管理团队锐意进取的精神潜移默化地影响着他们；另一方面，身边劳动者的快乐也感染着他们。在这种干事创业的精神洗礼下，村民们逐渐从"小农"历练成为能够独当一面的专业人才，成为新一代农民。

内生的人才成长机制并不是排斥外来人才。郭家沟村的发展前景不仅引回在外务工的本村青年，不少外部能人也参与这个小村庄的生产活动中。而郭家沟村对来自外部的投资人和经营者始终保持尊重和友好，营造出携手共建美丽乡村的和谐氛围，吸引了更多的外部人士来此工作，是旅游村中外来经营者和外来务工人员比重较大、与村民相处和睦的示范村。通过运营，郭家沟村人以"股东、业主"身份接纳更多优秀的外部投资人和经理人，成为新一代农民董事长、大股东。经过多年的实践演练，郭家沟村人积累起丰富的管理经验，具备了拓展市场的实力和勇气。依托良好的硬件设施、优越的营商环境，郭家沟村逐渐跨过中低端定位、本村经营的乡村旅游经营壁垒，积极引进外部投资和先进管理手段，提升农家院管理。2017 年，郭家沟村引入新理念和新管理，将村内一处公建场地改造为精品民宿，与外部投资人共同打造了洛奇溪堂乡间酒店，向乡村旅游的高端市场迈进。到 2022 年，郭家沟村外部投资或经营农家院和民宿达到 16 个。

文化赋能，打造现代和美农村。经济快速发展中，郭家沟村没有忽视文化建设，开展了多角度多形式的活动。一方面，郭家沟村大力传播国学文化。组织企业员工及全体村民学习《弟子规》，做到人人都能背诵如流。设立国学讲堂，聘请资深老师为本村村民、游客讲授优秀的国学文化，进行爱国主义教育。另外，树立郭家沟村民的文化自信。挖掘郭家沟村的历史根脉，探寻本村特色的乡土文化，让乡愁成为现代农民的美好情怀。创作积极的郭家沟村歌，组织村民传唱，增强村民的集体意识，传递文化正能量。讲好郭家沟村的故事，通过专业人员的调查研究，系统梳理郭家沟村改革开放的发展进程，把郭家沟的发展与乡村振兴的国家大业连接起来，让村民树立起高度的文化自信和文化自觉。

调整产品结构，健康持续发展。2016年6月，郭家沟村被评定为国家2A级旅游景区；2017年被评为国家3A级旅游景区。随着乡村旅游的蓬勃发展，带动了消费群体以及旅游市场的迭代升级。民宿，越来越受到注重个性化旅游体验的消费群体的青睐。2017年11月24日，《人民日报》记者团队发表了《一个乡村的供给侧改革》，2017年12月13日，《中国旅游报》头版以《旅游扶贫在行动——郭家沟的供给侧结构性改革》为题全文转载《人民日报》的报道，同时发表评论员文章《像郭家沟村那样抓乡村旅游》，对郭家沟村的发展给予高度评价。

洛奇溪堂

【媒体报道】

《人民日报》：一个乡村的供给侧改革（节选）

初冬的郭家沟醒了。

一轮红日跃出，被一湾水库托住。登山步道飘向山顶，层层红叶间，错落着青砖碧瓦的北方小院。溪水穿村，绕过一块巨石，石上"塞上水乡"几个字，晨曦中格外温润。

披件外套，胡金领出了门。当了14年村支书，每天头一件事，就是去村里转一圈。

路上尽是生面孔——乡村游的外来客，遛早的、爬山的、晨练的，认识不认识都点头道早。

倒回去五年，村里很少有生人。别说外人，本村年轻人都快走光了。

"嗡"的一声，七点半，扩音器开了。村头大喇叭清清嗓子，《弟子规》的诵读声准时响起，流淌在小村的早晨。

郭家沟以自己的打开方式开始了新的一天。

这里属蓟州区下营镇，天津北大门。这个51户、180多口人的小村，5年前还穷得叮当响。乡村旅游兴起，刷新了产业模式，搅动起乡村故事，激活了郭家沟的一草一木。小村名气渐大，成了一个品牌一面旗帜，全村42个农家院，日接待能力近千人。2016年，人均纯收入7.5万元。

一

农业供给侧结构性改革非搞不可。调整产业结构，发展乡村旅游，首要目标是农民增收。站在水库大坝往下看，郭家沟就是两山夹出的一条缝。

地少，闭塞，郭家沟没富过。"靠种庄稼，到2011年，全村人均纯收入不到1万元，低于天津市平均水平。年轻人外出打工，外村姑娘不愿嫁到郭家沟来。"老支书张志刚说。那时候蓟州区还叫蓟县，2016年撤县设区。

2012年，机遇来了。蓟县推出乡村旅游精品村建设，首批锁定下营镇的五个村，郭家沟排在前头。

这不是拍大腿想出来的。说到旅游，郭家沟得天独厚。东临梨木台、西邻九山顶两大自然风景区，山间景色清奇，水库可以泛舟，几乎没啥污染，空气都是甜的。移步上山，任松鼠领路，听鸟雀谈心，更是别提多惬意。

不光郭家沟，整个下营镇，处处皆风景。北连河北兴隆，西接北京平谷，有天津最高峰九山顶，有八仙山，有一代名将戚继光戍守16年的黄崖关长城，有中上元古界国家级自然保护区。

旅游能增收，乡亲们却不买账。

"因为吃过亏。之前村里也有五六户搞过以食宿为主的农家院，最后只剩两家。为啥？不挣钱。一家一户，小打小闹，低价竞争。三天两宿七顿饭，一人120元，忙活几天，挣不到几毛钱。"村民张金波说，"住三四人一间的大炕，洗澡去公共卫生间。村里脏乱差，价格稀烂贱，饭菜热辣咸。贵倒是不贵，条件不理想，客人也不乐意，慢慢就没人上门了。"

老路行不通。乡村游，必须改。两条路摆在面前：一是建民宿酒店，外来人投资经营，原住民挣个租金；二是提升农家乐，依托农家院，农民经营、农民致富。

郭家沟选了第二条。

"这实际上是一条农业供给侧结构性改革之路。调整农业产业结构，发展休闲观光旅游，农民增收是第一位的。只有让农民有活干、有钱赚，最终促进乡村振兴，游客和村民双赢，改革才有意义。"蓟州区副区长于清说。

二

改革的主体是农民，必须以农民为中心。同时，政府放手不等于甩手，有时更得上手。

让农民有活干、有钱赚。这条路决定了在这场改革中，政府放手不能甩手，该上手时更得上手。

乡村旅游精品村建设，县里给郭家沟定位"山水田园风光、北方乡村文化、塞上民俗风情"。郭家沟项目建设指挥部应运而生。主管旅游的副县长于清和县政协副主席刘燕南任指挥，县旅游局等十几个部门，还有下营镇，每家都出人。

规划先行。指挥部联系了天津几乎所有的建筑设计院，就一条要求：在原有农家院基础上改造提升，提升后的村庄得有造血功能，让村民受益、富裕。

和整体搬迁、农民上楼相比，这个项目有些苛刻，没人愿接。最后，辗转找到北京都市意匠城镇规划设计中心。公司总裁朱冰，是北京市引进的海外高层次人才，在哈佛做博士研究的课题就是"后城市化阶段小城市建设研究"，创业之初遇到郭家沟，满怀期待。

一个朱冰不够。县规划局局长进驻村里，又从县旅游集团抽调来一位长期跟乡村打交道的老朱。政府＋海归＋乡土，规划设计团队像是长了火眼金睛，跟施工队没少较劲。"没见过农村盖房子整这么精细的！"工人偷偷抱怨。

建设需要投资。

政府先掏钱。郭家沟 500 万元，其他四个精品村每村 200 万元，用于规划设计，宣传推广。土地集中流转的资金，投入基础设施和农家院外立面包装。最后，老百姓出一部分，搞室内装修。县农商行成立乡村旅游特色村信贷支持小组，在郭家沟等五个村建起以农家乐为主的产业信用共同体。无须抵押，几户联保就可贷款，最长期限 5 年。

污水处理、路面硬化、路灯安装、环境绿化、宽带入户……2012 年 3 月开工，9 月底提升改造基本完成，郭家沟面貌大变。村里成立了塞上水乡旅游开发公司，招聘大学生干管理、搞营销，又引进山东鲁峰公司的项目，建起金银花科技博览园。

"新的资本增量、新的人力资本增量、全要素增长率，供给侧结构性改革所需的三个方面都齐了。"于清说。

"光靠一家一户，这事儿准得糊！"下营镇人大主席汪东悦负责联系郭家沟，他把以郭家沟为代表的五村模式归纳为：政府引路，规划先行；农户主体，改造提升；市场运作，一村一品；公司管理，统一经营。

蓟县第一个旅游精品村郭家沟，当年就见了效益，村民人均纯收入增加到1.5万元。2013年国庆节，郭家沟接待游客超过3000人次，当年人均纯收入猛增到6.6万元，是天津农民人均纯收入的6倍多。外出打工的纷纷回来，家家门口停着新买的轿车。

三

农业供给侧结构性改革就是一场乡村革命。最终，实践成了最好的调解员，乡村成了最大的受益者

"村里修路是好事，拆我家占道的柴火垛可不行！"

拆迁难，农村工作难，郭家沟整体改造两难兼有。政策这么好，村民不认可：花那么多钱改造房子，没人来住咋办？

"我带着设计人员挨家挨户敲门，给大家看图纸，讲设计理念，有的不给开门，有的拿着铁锹把我们赶出院子。"等朱冰的团队把规划方案拿出来，这位海归博士差点打了退堂鼓。"保留原汁原味华北民居"的设计理念和"政府掏钱给咱盖大瓦房"的村民意愿，看起来没有半毛钱关系。

乡村改造，必须跟群众有关系。

动了老百姓的砖瓦怎么办？私搭乱建拆不动怎么办？一天两三百人施工，一个意外，整个工程就得停下来。村里一次次组织村民开会，领着他们到外地参观，看看现代化的美丽乡村什么样。

"浮在上面解决不了问题。那时就像打仗，光指挥部就50人，几十个委办局参与。每一两天开一次会，一开就是四五个小时。"汪东悦说。为了拆一个私自搭建的鸡窝，他跟在张老太太后面，叫了100多声"大娘"。

"咱不能怪群众。一下子贷款十几万、几十万，把儿子那辈的幸福都押上了，凭什么？"眼瞅着大伙没动静，村支书胡金领带了头。他家老房子，房间虽多，开间却小。胡金领把贷款从40万元增加到150万元，把自家堂屋拆除打通，按规划高标准重建，风格保留，修旧如旧。

祖屋夷为平地，还背一身债，老父亲气得几天没起床，媳妇干脆不跟胡金领说话。

实践是最好的调解员。2012年9月底，胡金领家的农家院开始营业，一个"十一"赚

了 15 万元，一个月不到，挣了过去一年的收入。家里人脸色缓了，邻居们相继跟上了。

正逢改造，连降大雨，发起山洪。部分村民困在山上，镇里村里的干部，硬是一个个给背了下来。这样的干部，让村民从怀疑、抵触到信赖。最终，郭家沟人全部按了手印，支持改造。

当了 14 年村支书，胡金领习惯早上起床后，先在村里转一圈，看看哪块有啥问题。郭家沟名气越来越大，客人越来越多，问题出现的速度，让人来不及喘气。

生意火了，原本设计 700 人的接待能力捉襟见肘。停车场、公共卫生间跟不上，小商小贩挤进来，旅游体验迅速下滑。

怎么办？赶紧改设计方案，同时加速规范管理：统一营销推广、统一服务质量、统一采购支出、统一分配客源、统一收费结算的联合经营模式建起来了。进村的游客，每人收取 28 元门票作为环境资源维护费，在村里吃住的，这 28 元可以折抵消费。

客房换上液晶电视，卫生间搞起干湿分离，房型分为亲子间、两人间、套间。2014 年，天津市旅游局开展农家院评星，郭家沟又经历了一次整体提升。五星、四星、三星，收费从每人 468 元到 268 元不等，提升服务、优化体验，家家都在动脑筋。胡金领家是五星级农家院。走进院门，满架秋菊一院香，老榆木茶几配青花瓷茶具。一桌客人正用餐，炖全羊、山野菜、小河虾、柴鸡蛋，满满当当，热气腾腾。

乡村休闲旅游，讲究体验互动。当山里人，吃农家菜，玩点啥好呢？郭家沟人盯上了屋后青山，建起了登山步道。周围乡村纷纷效仿，最终惊动了天津市体育局，投资又搞了 30 条，下营镇成了全国首批体育休闲特色小镇，蓟州区成了京津冀户外登山者聚集地。

2015 年起，郭家沟的乡村旅游进入卖方市场，节假日和周末一床难求。生意越来越火，郭家沟人却做起减法，消除低端供给，客房床位进一步减少到 500 张以下。"我家 14 间客房，原来接待四十几位客人，改造后只保留了十间高标准客房，接待二三十位。"村民温素艳说。

客人少了，收入反而增了。与此同时增加的还有很多：郭家沟成为天津首个无现金旅游景区，微信订房、Wi-Fi 覆盖、摄像头安保。今年又开始试点"一卡

《人民日报》报影

通"结算,乡村旅游进入智能化"3.0"时代。

精致起来的,还有村民本身。

"村里人才是乡村游的主角,也成了供给侧的基本要素。得不断充实自己,学会和客人聊天。能聊十来分钟,客人记住你了;聊上一个小时,下次来,他不会再去别的地儿啦!"胡金领在村民大会上说话从来直来直去。村旅游公司动起来,组织村民培训礼仪、规范服务、学习烹饪。每天七点半,村里大喇叭响起,郭家沟人集体诵读《弟子规》。

"这些年我们一直在爬山,一坡翻过又迎一坡。乡村旅游就是个永不下课的大课堂,改变的不只是环境、生态、基础设施,还有村里人的精气神。"胡金领说。

……

立了冬,郭家沟的客人没见少。

前两天去郭家沟,一进村,于清就被胡金领一把拉住。

"咱村集体有底气了,每家手里也不缺钱,形势这么好,都想再往前走走,都着急下一步怎么弄!"

"你说说看,大家咋想的?"

"没个准意见。有的说在村头整个风车园,有的说要不干脆弄个欢乐谷……"

"且慢老胡!告诉大伙儿,加快发展,心热是好的,但不能再搞'大呼隆'。越往后走,咱越得讲科学、谋长远。咱的特色是什么?绿色,乡愁,到啥时候都别把这给弄丢啦。"

(来源:《人民日报》,2017 年 11 月 24 日第 16 版,胡果、朱虹、靳博、龚相娟)

【媒体报道】

《中国旅游报》：像郭家沟那样抓乡村旅游（节选）

要强化党的领导。"深化供给侧结构性改革关键在人。增强基层组织凝聚力，抓实农村党支部，乡村振兴才有主心骨。"郭家沟的发展实践表明，旅游要发展必须强化党的领导，强化党政统筹和政府主导，尤其是基层党组织要充分发挥战斗力。只有如此，才能形成工作合力，激发凝聚力、创造力，才能推动更多地区发展旅游、更多人民参与旅游业，从而使旅游业在乡村振兴战略中发挥更大作用。

要坚持以人为本。郭家沟的改革，主体是农民，必须以农民为中心，让人民增收。旅游行业的供给侧结构性改革，尤其要坚持以人民为中心，立足于更好地满足人民日益增长的美好生活需要。当前，我们正在大力推进的全域旅游战略，更是需要广大游客、居民的共同参与。既要考虑让游客游得顺心、放心、开心，也要让居民生活得更方便、更舒心、更美好，最终的目的是让旅游发展成果为全民共享，增强群众的获得感。

要坚守生态底线。"绿色，乡愁，到啥时候都别把这给弄丢啦。"这是郭家沟发展坚持的一个底线，旅游业大发展同样需要坚守这个底线。把生态和旅游结合起来，把资源和产品对接起来，把保护和发展统一起来，才能将生态环境优势转化为旅游发展优势，将绿水青山变成金山银山，创造更多的绿色财富和生态福利。

要推动融合发展。郭家沟发展乡村旅游是旅游与农业融合发展的典型。当前，全国旅游行业正在大力推进全域旅游发展，必须要积极践行"旅游+"理念，推进旅游与其他产业融合发展，促进资源共享、推进产业融合，依托现有的文化、体育、医疗、农林、工矿、水利、交通、村镇等各类资源，开发更多新产品新业态，实现旅游与相关产业相融相盛、共同发展。

要立足市场需求。郭家沟村民以前"搞以食宿为主的农家院"不挣钱，而启动"乡村旅游精品村建设""提升农家乐"之后却实现了大发展。郭家沟的发展经验告诉我们，旅游供给侧结构性改革必须对接市场需求。每年44.4亿人次的巨大国内旅游市场并不意味着只要做旅游就赚钱、就能实现大发展，还必须考虑旅游消费日趋多样化、多元化、特色化、品质化趋势，坚持搞活存量与做优增量并举，积极开发多元业态，构建多层次产品体系，提升旅游产品品质。

郭家沟是以发展旅游业推动供给侧结构性改革的生动样本，我们希望各地积极学习郭家沟经验，涌现出更多的"郭家沟"。让我们积极贯彻落实党的十九大和习近平总书记重要指示精神，积极推进全域旅游发展，为游客丰富旅游供给，为实现乡村振兴战略做出积极贡献，为人民创造美好生活，进而为建设富强民主文明和谐美丽的社会主义现代化强国贡献力量。

（《中国旅游报》，2017 年 12 月 13 日第 1 版，本报评论员）

《中国旅游报》报影

2018 年底，蓟州区政府提出以"四个一"工程为抓手，全面构建民宿发展体系，即制定一部民宿行业标准、培育一批民宿重点样板、打造一个民宿特色产业以及建立一支民宿专业队伍。2020 年，蓟州区设立专项引导资金，全面实施农家院提升改造"三年行动"。下营镇政府协调金融机构，提供低息贷款，为农家院提升改造给予最大限度的优惠。郭家沟村民再次掀起改造提升热潮，潘学利将出租的农家院收回，投入一百多万改造为"山水晴"民宿，胡侧然改造一新的"然也"民宿年收入突破百万，精品民宿成为郭家沟村的新特色。

第四节　逐梦新时代：2022 年起

2022 年，郭家沟村与天津市陶陶投资有限公司合作，通过投资建设和现代化的运营管理，打造"蓟州水乡，山中不夜城"的高端乡村游项目。该年年底，郭家沟村被评定为国家 4A 级旅游景区，是天津市首个乡村类 4A 级景区。景区以山谷田园综合体为核心，建起现代的游客接待中心，既有亲子主题的萌宠乐园、水上乐园，也有适宜休闲观光的郭马老街、彩虹花海，还有森林光影乐园、林下卡丁车等"网红项目"。加上 46 家农家院和精品民宿，郭家沟升级为集食宿、游乐为一体的新型旅游村。2022 年，全村旅游接待量20 万人次，旅游综合收入突破 5000 万元，人均纯收入 8.5 万元。

在这次变革中，郭家沟村再次选择了创新：开展资本化运营，发展新型农村集体经济。郭家沟村和陶陶公司采用资本合作的创新模式，即以农民住宅以外的土地入股，村集体每年享受经营收入的比例分成，实现资源变资产的跨越式转换。同时村里又开发了魔网蹦床等村民合资经营项目，村民也纷纷投资建设精品民宿。在这种资本运营中，基层党组织成为决策人和协调人，既要维护村民的利益，又要保障外部资本的合理收益，通过对话和沟通机制，建立起合作共享的多元化经营综合体。

郭家沟村党支部委员会议（2023 年）

【口述】发展新型农村集体经济

天津市陶陶投资有限公司有着成熟的旅游管理经验。郭家沟村很符合公司新项目投资的要求：这里是京津冀交界区，虽然在山区，却拥有 1.1 平方千米相对平坦的开阔地，上面有水库、村内有小溪，资源环境非常适合建设游乐型的乡村旅游项目。

最重要的，郭家沟村的乡村旅游已经走过了 20 年，集体经营的旅游精品村成功运营了 10 年，在京津地区很有名气。郭家沟村村"两委"在经济实力和管理经验上都有厚实的积累，他们对外部投资人非常支持和包容，村民的经营能力和个人素质也比较高。当然，原来的郭家沟村主要以小型农家院为主，景区里旅游活动项目比较少，经营内容上正需要提升和扩展。

2022 年，双方达成发展共融的合作协作，成立天津市郭家沟旅游有限公司，负责农家院以外项目建设和经营，村里收取门票收入提成或保底收入，二者取其高。公司派近百人的经营管理团队长期驻扎在村里。

陶陶公司通过流转土地，在不破坏生态环境下做景观提升，再植入一些旅游体验项目，实现郭家沟景区迭代升级。从游客的体验感来讲，更加超值。陶陶在郭家沟村景区计划总投资 1.58 亿，已经建成萌宠乐园、魔网蹦床、无动力乐园、林下卡丁车、丛林过山车等项目，成功升级为国家 4A 级旅游景区。

我们把民宅之外的所有土地统一运营管理，村民很快看到了变化：一是整体环境提高了很多，建起很多新型、规模化的游乐项目。二是客流量大幅提高，2023 年"五一"假期游客达到 2.3 万人次。三是逛景区的游客多了，留宿的客人也多了，村民对未来更有信心，很多农家院又进行改造提升，整村面貌不断焕新。

发展过程中，我们与村民有不同意见时，双方都通过村"两委"班子来协调，快捷有效，避免了矛盾升级，让这个合作模式得以顺利运行下去。比如，住宿游客必须将车辆停在村外，由公司安排免费电瓶车接驳。经过村"两委"协调，公司和村民就这一规定已经达成一致意见。

下一步我们还要投资建设新的项目。为了助力乡村全面振兴，陶陶人和村民不断探索新的运管模式，积极推动合作共赢的目标。

（口述人：李奇，天津市陶陶投资有限公司郭家沟项目经理）

郭家沟旅游景区

伴随国家 4A 级旅游景区的建成和开放，郭家沟村的旅游服务向高端化、精品化迈进。截至 2023 年 6 月，郭家沟本村村民和外部投资人建起了 24 家民宿（其中 2 户为老农家院的分店），在白与灰、新与旧、私密与共享的拼接排列中，为游客提供一处动静结合的乡村园林。

【媒体报道】

大国基理快评：天津打造"专精特"乡村旅游产业"尖子生"

产业振兴是乡村振兴的重中之重，是实现强村富民的最直接路径。党的二十大报告提出，发展乡村特色产业，拓宽农民增收致富渠道。近日，"大国基理"网络主题宣传活动采访团走进天津市蓟州区下营镇郭家沟村，实地感受乡村特色文旅产业"尖子生"的特有魅力。

锻造队伍，以"专"出色。一把钥匙开一把锁。发展乡村特色产业，没有一支懂农业、有技术、会管理、善经营的专业队伍，就会造成"巧妇难为无米之炊"的窘境。在郭家沟村，组建的旅游服务公司实行总经理负责制，公开招聘专业人员负责经营管理，实行统一营销推广、统一服务质量、统一采购支出、统一分配客源的联合经营模式，解决了"无人会干"的老大难，解放了村集体的劳动力，保证了农家院安全、卫生、舒适。郭家沟村先后获得全国最美休闲乡村、全国乡村旅游重点村等荣誉。这充分说明，让专业的人做专业的事，才能集中力量办大事，收到事半功倍的效果。要汇聚人力智力，注重选拔与特色产业相关、具备一定特长、有丰富实践经验的人负责经营管理，广泛聘用乡贤能人、乡土人才、退休老干部等"土专家""田秀才""乡创客"担任发展顾问，采用全产业链条"组团式"帮扶、"候鸟式"聘任等模式，推动农业专家资源下沉乡村一线，打造一支留得住、用得好、带得动的"永久牌"产业振兴人才队伍。要注重业务能力提升，适时组织小班化、实战型、短平快的业务培训，定期到先进地区、先进村实地考察、挂职锻炼，进一步拓宽视野、增长见识、开阔思路。

培塑品牌，以"精"出众。质量可以兴农，品牌可以强农。再好的特色产业，如果品牌立不住、打不响，只会陷入"酒香也怕巷子深"的尴尬境地。郭家沟是天津市首个乡村类的国家 4A 级旅游景区，是真正的"蓟北水乡，山中不夜城"，围绕做精做细品牌特色，郭家沟景区着眼于细、落脚于实，既"致广大"着眼长远，计划 2023 年打造全年龄段优质景区，又"尽精微"突出重点，依托现有北方民居为基底，打造城市微度假旅游目的地，以点带面促进整体提升。一个成功的品牌离不开"精打细算"。要大力提升知名度，开设月度轮播专栏、季度采风专线、年度展销专题，通过线上直播推广、线下重点媒体采风，举办特色文化节、旅游节、音乐节等多种渠道，壮大乡村特色产业的"朋友圈""粉丝团""体验场"，放大乡村特色产业资源"虹吸效应"。路子对了就要坚持走下去，以钉钉子精神把精品做成产品，把品牌的软实力转化为市场的竞争力和现实的生产力。

因地制宜，以"特"出圈。一方水土孕育一方特色。乡村特色产业集中体现地域特点和当地风情，蕴含着潜在比较优势，是壮大村集体经济的支柱性富民产业，决不能搞"一刀切"。起初郭家沟村就以"京津地区最具中国北方民居特色的水乡旅游目的地"为定位，不搞大拆大建，对民居房屋、道路、里巷街道，新建旅游接待设施、示范房和安置房进行改造提升，打造水系景观。同时深度融合文化旅游和科普教育，推出天文夜谈、露营音乐会等一系列体验式创新项目。这些在原有的基础上进行的"修补""点缀"和"再创作"，既避免了铺张浪费，又保留了原汁原味的水乡自然和人文特色，彰显出强大的生命力。要围绕"特"字做文章，瞄准差异化竞争，深入挖掘"人无我有、人有我优、人优我特"的产业潜力和地域价值,跳出本地看本地,用好资源禀赋,拓展各类功能,让特色产业更有味道、更具诗意。要坚持融合创新,积极推进乡村特色手工业、乡土文化资源等与现代消费融合发展,持续推动乡村特色产业从一产向一二三产融合发展转变,从卖"产品"向卖"体验"延伸,打造全产业链条,让"新人、新事、新发现"成为乡村特色产业的"点睛之笔"。

（来源：人民论坛网,陈林,2023 年 4 月 17 日）①

---

① http://www.rmlt.com.cn/2023/0417/671267.shtml, 最后检索时间：2023 年 6 月 30 日。

第二章　农家院与民宿

农家院（民宿）一览表

序号	名称	地址	序号	名称	地址
1	金领农家	郭家沟村 56 号	24	索瑞宫	郭家沟村 9 号
2	小在山院	郭家沟村 13 号	25	听溪园	郭家沟村 40 号
3	漫步时光	郭家沟村 48 号	26	裸心	郭家沟村 42 号
4	双龙农家院	郭家沟村 23 号	27	清涵阁	郭家沟村 47 号
5	百宝里·月宿	郭家沟村 27 号	28	红伟农家	郭家沟村 25 号
6	文雅居	郭家沟村 33 号	29	谷乡情	郭家沟村 38 号
7	山水相暄	郭家沟村 51 号	30	积香居	郭家沟村 14 号
8	朝阳村舍	郭家沟村 16 号	31	映华堡	郭家沟村 15 号
9	意忠园	郭家沟村 36 号	32	红伟农家二号院	郭家沟村 25 号
10	藏月坊	郭家沟村 20 号	33	洛奇溪堂	郭家沟村 66 号
11	名仕雅居	郭家沟村 43 号	34	金海营	郭家沟村 29 号
12	六号院	郭家沟村 6 号	35	古月居	郭家沟村 31 号
13	诗语山	郭家沟村 17 号	36	子轩亭	郭家沟村 35 号
14	然也·悠闲	郭家沟村 18 号	37	清石径屋	郭家沟村 29 号
15	山水晴	郭家沟村 41 号	38	益世山语	郭家沟村 58 号
16	乡缘	郭家沟村 58 号	39	和谐一号院	郭家沟村 3 号
17	天香庭院	郭家沟村 55 号	40	日月轩	郭家沟村 32 号
18	伴山听语	郭家沟村 19 号	41	翠屏轩（农家情）	郭家沟村 22 号
19	二十一号院	郭家沟村 21 号	42	秋澄小院	郭家沟村 52 号
20	凤彬寓	郭家沟村 24 号	43	自然小院（玖锋山居）	郭家沟村 5 号
21	雨泽园	郭家沟村 10 号	44	六号院民宿	郭家沟村 4 号
22	弘文苑	郭家沟村 39 号	45	水乡客栈	郭家沟村 1 号
23	博雅人家	郭家沟村 2 号	46	金领拾光·拾趣	郭家沟村 8 号

郭家沟村农家院（民宿）示意图

1 金领农家

金领农家（郭家沟村56号），位于村中部，左据金屏风山（即东坡），右临飘花溪，是五星级、金牌农家院。小院为传统四合院布局，以中式风格为主，青砖汉瓦长条石，占地500多平方米，8间客房。门前一对石鼓，户头悬挂匾额"轶轩居"。入院葫芦满架，葡萄绕廊，一派生机。室内摆放椅凳、桌案、床榻类、柜架等古典家具，朴拙浑厚，各种花草争奇斗艳，四季长盛。

2002年，作为村领导家属的许翠双大力支持丈夫工作，率先办起了农家院，初名古月居，后改为现名。当时的接待条件比较简陋——钢管床、公共旱厕，人均收费40元。由于市场反响一般，没有村民愿意追随创办农家院。2003年，其丈夫胡金领担任村支书，夫妻俩决定给村民做个样板。他们拆掉老房，投资13万元对农家院进行重建、

提升，将 11 间客房改为 6 间，修建了公共的水冲卫生间和淋浴间。这种标准化的农家院很快获得市场认可，游客纷至沓来，村民争相效仿，郭家沟村的乡村旅游业整体发展起来。到 2011 年，郭家沟村农家院达到 18 家。

2012 年，整村提升改造，金领农家再次成为示范。他们投资 150 万对农家院进行重新翻修。翻修后的金领农家每间客房

配套独立卫生间，人均客房面积超过 10 平方米，卧具舒适并配有考究家具，菜品精致又具有当地特色，是全村第一个五星级农家院。其后，郭家沟村乡村旅游火爆，金领农家"一床难求"。2017 年以后，市场竞争愈加激烈，金领农家每年都会投入几十万元进行提升改造，以获得消费者认同，入住率始终保持较高水平。2023 年，金领农家投资建设精品民宿——金领拾光、金领拾趣，整体形成差异化、多档次的供给体系，满足多层次消费群体的需求。

金领农家靠热情的服务态度、不偷工减料的服务质量吸引了众多回头客。其中，得到广大游客认可的是口味地道的农家饭，这主要得益于女主人许翠双的高超厨艺。许翠双，1970 年生人，为人热情淳朴，喜欢钻研农家饭菜，她多次斩获区级、市级厨艺大赛一等奖、厨艺大赛总冠军等称号。

取得现在的成绩，离不开党和政府的领导与支持，也是许翠双一家以带头致富为己任，敢于冒险、甘于付出的智慧结晶和劳动成果。今后，金领农家将继续提升自己的服务，让每位游客感受郭家沟村的快乐，得到精神上的放松与享受，积蓄饱满的热情投入工作与生活。

2 小在山院

小在山院（郭家沟村 13 号），位于入村不远处的村道东侧，原为四星级、金牌农家院的金波农家，现已提升为精品民宿。小在山院由 7 个独立小院构成，占地面积 500 平方米，还有宽敞的地下餐厅，出入便利、动静相宜。

金波农家创始人张金波，1961 年生人。2002 年，时任村干部的张金波带领妻子胡淑芬办起了农家院，成为村里第一批"敢吃螃蟹"的人。创业初始，以篱笆院墙的原始农家住宅为客房，设公共卫生间等设施，收费标准为每人每天 40 元。顺利接待了几拨周边农家院客满后转让的游客，金波农家在成立第一年就获得 5000 元收入。这笔收入能够贴补家用，这让全家非常振奋。

2006 年，遵循不建楼房的村规民约，金波农家改建为传统风格的四合院，标准客房设立独立卫生间，人均收费每日 80 元。到 2011 年，金波农家每年都进行改造提升，人均收费提高到每日 120 元，年收入达到 12 万元。在 2012 年的郭家沟旅游示范村建设中，作为样板户的金波农家率先完工并对外开放。小院设 24 个床位，定价为每人每日 228 元。当

年8月底开始营业，到10月中旬收入达到13万元。不到三个月的营业所得相当于以前一年的收入！这份红火让村民们非常羡慕，纷纷效仿提升改造传统农家为标准化农家院。

2015年，张金波又投资20万元实施改造，服务设施和水平不断提高，回头客很多。2016年，为照顾老伴，张金波将经营权转交给其大姑爷王常富。岳父是郭家沟村农家院经营的领先人，姑爷也不甘落后。王常富接手后，小院的运营稳中有升。

看到周边高品质民宿如雨后春笋不断涌现，身为"80后"的王常富和妻子张峥也在权衡：虽说自家小院的设施继续经营几年也还行，也能避免投资风险。但是，不服输的念头还是让二代经营人达成一致：要干就干最好的！建设高标准的现代乡村民宿！

一家人多方筹集300万元资金，重建金波农家院。针对传统农家院客房直连庭院、客人在室内活动极易暴露的不足，他们精心设计、科学布局，将农家院打造为自成一体、又相互映衬的几个独立小院的集合，让客人享受不用拉上窗帘避人的乡村休闲的美好时光。

王常富夫妻一边照顾老人和孩子，一边积极进取、勤劳经营，消费者的认可让他们深感自信和快乐。未来，他们希望致富领头人的老两口健康快乐、颐养天年，而新民宿成为新时代的网红地标，让他们的经营才能得到充分发挥。

3 漫步时光

漫步时光（郭家沟村48号），位于村中心区域，是精品民宿。从村主路拐入老街，一小段缓坡后豁然可见一处时尚雅致的新中式庭院。民宿占地800平方米，有大床房、亲子房和套房等8个房间，设施高档且舒适，服务规范又不失农家质朴，给游客一种调慢时光流速、静心体味田园生活的度假享受。

2002年，郭家沟村开始发展乡村旅游，曾任村支书的张志刚动员老伴康玉平利用自家院子开办了"康玉平农家院"，成为郭家沟村首批农家院创业人。康玉平秉承"视客人为亲戚"的朴素想法，让游客感到很亲切又享受，赢得很多回头客，农家院主人顺利实现了从农民到经营人的转变。他们置办了新被褥、添加了洗漱卫浴设施，再真诚地打造出一桌地道的山野农家饭，深受消费者欢迎。客人多时，老两口把自己住的房间也腾出来给客人住。很快，农家院的收入让他们从生活困难户变成了"有钱"买化肥和种子的富裕农户。

初时，儿媳高淑红与儿子张奇峰在外打工，儿媳心疼婆婆经营农家院太辛苦，也希望自己有片新的发展天地。在公婆的支持下，她开始接手农家院的经营。高淑红认真地跟着婆婆学经营，婆婆的客人电话联系簿被她视为传家宝，老人质朴热情的服务风格也被她传承下来。加之年轻人不断有新想法涌现，经营水平不断提高，经营效益保持稳步提升。

2012 年，高淑红积极加入旅游精品村建设，贷款 35 万元翻修老院。翻修后的农家院设 11 间有独立卫生间的客房，可同时接待 30 人。高淑红服务热情、规范，小院生意非常火爆，周末、节假日乃至平日都能达到客满。很快小两口在县城置办下楼房。2015 年，高淑红又投资改造餐厅、厨房，让客人享受到更好的服务。2022 年，高淑红投资 200 万元实施了精品民宿改造，与郭家沟村升级为 4A 级旅游景区相契合。干练、开朗的高淑红夫妻也由此跨入新的事业发展阶段。

2002 年至今，这个小院的名字从"康玉平农家院"到"奇峰农家院""宜云院"再到今天的"漫步时光"，从传统农家到标准到豪华再到今天的精品民宿。人均每天收费从 40 元、80 元到 178 元、228 元再到今天的 500 元，管理指挥棒也从婆婆手里传到了儿媳掌中。小院投资规模、接待标准不断提高，接待规模却从 40 人减少到 20 人，两代农民走过了创业、守业、再创新的发展之路。

未来，他们会和村民共同努力，让郭家沟的品牌影响力越来越大，他们的收入也会继续稳步提高。

4 双龙农家院

双龙农家院（郭家沟村 23 号），位于村中心位置，是四星级农家院。小院利用原有村居，在保持农家风貌的基础上，外墙施以中国式四合院传统要素，内部配备舒适的接待设施，达到古朴风格和现代时尚的和谐统一，环境幽雅，宾至如归。院内面积 700 多平方米，有客房 9 间，可同时容纳 28 人入住。

男主人胡云生，曾任乡村医生。他性格豪爽，热情好客，知识丰富；女主人潘秀荣，农家主妇，和蔼可亲，性格开朗。老两口虽均年过古稀，但身体健康，充满活力。他们对待客人如亲人，与不少客人成为要好的朋友。

双龙农家院是村中较早开办的农家院。当时胡云生的二女儿正在天津师范大学读书，学校师生要来山里调研考察住在他家。为方便师生们住宿，夫妻俩将自家院子改造为农家院，名为云生农家院。后来，考虑到主人属龙，为了表达希望客人们龙腾虎跃、万事如意、平安喜乐的祝福，更名为"双龙农家院"。

从小院门口沿石板道路可达村东坡步道，是游客休闲的好去处。院内植被丰富，春赏山花、夏避酷暑、秋观彩叶、冬玩白雪，游客可以体验到乡村生活的惬意与悠闲，自得其乐与纯朴的乡土气息，令人难忘。小院以品质鱼肉、时令蔬菜、美味瓜果为主要食材，给客人们做出美味可口的佳肴。他们经常在院外支起大铁锅，烧柴慢炖水库鱼，撩人香气引人驻足。

开业以来，小院以"热情待客、服务至上、合理收费、文明经营"为理念，以"整洁、卫生、文明"为宗旨，以"远离尘嚣、生态养生"为特色，力争为游客创造休闲度假的舒适住宿地。由于双龙农家院主人的淳朴、热情、好客，饭菜可口，整体环境洁净卫生，获得很多游客好评。老两口已经把游客当成来串门的亲戚，享受着这种与家人团聚般的美好时光。

老两口服务热情，为人真诚，留下很多佳话。一旦发现游客把物品落在农家院，主人马上给客人打电话，由客人选择是自己取回，或是由农家院寄回。2020年8月，一位客人把名贵手串落在院里，潘秀荣捡到后，马上电话通知他们。客人非常感动，赠送了一面锦旗表示感谢。

现在，他们的两个女儿都当上了老师，加上女婿、外孙女，一大家人经常欢聚在小院。这里不仅是客人乐居之地，更是一家人的安居之所。全家幸福快乐地生活在郭家沟村、生活在小院里。现在小院正在重建，将以更高、更好的标准迎接游客！

⑤ 百宝里·月宿

百宝里·月宿（郭家沟村27号），位于村中部，临郭马老街，四合院格局，占地700多平方米，为精品民宿。女主人段学军，稳重细心，给客人邻家姐姐般的亲近感；男主人张宝刚是教师，他特有的文人雅致，让家中漾满文化韵味。

百宝里·月宿的历史可追溯至2002年的学军农家院，是村里的第一批农家院。2012年全村改造升级，夫妻俩依托老房简单改造，取名为百宝里。2022年，经北京佳乡民宿设计公司设计，农家院提升改造为高级民宿。设计师见院内宽敞明亮，适合赏月，故以月亮为主题，又因旧名为百宝里，故取名百宝里·月宿。

院内竹影婆娑，设有露天吧台，适合三五好友喝酒赏月；中庭设有四张茶桌，游客品茶聊天，无拘无束；后院设有下沉式休闲区。夜幕降临，院内灯光亮起，游客置身其中，或拍照或闲坐，徜徉间度过休闲时光。

以月亮为主题，院内共设五道圆门，加之两道方门，暗含天圆地方。

院内 7 间客房，名称都有出处，无一不与月亮有关。

惜月：物理细推元不异，衔杯何惜月西斜。——廖昺

问月：乡俗稀攀桂，争来问月宫。——张蠙

逐月：数点流萤亭外度，儿童戏逐月边星。——赵必常

揽月：俱怀逸兴壮思飞，欲上青天揽明月。——李白

望月：闻道欲来相问讯，西楼望月几回圆。——韦应物

醉月：醉月频中圣，迷花不事君。——李白

听月：听月楼头接太清，依楼听月最分明。——辛弃疾

这些名称源于古诗，增加了诗情画意，也表达了主人对客人的美好祝愿。

百宝里·月宿力求为游客创造有品位、舒适度较高的休闲环境。在卫浴方面全部采用名牌产品，床及床品都是根据房间实际专门定做品牌床垫及蚕丝被。设有地暖、空调，一年四季都可以接待游客入住。室内电器则采用人工智能控制空调、电视及灯光，给客人带来方便和舒适感。饮食方面，在体现农家特色的同时，注重质量，保证游客健康，达到色、香、味俱全。

回顾发展历程，既有创业的艰辛，也有收获的喜悦。如今，民宿的硬件条件比较成熟，主人正在全力提升管理细节，提高客人入住后的满意度，更好地为游客服务。

文雅居（郭家沟村 33 号），又名观棠雅居，位于村主干道的临街位置，是精品民宿。踏进院门，豁然可见门厅左墙上并列挂着六把古琴，进院可见很多花草植物，阳光透过玻璃天窗洒在地面上，营造出悠闲雅致的氛围，让人很想静坐下来，听琴品茶。小院有 7 间客房，可同时接待 20 位客人。

文雅居创始人叫胡云彩。早在 2008 年，他看到几个村干部带头干的农家院经营了多年，效益很不错，就决定跟上领头人的脚步，投资农家院项目。他和老伴自筹资金 30 万元，将小院翻新重建。这个主体建筑一直保留至今。胡云彩自豪地介绍：为了客人舒适，也为了自己家人生活品质提高，翻新小院的时候他配备了室内卫生间，这种配置当时在村里也是领先的。

小院最初名为"云彩农家院"，2009 年开始营业。为了搞好经营，头脑灵活的胡云彩经常通过蓟州旅游网等网站进行宣传。这些渠道给自己的农家院引来了很多新客人。运营两三年以后，回头客逐渐增多，但是胡云彩依然坚持做网络宣传，每年新客和回头客数量各占五成。胡云彩算了笔账：自己种地，每年只能赚一两万元，经营农家院的收入高多了，每年盈余能有近十万元。

2020 年，胡云彩将小院交给儿子胡金英管理。经过改造提升，"云彩农家院"升级为"文雅居"民宿，打造出更好的住宿环境，有空调、地暖，能适应四季的旅游接待。此外，民宿较之前增加投影仪、按摩椅等新潮硬件；贵宾套间里还配置了茶海、红酸枝顶柜、多宝阁、钢琴、高凳等设施；还有孩子们喜欢的图书和玩具，让游客尽情享受这段时光。

同时，文雅居运用多种网络平台进行宣传推广，吸引了一大批新客户，回头客也越来越多，收入和利润同步增长。

文雅居非常注重卫生，有洁癖的顾客都能点头认可。饮食方面，传统农家饭，荤素搭配、种类丰富，非常可口，冬季的火锅尤其受到欢迎。他们大胆置办了咖啡机，店家烘焙咖啡豆的技术相当过硬，让体验过的客人充满惊喜。民宿能提供清真餐。

从农家院到精品民宿，名字变了，品质提升了，但最吸引人的服务手段没有变——给客人提供情感享受。胡云彩提到，自己能跟客人处得像亲戚一样，客人家里有红白喜事都叫上他，甚至参加过好几次。

胡金英希望父亲不再操劳，安享晚年幸福时光，他会努力把老人的热情真诚和自己的年轻活力一并传递下去，让文雅居成为客人休闲度假的世外小桃源。

7 山水相暄

山水相暄（郭家沟村51号），位于郭家沟村的中部，是精品民宿。其门前就是郭家沟的主马路。屋后则是跳泉——十口井，每个井中喷出一股泉水，落入其他的井里，彼此交错，充满跃动和生机。山水相暄是四合院格局，占地580平方米，院中假山流水，景色别致。院内设9间客房，分别是2个阁楼套间、2个豪华套房、4个标间、1个家庭房，能容纳22人同时入住。

山水相暄的主人叫张子悦，是年轻的"90后"。店名既包含了"我见青山多妩媚，青山见我应如是"的寒暄，也包含了乡村里"结庐在人境，而无车马喧"的静谧。店名中的"暄"字是日字旁，取温暖之意。民宿主人希望这里能带给人一种身处乡村、山水交相呼应、惬意自在的闲适感。

2008 年，张子悦父母张学义、张恒桓投资 30 多万元的聚贤会所建成开业。那时郭家沟村的乡村游处于发展期，村里有 10 多家农家院。年仅 13 岁的小子悦还记得当时的情景：自己打造的木制窗户、独立卫生间，但还是蹲便。几年下来，小院的经营收益还不错。2012 年全村改造提升时，聚贤会所又进行了大改，重新翻建了东侧厢房，院内几乎所有设施都进行了更新，被认定为四星级农家院，在市场上也有了自己忠实的客户群。

2019 年开始，张子悦和爱人王晓玉接手管理农家院，收入和效益都还不错。在经营管理中，他们把年轻人的智慧体现在待人接物中。有客人这样评价王晓玉："这个小姑娘，很热情也很实在！"

年轻人有闯劲，2023 年，小两口决定全面升级，打造精品民宿，同时聘请专业管家来进行管理，争取走出一条新时代农家院的创新路。

过硬的品质和高水平的服务是山水相暄不断追求的目标。民宿选用品牌床垫及床品，卫浴也选择名牌产品。在餐饮方面，严格把控食材品质，确保新鲜，为游客提供健康美味的农家菜肴。张子悦介绍，经过几次改造，山水相暄设施一应俱全，各项硬件条件已经具备，再加上用心的服务，一定能让客人满意，让山水相暄成为到访游客的念想，成为未曾到访游客的美好期待。

市场开发方面，张子悦小两口会发挥年轻人的资源和文化优势，加强宣传渠道建设。除了景区的自然客流，他们也大力开展网络营销等现代化经营手段，让这个民宿小院成为游客乡间度假的愉快落脚点。

8 朝阳村舍

朝阳村舍（郭家沟村16号），位于郭家沟村东侧，占地600多平方米，近山临水，环境幽美，如同置身山水画中，是精品民宿。杨璐的藏头诗《朝阳村舍留宿》这样写道：

朝夕游山水，阳花桃园开。

村居餐宿美，舍迎仙客来。

　　小院为传统四合院布局，有客房6套，可容纳16人同时入住。客房宽敞明亮，现代化设施一应俱全，三餐菜谱根据时令随时调整，还可提供个性化菜谱。游客在这里住得安心、吃得放心、玩得开心。

　　2002年，女主人刘朝阳从附近的团山子村嫁到郭家沟，老公叫张艳国，当时家庭收入主要靠种植业和外出打短工。2009年，看到村里有十多户办起农家院，两人也决定试试。他们筹集资金，对自家老宅进行改造，房屋样式基本仿照其他农家院，饭菜以家常饭菜为主，客人入住主要靠熟人介绍、口碑相传，经营收入不错。

2012 年，夫妻俩决定跟上整村改造的步子，利用贷款优惠等政策进行提升改造。餐饮方面，刘朝阳积极参加村里组织的专门培训，顺利获得专业资质。2013 年到 2015 年，郭家沟村游客猛增，朝阳村舍更是一床难求。

2021 年，夫妻俩决定对自家传统农家院进行全面升级改造，请来专业设计师精心布局，打造为优美精致、配套完善的精品民宿。居住环境让客人很满意：房间很大，挑高还高，床品舒服还有大浴缸，自动窗帘还有高清电视，关键是他家的饭好吃。这一切都让客人流连忘返。

朝阳村舍以女主人刘朝阳的名字命名，小院从无到有、从小到大、从简单粗放到高端精致发展，也是刘朝阳人生态度和经营理念不断更新的过程。她认为，干好农家院离不开两种精神：一是"活"的精神，就是要因地制宜、因时而进、因人而变、因事而化、因势而新；二是"反省"精神，对于市场的新动向和客人的新反馈，要多从自己身上找原因，加以改正。正是因为经营农家院，刘朝阳由普通的山乡村民变成了专门的民宿经营者。

回顾过去，知所从来。夫妻俩对未来充满信心：十几年来，朝阳村舍经过了三次转型升级，以后肯定还会随着时代的变化发展而与时俱进。店主坚信我们的国家会越来越好，郭家沟会越来越好，朝阳村舍也会越来越好。

意忠园（郭家沟村 36 号），由"80 后"胡金忠和张秀春夫妻经营，是五星级农家院。一进院门首先映入眼帘是九个枣红色水瓮，排成一个优美的弧形，淙淙流水穿行而过，让人感到灵动和舒畅。四合院布局，有 8 间客房，可同时接待 20 人入住。小院门前就是夜景灯光秀"森林光影乐园"，院外设置了户外餐桌椅，客人在夏日夜风中以灯光秀为伴小聚畅饮，享受浪漫时光。

2010 年，看到本村很多乡邻办起了农家院，结婚 3 年的恩爱小夫妻也决定创业开办农家院。他们将自家正房进行了改造，又加盖出 11 间厢房。他们把年轻人求新争先的激情倾注在第一份产业中，客房设立了独立卫生间，安装了先进的液晶电视，配上新潮的灯具、品质上佳的床品。2010 年国庆节，农家院开始营业，实行高质高价策略，价格定在每人每

天 100 元，凭借过硬的设施和热情的服务，他们的小院很快得到消费者认同，客人纷至沓来，经营收入相当好。

2012 年，郭家沟村整村提升改造。尽管小院刚刚建成一年多，但是夫妻俩觉得还是

应该紧跟上集体的前进步伐，毅然决定参加统一改造。他们自筹 10 万元、贷款 20 万元，按照统一设计重新改造正房、修缮厢房，客房内蹲便全部换成座便。看到有农家院配置 32 寸液晶电视，胡金忠果断决定全部客房更换为 43 寸可联网的大液晶电视，为的是农家院的硬件配置今后几年还能占据领先地位。2012 年 9 月 20 日，改造成四星级农家院的意忠园，迎来了第一批客人。

2013 年到 2015 年，意忠园生意非常火爆，旅游季的房间都要提前一个月预订，营业收入稳步

提升。2015 开始，意忠园与村里几家农家院联合起来接待旅行团队。随着村外大型住宿项目不断出现，他们及时调整思路，专注于从事精品小型接待活动。

意忠园的伙食非常好。胡金忠骄傲地说："游客都称赞我炒出来的菜香！"而热情攀谈则是胡金忠另一个经营诀窍。前来休闲度假的游客希望得到身心的放松和愉悦，贤惠的妻子张罗内务，胡金忠则把与客人聊天当成重要工作，当然是让客人开心的聊法，很多客人成为胡金忠的朋友、意忠园的常客。如今，小院的回头客占到全年接待量的七成左右。

胡金忠经常外出学习考察，回来后对自家小院改造提升。为了能够开展冬季旅游接待，意忠园更新了门窗材质，购置了超静音地暖机组，进一步提高小院的保暖性能，实现经营无淡季的目标。

⑩
藏
月
坊

藏月坊（郭家沟村20号），位于金屏风山（即东坡）半坡处，坐北朝南，是精品民宿。小院占地700余平方米，有客房10间，可同时接待26人。小院是中式仿古四合院，极具国风特色，古香古色，清净雅致。置身院内，花树掩映，禽鸟幽鸣，如同走进江南画卷。移步换景，可以赏流水潺潺，云雾氤氲；步步高升，可以观雕花走廊、亭台楼阁。

　　藏月坊，顾名思义，藏月于户，源于《周易·比卦》：重叠通日影，参差藏月辉。其名喻指水行地上，亲比欢乐，人情亲顺，百事无忧，更愿得朋友之助、众人之力，希望住客"玉阶已夸丽，复得临紫微"，谋事有成，荣华显贵。院落的整体设计和房间的具体布置，也体现了这一深刻用心。

　　坊主张立刚和张凤芹夫妇于2010年创建农家院。当时市场非常火爆，房屋还在装修中，便迎来了第一批客人。这些客人有的到现在还会选择藏月坊入住。2012年，夫妻俩将农家院纳入郭家沟村整体旅游规划，筹集资金进行提升改造，被评定为四星级农家院。2018年，张立刚再次将农家院升级改造，被认定为五星级农家院。2021年，夫妻俩将客房内的布草统一升级为蚕丝制品。柔软舒适，干净整洁，优雅舒适的住宿环境和宽敞整洁的就餐条件得到了客人们的好评。

2022年，为顺应旅游市场的新形势和新需求，夫妻俩决定对农家院提升晋级，打造精品民宿，各种设施用品，都采用知名品牌，极大提高了住客的舒适度。客房里既有朴拙厚重的传统实木家具，更有一应俱全的各种现代化设施。特别是男主人张立刚很有艺术范儿，爱好根雕艺术，取材都是自家周边的山坡之处的自然生长的树根，让游客非常惊喜，也经常遇到知音。

藏月坊的经营理念就是宾客至上。在餐饮方面，讲求"鲜"，肉类现宰现做，菜类应时更新。他们推出的炖水库鱼、特色烤全羊、土鸡蛋、炖柴鸡、山野菜等农家山野特色美食，不仅农家风味纯正，而且价格亲民，是回头客"回头"再来的重要因素。在服务方面，追求"亲"，待客如亲友，让游客变住客，让新客变熟客。

客户这样评价："农家院主人张立刚和张凤芹夫妇干净整洁，热情好客，自家开办农家院以来，回头客众多，无一例客人投诉事件发生。"

藏月坊主将小院当作重要的事业来用心经营，十余年来一直在更新提升、不断完善，未来将继续与时俱进，做到更好。

　　名仕雅居（古朴溪畔）位于景区北端的郭家沟村 43 号，是一家精品民宿。郭家沟水库大坝近在咫尺，常年流水潺潺。小院有 11 间客房，有大床房、亲子间、套房等多种房型，有着现代化的生活设施，充满艺术风格的装饰。院落中间的走廊和儿童小乐园分隔开食、宿两大功能。餐厅进行了巧妙隔断，有大桌、有散座，可组团大餐、可三五小聚，也可一人静饮，浪漫又惬意。

　　这是一个有着革命传统的小院。主人胡占友的大爷叫胡俊。1948 年，将满 20 岁的胡俊参加了中国人民解放军，在玉田战役中牺牲，是一位革命烈士。胡占友的父亲叫胡青，曾担任村党支部书记，为郭家沟村的发展作出贡献。

　　2010 年，胡占友、吴翠伶夫妇看到了山区旅游市场的美好前景，决定跟随村领导的步伐，把自家老宅改造为农家院。在父亲胡青的支持下，"名仕雅居"脱颖而出。当时，小院共有 10 间客房，能够接纳 50 人左右。由于小院地处山水之间，风景秀丽，加上夫妻二人辛勤经营，真诚待客，小院渐渐有了名气，有很多客人慕名而来。

2012年，全村实施统一改造。胡占友、吴翠伶的农家院也进行了彻底改造，设施更为先进、接待能力更强了，被认定为四星级农家院。2020年，来自天津西青区的"90后"小夫妻张忠旺、华艳来村考察创业项目，他们被"名仕雅居"得天独厚的地理位置和院落的规模和布局深深吸引，随即产生了在郭家沟创业的想法。经过商议，他们与胡占友达成合作，租下了这个小院。

年轻人有着更先进的服务理念，他们投资全面改造老院，请来专业设计，自己亲自置办房间装饰，把华艳累到"再也不想看淘宝！"为了尽可能地降低损失，小院装修定在10月中旬，即经营期结束后开工。寒冬时节，住临建房、守施工地，其中艰苦不敢回想。开弓没有回头箭，他们咬牙坚持到来年春天。2021年3月，更名为"古朴溪畔"的现代民宿试营业，到迎来首批客人入住。2021年4月10日，小院开业即爆满，此后几乎一房难求。小两口互相鼓励、互相爱护，认真待客，无论何时、无论哪位客人，都给予一样的服务。

2020年后，胡占友全家搬到下营镇居住。胡占友外出工作，吴翠伶在家照顾老人和孩子，一家人过得幸福安逸。胡占友和经营人关系很好，每当看到"古朴溪畔"宾客满门、兴旺发达，他们也很高兴，祝福郭家沟村越来越好。

⑫ 六号院

六号院，顾名思义门牌是郭家沟村6号，位于景区东部，不远处就是金屏风山（即东坡）。六号院经营人是年轻的"95后"王杰。她2016年从道古峪村嫁过来，和老公胡凯然一起接公婆班管理农家院。六号院包括新旧两个院：老院是2011年公婆开办的三星级农家院，2015年提升改造为五星级农家院，有客房10间，能同时接待20人。新院则是精品民宿。

二十多年前，郭家沟村的落后和贫穷在当地都是出了名的，用王杰爷爷的话说，是"数得上号"的穷。儿时的王杰常来这边和玩伴们嬉闹，伴随她的成长，郭家沟不停蜕变——树变多了、水变清了、农家院变密了、农民变富裕了。到2012年，郭家沟成了远近闻名的旅游示范村，当上郭家沟媳妇已经是让人羡慕的好事了。

王杰娘家紧邻梨木台风景区，父母早在2008年就开起了农家院，收益不错。2011年，王杰的公婆改造了自家院落，办起传统农家院。2012年郭家沟村整村改造，提供贷款支持村民翻修自家老房。贷款干农家院？王杰的公婆坚决反对：老人们是"穷"字里长大的，哪里敢向银行贷款几十万，投给不知道能不能赚钱的农家院？！他们放弃整村改造的机会，继续经营自己的老农家院。

转眼到了 2015 年，眼看着贷款提升农家院的乡邻们生意火爆，很快就还上了贷款。而自家落后的农家院很少有人光顾，公公胡海生和婆婆张会芹很着急，老两口终于下决心向银行贷款改建精品农家院。2016 年王杰嫁进来时，家里背着不少负债，还有一个上学的妹妹，日子很苦。勤劳孝顺的王杰和公婆一起全心全意地经营农家院，还供给小姑子学费和生活费。改造后的农家院效益非常好，每到旅游季节，院子必是客满，回头客一批批地来。一家人辛勤经营，省吃俭用，两三年就还清了外债，甚至还有了一些积蓄。

近年来，乡村游的消费导向悄然变化，游客更加重视服务规范和品质。2021 年，颇有胆识的王杰租下邻居院子，改造成精品民宿。新院开业后，生意做得相当红火。

王杰的婆婆很器重儿媳，也经常出去"偷艺"，回来告诉儿媳别人家有哪些好招法。她们一起研究打造出自家特色——以规模化经营降低经营成本，从而提高客户消费的性价比。王杰小两口希望能有更大的施展才能的空间。

13 诗语山

诗语山（郭家沟村 17 号），位于村东北的山坡上，占地 560 十平方米，是精品民宿。男主人胡自然，作为村里的"85 后"年轻人代表，见证了郭家沟村农家院改造升级的发展历程。

2004 年，跨出校门的胡自然留在了大城市上班，但他更向往乡村生活。2011 年，他回到郭家沟准备自主创业。但是小山村没有什么特别的资源，究竟干什么？胡自然陷入了迷茫之中。2012 年郭家沟整村改造，胡自然终于找到用武之地，他向银行贷款 20 万元，又自筹了 60 多万元，将回故居农家院盖了起来。2013 年，四星级农家院回故居正式营业，有 10 间客房，可同时容纳 28 人入住。2013 年到 2015 年，小院与郭家沟村其他农家院一样火爆，生意兴隆，真正做到了往来游客络绎不绝。2015 年后，村旅游业发展势态暂缓，小院依托过硬的服务，收入还算稳定。

　　回故居营业一年后，胡自然尝到了开农家院的甜头。2014 年，他将自家的另一处宅基地上的房屋全部推倒重建，建起第二个农家院，取名自然小院——既体现了胡自然的决心，又体现了他对农家院蓬勃发展的信心。自然小院设有 19 个房间，可同时接待 38 人入住，于 2015 年正式营业。胡自然和吴秀华夫妻将更多精力放在农家院经营管理上。

　　回故居能做到"回头客不断"的秘诀就是环境好、吃得好。胡自然说，2014 年他就开始请专业大厨做饭了，满足各类客人的口味需求，炖鸡、驴排、牛排等农家菜广受游客好评。与此同时，胡自然耐心对待每位游客，介绍下营的风光、周边的景区，希望与乡亲们共同发展。身为年轻人的胡自然，更能接受新鲜事物，眼界也更加开阔，经常与不同阶层的游客畅谈，为农家院的发展提供了良好的群众基础。

　　2019 年，由于外部农家院猛增，而自身设施难以大动，回故居陷入了发展瓶颈。为适应新的市场环境，2020 年，胡自然夫妻更新思路，邀请专业设计师，投资 150 万元重新改造提升，回故居农家院提升改造为精品民宿，更名为诗语山。好的环境赢得消费者认同，近年来经营收入稳步上升，这让胡自然更加自信。

　　胡自然希望踏实、认真地经营好自己的民宿，取得更好的效益，让自己的人生、事业更加辉煌。

然也·悠闲（郭家沟村 18 号），位于郭家沟东部，由"80后"的胡侧然、刘雪楠夫妻经营，是精品民宿。走进小院，首先映入眼帘的是一个宽敞精致的庭院，院子里有花草树木，摆放着一些遮阳伞和户外桌椅，可以在院子里品茶赏花，感受大自然的清新气息。门廊一侧是一排书架，放置着形状各异的石雕，穿过去又是一个小院，小喷泉低调而又灵动。院内只有 8 间客房，能同时接待 20 人，给游客一种高品质、超舒适的感受。

14 然也·悠闲

开农家院前，小两口在外打工，胡侧然为厨师，刘雪楠任面点师。2012 年郭家沟村整村改造，夫妻俩决定回家创业、开办农家院，当时自筹加贷款，共投入 80 多万元。改造完成时，有 10 个房间，能同时接待 30 人，起名回园居，是四星级农家院。

凭借两人的服务经验和技能，他们的农家院很火爆，旺季时都要提前一两个月预订，一年的毛收入达到 70 多万元。随着客人越来越多，夫妻俩决定聘请专业厨师和保洁人员来帮忙，他们则专注于迎来送往和质量监督。同时，他们也积极与渠道商合作开发市场，年收益持续上涨。2021 年，夫妻俩跟随村里组织的参观团外出考察，看到那么多时尚的新项目，他们很受触动，立即决定提升改造。

2022 年，投资 150 万打造的新民宿开张纳客。尽管价格上涨，但是客人很中意，生意依然火爆。吃的、用的还有服务质量都很高，让客人觉得值，就会接受这个价格。主人在食材上从不马虎，肉类必须新鲜，还有卫浴用品和床品，是最能让客人感受到品质的地方。好的品质、用心地经营，让然也·悠闲收获了一大批回头客。

夫妻俩很浪漫。当年开业时首先来的是一对小情侣，他们大方地给免了单。他们的经营诀窍是：把客人当成是家人，让客人有到家的感觉。曾有一老太太带着 4 个人来到小院，想要中午吃饭小休一会，别家店都要按一天收费，胡侧然给打了个 5 折。有趣的是，那天的豆儿米饭是老太太的最爱，胡侧然又给老人家打包带回家。后来，老人成了常客，也推荐了许多朋友前来体验。

如今的然也民宿环境美、设施新，运营管理也很成熟，夫妻俩依旧在不断学习进取。有这个民宿收入保证、有这么多年磨炼出的管理才能，胡侧然又开辟了培育蘑菇菌棒的新事业。相信他们一家人的未来一定会越来越好。

15
山水晴

山水晴（郭家沟村 41 号），位于郭家沟景区南部，为入村后第一家民宿。小院背靠银屏峰山，前临飘花溪，山水复相接，世外真桃源。院落设计别具特色，传统小院落，精致大乾坤，置身其中，清静怡人，四季皆景：春日花草满眼，夏季浓荫滴翠，金秋采蔬摘果，隆冬烹茶赏雪。小院占地 385 平方米，有客房 7 间，可同时接待 17 人。

　　小院地处郭家沟村西南部，是闹中取静的一块度假宝地：跨过飘花溪，就到了中心游乐区，而留在小院，又可以享受依山傍水的静谧时光。山水开精舍，晴日闻琴歌。山水晴，顾名思义，仁者乐山，智者乐水，这里有山有水，更有主人好客如暖日融融。2012年，潘学利、王彩霞小两口投资 60 万元，拆掉老宅，创建了农家院"利时居"。2013 年至 2017 年，因经营其他产业，夫妻俩将农家院转包给他人经营。2018 年收回经营权后，村农家院行业却过了红火的"黄金期"，进入发展瓶颈期。一方面，市场供需关系的变化。消费者逐渐倾向高品质化的旅游服务，而外部供给愈加充足，蓟州山区新建的农家院、

民宿数量快速增长，郭家沟村不再是游客的必然选择；另一方面则是经营多年的农家院设施落后、设备陈旧，无法提供规范、现代的食宿服务。

2018 年，村里组织村民外出学习考察先进经验。夫妻俩深受触动，决定再投百余万元进行全面提升改造，成为村第一批提升改造的精品民宿。改造之后，民宿的接待水平极大提升，住宿硬件实现品牌化、新潮化，餐饮方面注重健康，讲求质量，还推出私人订制、便捷下单等特色服务。

山水晴民宿的成功之道主要有三：一是注重环境打造，无论是院落布局、氛围营造，还是饭菜烹饪、住宿用具都追求精致，力求做到最好。二是保持餐饮特色优势，无论是河鱼河虾、柴蛋笨鸡，还是野菜野味、家常小吃，都立足农家特色，发挥道地优势，荤素搭配，非常美味。三是不忽略细节，在服务方面，以游客为中心，务实灵活、细心主动。正如客人们这样评价小院的服务：房间非常干净，没有异味，而且很安静。小院儿还有一个阅读茶吧，客人泡一杯清茶，翻翻纸质书本，找回久违的内心平静……

作为新一代农民和年轻的民宿主人，小两口既勇敢又踏实，他们在自己的家园挥洒着汗水和热情，也收获了成长的自豪和喜悦，成为有经营才能的新农人。

16 乡缘

乡缘（郭家沟村 58 号），沿郭马路行至一棵飘满红丝带的祈福古树，从右手边往上爬一缓坡，就能看见乡缘的招牌。这是一所占地面积 800 平方米的精品民宿。走进小院，只见几块山石跟一棵大树交相错落，有 2 个大床房、2 个标间、4 个阁楼套房和 1 个儿童房，能同时接待 26 人。

女主人赵娜，2011 年从河北省秦皇岛市嫁过来。年轻时，她和郭家沟村小伙胡启然同在一处打工，一个是服务员，一个是厨师，两人很快坠入爱河。当时的郭家沟村还不富裕，赵娜父母对她的选择有顾虑，但也拦不住执拗的女儿。赵娜和胡启然坚定地走到了一起，这为乡缘小院披上了一层浪漫的色彩。

婚后第二年，郭家沟村开始整村改造。小夫妻决定回村创业，投资 150 万元建起了

忆乡缘农家院。当时，小院有 12 间房，能同时接待 37 人。依托郭家沟村的名气保障，更有小两口高水平服务的辛勤付出，小院生意火爆，一年下来收入可观。赵娜幸福地回忆道，那时的她每天骑着小摩托去买菜，腰间挎着一个红色的小零钱包——装满客人的经济回报，真是充实而又满足的日子。

年轻人总有一股向前的冲劲，多年来，夫妇俩也没有停止对小院的改造。2014 年建了玻璃房餐厅；2017 年，贷款进行大改造；2021 年，对地漏、卫浴等设施进行了维修，只希望客人能住得更加舒适、更有安全感。2022 年，经过多次考察的他们决定，投资打造精品民宿，每个房间都有个性化设计，有瓦片墙、石头墙、泥墙，充满艺术感。

赵娜是个性格爽朗的人，还是个热心肠。有一次，附近地区发生山洪，有客人被困在山里，小轿车被大水淹没不能动弹。接到求助电话后，赵娜帮助找来拖车和铲车，把人和车都解救出来。

服务至上是夫妻俩一直追求的目标。他们做到及时打扫卫生，为客人备上免费的水果和零食，让客人有回到家的感觉。胡启然有过做大厨的经历，对自家小院餐饮的要求十分高，尤其注重食材的新鲜程度，坚决不能使用冷冻时间长的肉，说有"冻腥味儿"。他时常亲自下厨，得到客人称赞："菜真的很好吃，老板也很热情"，"老板娘实在，环境整洁卫生！菜品美味可口！"

赵娜夫妻勤劳乐观，拥有现代时尚的民宿，身边还有两个可爱的女儿环绕，他们相信：未来的日子一定会红红火火！乡缘会迎来更多有缘的客人！

17 天香庭院

天香庭院（郭家沟村 55 号），位于郭家沟村东部，沿着一条青砖石板小路上行，即可见长满花草、建筑风格古朴典雅的小院，门前空场可观山景。小院有客房 8 间，可同时接待 22 人。院内客房宽敞明亮，原木色外墙的屋子里，有标间、大床房、三人间、火炕、套房、复式客房等多种房型，整洁的床品、温馨的原木色家具、再配上几把藤编老式暖壶和条凳，处处充满原生态的艺术感。小院设有标准化厨房、景观化餐厅，服务设施俱全，是五星级农家院。

"天香"传说为月上桂花树，如宋之问《灵隐寺》诗云："桂子月中落，天香云外飘。"江西宜春明月山对联亦云："桂花蟾宫云端落，天香明月山内飘。"后人则把牡丹比作"国色天香"，可见，"天香"寓意美好的事物。"天香庭院"以颜值和热情让客人真正体验到这种意境。

男主人卢利壮是东北小伙，2008 年他跟随建筑公司进村工作，进驻金波农家时与主人家的二女儿张蕾擦出了爱情的火花，也爱上了这个风景美、村风正、产业旺的小山村。2011 年，他以女婿的身份留在了郭家沟村，开启了自己的农家院经营事业。

因为资金少又没有经验，小卢对自己创业信心不足。岳父张金波是郭家沟村首批开办农家院的先行者，他告诉小卢在郭家沟村开办农家院前景光明，只要勤劳用心，就能奔向小康。2012 年，在岳父的支持和鼓励下，小两口筹集 40 万元打造起自己的爱情庄园，从概念到设计，再到装修，他们亲自上阵、精雕细琢，废弃的腌菜缸、老枯树被他们打磨成艺术品装点小院。柴鸡炖山蘑、野兔、各种野菜、山鸡、河鱼河虾、炒土鸡蛋等农家菜，为游客营造出回归自然、见山望水伴乡愁的田园风情。2017 年，天香庭院改造升级，赢得客人赞许，几年来效益稳定增长。

夫妻俩起早贪黑，一门心思求发展。小卢喜欢与客人聊天，东北人的开朗热情让客人开心和放松，陌生的彼此因真诚建立起连接、因偶然相遇产生了惊喜，成为乡村行不可缺少的快乐元素。他们更注重服务，饭菜美味可口、房间美观舒适，客人们纷纷在点评类网站上为天香庭院点赞。

多年来，小卢一家幸福和睦、敬老爱亲，守着美丽的庭院过着幸福的田园日子。未来，他们将继续热情、勤劳地为客人服务，让自己的生活更加富足和开心。

18 伴山听语

伴山听语（郭家沟村 19 号），沿着郭马老街走，爬上小坡后，就能看见伴山听语的招牌。伴山听语是精品民宿，院子占地 700 多平方米，宽敞明亮。走进大门，首先映入眼帘的是一组山石布景，再往里走，见院子左手边有几株翠竹挺拔直立，右

手边有一道台阶可以上到屋顶平台。平台上有几个小亭子，夏日的傍晚，可以在亭子里吹风纳凉，十分惬意。站在平台上，可见郁郁葱葱的金屏风山（即东坡）如一幅美丽的画卷在眼前展开，正应了"伴山听语"的清风雅趣。

民宿的男主人张学良四十多岁，是郭家沟村土生土长的村民。年轻时，张学良曾在外打工，各种苦活儿、累活儿都干过。女主人叫段戍媛，1997 年从河北省嫁过来，那时的郭家沟村还是个贫困村。2012 年，郭家沟村整村改造，张学良、段戍媛夫妻俩正当而立之年，决心抓住好机遇，在家乡开启创业之路，把自己多年的工作经验用到自己的农家院经营项目中，用勤劳和智慧走出致富路。当时，他们筹集到一百多万元的资金，将旧宅院改造为精品农家院，取名"良友厢"。农家院有 17 间房，能同时接待 50 人。农家院 2013 年投入运营，效益一直很好。

2017 年，他们升级了服务设施。2021 年冬，又投入 200 万元提升改造，请专业人员设计后施工建设为精品民宿，2022 年 7 月份完工，更名为"伴山听语"。这是一个高档民宿，有 13 个房间，包括标间、大床房、三人家庭房和四人套房，可同时接待 35 人，院内还设置了活动娱乐室，供客人团聚、游戏。

"追求舒适度，注重餐饮品质，热心接待每一位游客"——这是伴山听语的服务宗旨。经过几次改造之后，房间少了，能容纳的客人少了，但是客房内空间变大了，各种现代化设施一应俱全，客人入住体验的满意度大大提高。

张学良夫妻虽人到中年，但在创新经营方面和年轻人一样与时俱进。他们经常在网络平台上与人们进行交流，把自家的美食、趣事传播出去，让客户更多地了解他们，带着一探究竟的兴趣走进他们的小院。客人们评价说："这真的是一次很完美的短期旅行！这个民宿真的超级好看，风景非常好，晚上的灯光真的超级赞。"

从最初的良友厢农家院，到现在的伴山听语民宿，每一次改造和建设都需要巨大的勇气和决心，夫妻俩一路携手奋进，已经是成熟的民宿经营人。

"傍山第一家，精品在农家"——这是他们人生的追求！

19 二十一号院

二十一号院，店如其名，位于郭家沟村 21 号，是五星级农家院。小院非常宽敞，门楼大气，门口布置了屏风，绕过屏风就是干净整洁的餐厅。院内绿植茂密，经常有鲜花盛开。院子的一角栽种了一棵野生软枣猕猴桃。夏天，茂密的枝叶爬满了院顶棚；秋天，硕果累累，满园飘香。小院有 8 间客房，可同时接待二十余人。

男主人张玉刚出生于 1952 年，是一个有远见、有魄力的人。2012 年整村改造的时候，张玉刚与妻子王玉茹加入创业队伍，自筹 60 多万元加上 20 万元贷款投入农家院建设，新盖了东西厢房，这在当时的农村可以说是笔大投资了。2013 年春节，郭家沟旅游精品村建成后的首个春节，天津电视台大年三十午间新闻采访郭家沟村的节目，就是在二十一号院取景拍摄，美丽的小院、盛情的主人、丰盛的饭菜，是改造后郭家沟村农家院的形象代表。

在建设农家院的时候，张玉刚考虑周全，埋下多个伏笔：首先考虑到冬季接待的问题，安装了地暖。二是考虑到将来客流量增大的情况，在每一间屋子都做了独立排水和独立门窗。三个套房的客厅可以根据客流量情况，稍加改造变为卧室，能够极大地减少改造投入。

张玉刚给农家院起名的故事也很有趣。由于自己家住在郭家沟村 21 号，所以他对 21 这个数字很有感情，他的车牌就是"021"，开车出去时，人们一看就知道是他家的车。因此在给农家院取名的时候，他也坚定地选择了"二十一号院"这个名字。为了让客人从远处一打眼就能看到自己的"二十一号院"，2016 年，张玉刚给自家修建了一个门楼，建成四合院格局，看起来更加大气。另外，他还布置了屏风，使得整体感觉更有层次。春节时，张氏大家庭在"二十一号院"门楼前的合影，留下郭家沟村民团结、祥和的快乐画面。

张玉刚介绍，自己的农家院有三个特色：第一是房间大，活动空间大，住着舒服；第二是吃得好，性价比高于市面上的其他经营场所；第三，主人经常与客人聊天，给他们介绍当地特色、风土人情，让客人有到亲戚家串门的感觉，客人评价非常好。2023 年的村 BA 比赛中，辽宁队的运动员住在"二十一号院"，张玉刚按照运动队要求认真安排好特色餐饮，还热情鼓励球队争取胜利。

张玉刚深知开发新客户的重要性，从 2013 年就开始使用网络宣传，然后通过优质服务把客人发展成回头客。目前，农家院的新客户和回头客都很多。

20 凤彬寓

凤彬寓（郭家沟村 24 号），坐落于郭家沟村北，郭家沟水库之下，是五星级农家院。小院占地二百多平方米，有 6 间客房，可容纳 16 人同时入住。凤彬寓服务好，特色菜多，如炖鱼、菜饽饽和背阴白菜等，广受游客好评。

女主人名叫孙淑艳，出生于郭家沟村。1998 年，二十岁的她嫁给了同村的王凤林，从此开始了几十年如一日勤劳生活。2002 年，郭家沟村有人开起了农家院。当时这家女主人在家种地、养羊，男主人外出打工，一家人一年收入只有几千块，只能做到勉强糊口。直到 2012 年郭家沟村整体改造时，她和凤彬寓的故事才正式开始。

孙淑艳作为女主人十分有魄力，2012 年她筹集到 40 万元，将自己住的民居翻建，盖起了自己的农家院。当时，村里邀请专家挨家挨户为农家院起名，凤彬寓从男主人名字中取字，寓意福寿圆满、兴家聚财、富贵荣华。

2013年凤彬寓正式营业，刚开始收费标准为每人每天158元，到十一假期结束时，利润已达几万元。辛勤经营了两年多，孙淑艳就把改造的借款还清了。

刚开始，孙淑艳并没有预见到开办农家院中蕴藏着大利益，只是因"随大流""大家开我也开"的想法加入创业队伍中。但在获得收益后，孙淑艳逐渐转变了心态，她用开朗的性格和周到的服务收获了许多回头客。

无奈天不遂人愿，2017年，孙淑艳的身体出现了问题，因为心脏原因不能过度操劳，便将农家院进行了转租，专心将养身体、照顾家人。即使没有经营农家院，孙淑艳依然时不时地回村转转，她的内心非常渴望继续她和凤彬寓的故事。

2022年，孙淑艳身体状况好转，更希望为孩子做些积累，便将出租到期的农家院收回，自己继续经营。她投入六十多万元对农家院重新翻修，抬高院子地面、门窗全部修缮、卫生设施全部更换、全部铺设地暖、外部整体涂装保温层。2023年小院重新开业，新的设施、新的样貌，不变的是真诚的服务和乡亲般的态度，这里依旧是客源不断。

孙淑艳和凤彬寓的故事虽然曲折但很完整，两次开业都人气火爆的原因就是"真心＋热情"。孙淑艳说，必须用真心对待往来的客人，满足客人需求。客人也会释放自己的善意，不把自己当客人，而是作为亲人，没事儿就会来看看。

今后，孙淑艳的计划就是培养大儿子接班，把凤彬寓世代传承下去，让郭家沟村的小家永远兴旺！

雨泽园（郭家沟村 10 号），位于村中心地带。如果您从村口的游客中心出发，这便是一个观光风景的短途旅行：帐篷营地，白杨树长廊，彩虹花园，黑天鹅……到萌宠动物园处右拐，沿着石板小路上行几十米，一个古朴典雅的小院——雨泽园呈现

在眼前。小院占地 300 平方米，设 6 间客房，能同时接待 16 人，还设有娱乐室，是四星级农家院。

男主人名叫张长红，1969 年出生。他 18 岁参军入伍，曾经是空军地勤的通讯连战士。

2012 年，退伍的张长红很希望在家乡就业，决定参加旅游村改造。他把二十多万元资金投入到改造中，建成有 8 个房间、能同时接待 20 人的三星级农家院。张长红和妻子全身心投入到自有农家院的经营管理中。

走进雨泽园可以看到，小院不大，但布置得很雅致，每个房间都挂着一幅十字绣的作品——这是女主人的杰作。雨泽园庭院的设计非常独特，主房和厢房以外的空间被巧妙地利用起来，加上透明吊顶后，院落变成一个明亮的大厅。客人可在这个特殊的大厅里谈笑风生。有时，会传来清脆的燕子叫声，循声望去，便可见东西厢房的顶端，各筑着一个小巧精致的鸟巢。春天有成双成对的小燕子归来，夏天便可见几只雏燕嗷嗷待哺。这些小精灵给雨泽园增添了吉祥与生机。

雨泽园最大的特点是：不管客人来多少，张长红夫妻俩都是热情接待、认真服务。张长红曾经学过厨师，有一手做菜的好手艺，雨泽园的一日三餐都由他来亲自掌勺。他做的饭菜既有农家风味，又有独门技巧，很有家的味道。张长红说，他的农家院是凭着

良心做饭，从不买现成食品，主食、副食都是自己亲手制作。女主人除了进厨房帮忙外，还把客房收拾得干净整洁。"干净、卫生、饭菜好吃"，是客人们对雨泽园农家院的一致评价。

因为游客们的食宿体验物超所值，所以他家的回头客很多。最好的年景是 2014 年到 2015 年，每天上拨客人没走、下拨新客人就来了，稳定的收入让夫妻二人安心经营下去。2018 年，张长红对农家院进行了提升改造，成为四星级农家院，收入也稳步提高。

张长红说："这是我们做梦也没想到的好日子。感谢中国共产党的好政策，感谢村里的好带头人，有了好主意，想出了好办法，才有了郭家沟村今天的改变。"

22 弘文苑

弘文苑（郭家沟村39号），靠近郭家沟水库，是四星级农家院。踏入弘文苑大门，迎面便可看到一片假山、流水的微型景观，后面是一道影壁，巨大的"福"字安装在影壁后面，又从墙体中间透出，很震撼。小院占地面积200平方米，有6间客房，包括2间复式客房和4间单层客房，可同时接纳15人入住。特别是，复式客房做了上下层设计，很受两代、三代的大家庭欢迎。

女主人卢文红回忆，2012年整村改造时，夫妻俩贷款30万建设了弘文苑，当年10月正式营业。随后每年经营期集中在3月中下旬至10月底。几年下来，虽然很辛苦，但收益相当不错，还清外债后还有些盈余。

看到村内外不断涌现出新的、高级的农家院和民宿，夫妻俩坐不住了。2016年，他们投资改造了客房内部设施，更换为实木家具。2018年，丈夫刘银洲意识到必须改变冬天

无法接待客人的短板。他们投资 30 万元改造门窗、安装吊顶，特别是加装了地暖，搞好保温和取暖工作。这样，小院全年都能接待游客。

2013 年开始，夫妻俩学着搞营销推广，经过不断地学习和实践，他们从最初的什么都不会，到现在能够熟练使用网络平台吸引客户。2020 年，夫妻俩特意请来一位擅长网络营销的朋友帮忙，这种时尚的宣传方式为小院招来一批又一批客人。

弘文苑经营上有三大特点：第一，给客人的饭菜永远用鲜肉，即便是鲜肉价格最贵的时候，小院的厨房也没有用过冻肉。第二，夫妻俩凡事力争亲力亲为，必须自己亲眼确认过，才放心交给客人。

卢文红说："每次上菜都是我亲自去，虽然咱做的是农家菜，但是也得摆得好看，要让客人有好的感受。"第三，打造复式客房，专门提供给大家庭客户，让孩子和家长可以住在一个空间，既安全又享受团聚度假的美好时光。

卢文红认为，对客人要像对家人一样，要让客人住得舒服、吃得放心，客人肯定会满意。有一次，晚上 11 点时一客人突然肚子疼，她不仅帮助找药，第二天还无条件给客人办理了提前退房。此后，这个客人成了她家的常客。目前，小院回头客占比很高。

弘文苑占地面积相对较小，主人计划重新规划建设，增加地下面积作功能间，安装潮流、舒适的服务设施，为客人提供更好的服务。

23 博雅人家（观棠乡遇一店）

博雅人家，又名乡遇、观棠乡遇一店，位于郭家沟村2号，郭马老街与明礼街交口处、郭马老街的中心区。这是一个五星级的农家院，有7间客房，可同时接待20人。主人潘学亮对小院进行了精心的设计，安装了玻璃顶棚、布置了餐桌椅，客人可以坐在院子里一边享受阳光一边用餐，同时还巧妙地节省了餐厅空间。

小院主人潘学亮，祖籍山东。早在清光绪年间，潘家先祖随着闯关东的山东老乡逃荒到了当时的平谷县境内。后来，潘学亮的太爷爷潘禀德带着子女来到郭家沟村落户，成为这里的早期居民。潘学亮的太爷爷潘禀德在郭家沟村开垦土地、娶妻生子，爷爷潘福增在郭家沟出生。他的父亲潘永生在郭家沟村出生、长大，青年时当兵入伍，是一名共产党员。潘学亮和哥哥潘学利作为郭家沟村的年轻一代，积极接受新鲜事物，在村里较早开办了农家院。

2012年，潘学亮的农家院参加了郭家沟的整村改造，他贷款15万元、自筹5万元，在院里加盖了东西厢房，这种格局一直保留到现在。2013年，"博雅人家"开始营业。由于开始时小院知名度不高，潘学亮学会了利用网络平台开展营销。运营一年以后，经常

有朋友推荐客人来住宿，回头客也越来越多，尽管没再继续使用网络平台，小院的经营收益一直稳步上升，很快还清了贷款。2016 年，潘学亮决定对农家院进行升级改造。此后，游客的消费支出虽然增加了，但食宿体验的感觉更加舒适，性价比更

高，消费者对小院更加青睐，游客纷至沓来。

2019 年底，潘学亮请来经理人打理，对门窗和内部装饰做了升级改造，小院更名为"观棠乡遇一店"。由于蓟州区、下营镇的农家院、民宿不断更新，竞争越来越激烈，经理人开始调整经营思路，主打"接地气的清真农家菜"。在食材上选用的是质量好的牛羊肉，保证客户吃得好、吃得放心，受到清真客户的青睐，也吸引了不少非清真客户前来品尝。这个调整也填补了郭家沟村在清真游客接待上的空白。

在保证服务质量基础上，小院还大胆创新，院外安装了体育健身器材，室内也布置了摇椅等动感家具，得到消费者的欢迎。今后，小院将继续提升旅游服务的档次，吸引更多的、不同层次的客人来到郭家沟村，住进这个美丽的特色小院。

24

索瑞宫（南乘北巷）

索瑞宫（南乘北巷）位于郭家沟村9号，村东部的小山坡上，占地面积340平方米，拥有客房8间，是一家精品民宿。

2012年，郭家沟村进行旅游精品村建设，张秀敏一家也动了开农家院的念头。那时，她们全家6口人，生活条件不好，为把旧房子改造成农家院，张秀敏借了30万元，建立起6间房、16个床位，干净卫生的农家院，取名"索瑞宫"。随着郭家沟村整体旅游产业的发展，小院的生意非常红火，当年就见到了效益，两年多还清了借款，经营收入足够供儿女读书，不用再借债了。

开业后，索瑞宫的生意非常火爆，天天爆满。2014年，张秀敏觉得小院的房间太少，不能满足游客的需要，便把自家住的4间房腾出来，改造为客房，小院有了10间客房。2016年，她的儿子大学毕业后留在天津市区工作，家里有能力在市区置办了住房。这样富足的生活在以前都不敢想，通过辛勤经营农家院，一家人过上衣食无忧的日子。

2022 年，郭家沟村再次提升改造。张秀敏觉得，要注入新的管理力量，让自己的小院不断发展。这时，两位天津小伙看上了这个小院，最终双方达成了合作协议。2022年 3 月，这一传统农家院进行改造升级，历经 180 多天，蜕变为潮流民宿，更名"南乘北巷"，2023 年正式投入运营。

南乘北巷由现代知名设计师精心打造，整体采用极简风格，整栋建筑充分保留原有建筑基础，外观采用超大落地窗与老房子完美结合，充分尊重老房子独有魅力。建筑内部没有按照惯例设置传统的开放式院落，而是将客房、休息区、餐厅等区域进行动静分离的开放式设计。建筑中间位置环绕着的就是南乘北巷最有设计感的区域——圆形水池和竹林交相辉映，顶上的阳光洒在这一块区域内，给人以"心若止水，静如幽兰"的感觉。

南乘北巷进门照壁后设置了沙发和大屏幕，客人可以在此休闲娱乐。民宿内，每间客房标配智能马桶的独立卫生间，内部各有不同的微景观，并且具有极强的私密性，游客不会互相打扰。民宿的二楼设置超大露台，是户外休闲、娱乐、观景等功能区域，满足客人乡村度假时接近大自然的诉求。

如今，张秀敏的一双儿女学业有成，成家立业，她照顾老人，含饴弄孙，日子充实快乐。只要有时间，张秀敏都要在村里走走、到小院看看，她盼望她的小院生意红火，兴旺发达，盼望村里人的日子越来越好！

25 听溪园

听溪园（郭家沟村 40 号），位于郭家沟村主干道郭马路边，与村里缘小酒馆儿相邻，出入便利、动静相宜。听溪园的主人王金利和胡凯月是夫妻。2023 年，小院提升改造为精品民宿，现有 8 间客房，能同时容纳 20 人入住。

男主人王金利是郭家沟的姑爷，帅气又热情，是村里都知道的勤快人。在建造听溪园之前，一直以跑车为营生，他还有在村里开观光车的经历。据村民讲，他开的观光车非常注意保持整洁干净，给人眼前一亮的感觉。

2012 年郭家沟打造旅游精品村时，他们也加入创业的队伍中，两人投入一百多万元建成了听溪园。听溪园共有 9 个房间，能同时容纳 23 个客人，被定为四星级农家院。夫妻二人觉得没有经营经验，便请来他人来合作经营，那几年听溪园的生意非常火爆。到了 2015 年，夫妻俩决定自己亲自经营，同时投资进行提升改造。良好的位置、精心的服务，让他们的小院很受客人欢迎，收入和效益都很稳定。

听溪园的经营特点主要有几个方面：第一，在经营宣传上与时俱进，经常通过网络渠道进行宣传。第二，服务至上，赢得回头客，有一多半客源都是来自客人口碑相传。第

三，重视硬件设施的更新和维修。主人制订了严格的维修制度，只有定期的修缮更新，才能更好、更长久的接待客人。第四，在服务质量上，干净整洁是做农家院和民宿的首要要求，院子、客房、厨房等都要干净整洁，这是听溪园一直都努力做的。

听溪园出门右拐，沿着堤坝的长楼梯拾级而上，便可到达郭家沟水库，人们可以观水库、赏美景。现在这些地方已经建起了水上乐园、夜景灯光秀。听溪园也成为客人重要的休闲观景处。

他们在这里开设了农家特色的小酒馆，还有地道农家特产。小院主人对未来充满信心，相信自己经营项目与郭家沟景区都能火起来！他们也会尽最大努力，让每一位游客都享受一段快乐的山村假期。

说到"听溪园"的名字，胡凯月沉浸在创业的幸福中：小院位于常年有水的小溪旁，他们就是在院里听着潺潺水流声成长起来的，游客一定喜欢这种灵动、归于自然的感受。精品村建设时，他们和胡金领书记都觉得这个名字与自家小院很契合，就选择了这个富有诗意的名字。他们不仅要把这个品牌经营好，还要把这个品牌传下去。

26 裸心

裸心（郭家沟村 42 号），位于郭家沟水库脚下，占地三百多平方米，有 6 个房间，可同时容纳 13 人居住，是精品民宿。裸心的含义即为远离都市的喧嚣，回归人生的宁静，让心灵纵情裸露在大自然的怀抱。

孙淑义虽然没有抓住第一波开农家院的机会，但是在旅游村改造的 2012 年，他在自家院落建起了翠屏轩农家院。小院可同时接待 22 人，是四星级农家院，收费标准为每人每天 228 元。经营翠屏轩的收益不错，加之看到村里综合实力快速提升，孙淑义和妻子王翠平对未来发展更有信心。2013 年，孙淑义将自己家另一处宅基地也改造成农家院，定名为翠屏轩二号院，为四星级农家院，这也是裸心民宿的前身，共有 5 间房，可容纳 12 人同时居住。

裸心民宿的诞生和年轻一代息息相关。1990 年出生的孙鹤飞是孙淑义的儿子。2013 年，小伙子回到村里，在村里开起了观光车。

孙鹤飞看到父母经营两个农家院很辛苦，而村内观光车的经营不够景气。2019 年，他接过翠屏轩二号院的经营工作。上任之前，年轻的孙鹤飞就有了自己的经营思想——开观光车期间，他经常外出参观考察民宿，学习先进的民宿管理经验。他认为村里开民宿的商机已经显现，他要当回"先行军"！孙鹤飞贷款 60 多万元，办起了本村人的第一批精品民宿，取名裸心。民宿开始营业后，果然火爆异常。

裸心民宿的设计风格为传统中式庭院。房间外墙是青砖铺就，院中间用古旧酒坛搭建起特色水景，以特色绿植翠竹点缀其中；房间内采用原木家具，配置全自动马桶和纯棉舒适床品，营造出一份安静舒适的居住环境，院外还有个喝茶、娱乐的多功能室。孙鹤飞的小院不大，但他认为，裸心民宿能在众多竞争对手中突出重围，诀窍恰在于院子小、环境佳，这种差异化对于想放松身心、休闲度假的游客非常适宜。所以，裸心针对的客户群主要以中年人为主，至今已经拥有许多高素质客源。

作为第二代农家院经营人，孙鹤飞在管理上非常规范，也十分大气，为了保证民宿的干净整洁，他安排了固定的打扫阿姨和做饭阿姨，让裸心随时可以接待客人入住。由于裸心民宿服务好、品质高，小院的客流很不错。

孙鹤飞认为，今后乡村旅游业将蓬勃发展。他提出，民宿发展最重要的是返璞归真，他期望通过自己的创新性实践，走出现代民宿的健康发展之路。

27 清涵阁

清涵阁（郭家沟村 47 号），位于景区北部，屋后是"塞上明珠"郭家沟水库堤坝，门前是"飞花逐流水"的飘花溪，金屏风山（即东坡）峙其左，银屏风山（即西坡）立其右，尽享山水精华。小院为四合院布局，占地约 600 平方米，有客房 7 间，是精品民宿。

清涵阁，顾名思义，在此可以远离尘世嚣扰，独享清涵宇宙三千界；在此可以亲近山水田园，自见湛澈明心万象殊。院中假山流水清泽滋润，葡萄树老满架云露，而客房各种现代化住宿设施一应俱全。置身院落，昼可茶烟润色闻啼鸟，夜则山月过庭影婆娑。

阁主王凤国本为山民，年轻时以外出打短工糊口。2014 年成家后，他在村里与妻子蔡学如创建了欢乐达农家院，凭借热情周到的服务，收入还不错。几年下来，家中有了积蓄。2020 年，为适应乡村旅游新形势，一家人决定对农家院进行全面提升改造。他们全面改造了室内硬件设施，精心打造出温馨的客房环境，又修建了让客人流连忘返的特色餐厅。同时，由儿子王晟宇，年轻的"90 后"接手民宿经营。

年轻一代对于民宿有着更新的经营理念。首先是立足郭家沟景区大环境，着力提升硬件建设水平，提高消费者感受到的性价比。其次是以游客为中心，在特色农家饭、卫生标准、管理服务等方面，以专业态度不断创新、提高，尤其是做好各种细节。客人评价，房间干净整洁又宽敞，几乎完全满足了"洁癖患者"的要求。最后是以诚相待，重视客人，无论住客是什么身份，不管客人有多少，只要光临，就必须尽全力，提供最好的最贴心的服务，绝不应付。晟宇虽然年轻，但很踏实肯干，经营中也很有决断，在这种辛勤的实践中，小伙子快速成长起来，成为家中的顶梁柱。

游客们评价很高："小院环境非常好，还可以亲自体验摘葡萄，饭菜色香味俱全，店主也非常热情，下次还会来。"对年轻的老板纷纷点赞，认为他是一个温柔帅气处处为客人着想的小哥哥，餐餐都是满满一桌，味道优、摆盘更是惊艳。

回顾创业历程，十年辛苦不寻常。未来一家人会继续团结努力下去，以专业态度做好民宿经营，不辜负这伟大的时代。他们将继续秉持这样的初衷：一方面让游客宾至如归，喜欢上这里；另一方面让家人生活得更好，让后代更加幸福。

28 红伟农家

红伟农家（郭家沟村 25 号），从村口进来一直向前行，到郭马老街右拐上去，可见顺着坡路的几级台阶上有个五星级农家院，这就是红伟农家。院门外的台阶边种了几株白色的丁香，若是赶在春夏季节，白色的丁香花纷纷绽放，随风飘散出若有若无的恬淡香气，客人很是喜欢。踏进院门后，一个露天小院映入眼帘，留出孩子嬉戏玩耍的空间。红伟农家，有8间客房，3个标间、2个大床房、3个三人间，可同时接待19人。

小院主人是"90后"的孙红伟、尹会廷小夫妻。小两口在打工时相遇、结缘，在碰撞出爱情火花的同时，又掌握了服务的本领，为开办农家院积累了宝贵的经验。2013年，尹会廷从河南嫁到郭家沟村。小尹是个安静勤快的年轻人，她在村里的农家院边搭手干活、边学习经营。后来，小两口决定自己干。

红伟农家于2014年9月开始建设。由于没能赶上2012年村里的统一改造，他们按照村里统一标准重新翻盖、装修，做到了房间空间大、服务设施齐全、床上用品干净又舒适，总共投入180万元。2015年，小院开始营业。这一年，还处在村农家院经营的黄金阶段，开业第一年，效益很不错，小两口更有干劲了。

在服务接待上，主人很细心也有耐心，让游客惊喜又满意。游客评价说："平常日子带孩子来住两天，老板挺好，有求必应，院子不大，但是足够孩子玩的了，饭菜每天很丰盛，每天都能吃到撑，尤其面食，都是变着花样的，很好吃。"有时小尹还会为客人送上自家制作的红糖枣馒头等作为伴手礼。

面对乡村旅游市场竞争愈加激烈，红伟农家每年都做大大小小的更新修缮。比如，2022年投资进行卫生间地板砖换新，2023年又更换了新材质的门窗，力求为游客营造一个舒适的环境。小尹说："落后了就不好接待客人了。"追求品质、让客人住得舒心——这是小两口不懈的追求。

小院的正门口处有一个小巧圆型的燕子窝，燕子叽叽啾啾，婉转动听。小尹认为，燕子每年都过来，估摸着是同一家燕子年年飞来。燕子筑窝寓意幸福美满、紫气东来。刚刚修缮的红伟农家会更好地接待客人，孙红伟夫妇的小日子也会越过越红火，小尹特别强调，燕子筑窝的美好寓意会照拂每一位客人。

在红伟农家，很大一部分客人是回头客。吃得好点儿、住得干净舒适点儿、过得随和点儿，这是小两口不变的追求。

29 谷乡情

谷乡情（郭家沟村38号），位于郭家村北部，建筑面积有八百多平方米，有18间房，能同时接待四十余人，是四星级农家院。进入小院，有一条带棚的长廊，长廊两侧有木制的桌椅，还有秋千椅，十分惬意。墙角处，有一个锦鲤池，红色的锦鲤映衬

着灰白的假山石，传递出吉祥、好运的祝福。

谷乡情，谷代表农家院有谷子的富足的感觉，乡指乡村，情则是与游客往来的情谊。男主人吴春雨，老家在渔阳镇东果园村，家中也有经营项目。男主人的老丈人王福贵是郭家沟村民。吴春雨与妻子王艳荣结婚后，小两口原先在外上班，后来看到妻子娘家郭家沟村发展得那么好，而老人又没有能力搞经营，夫妻俩决定在郭家沟村投资。2014年，农家院开始修建，投资来源为自筹和贷款。2015年，谷乡情农家院正式营业。开始营业后，小院生意十分红火，效益不错。2020年，小院又进行了整体修缮，提升了软硬件环境。

　　谷乡情最惊人的举措是——小院配备了3个餐厅，能够同时容纳八十余人就餐！很多人不解：不到50人的住宿规模，提供80人的就餐条件，这不是超额配置吗？吴春雨解释说，这是一种服务至上的体现！原来，农家院的就餐与住宿规模一致，在新客人入

住和老客人离店时间重叠时，往往会驱赶上拨客人，或是让新客人久等，餐厅座席的超额可以同时接待前后两拨客人。游客盛赞这种贴心的安排："很多农家院，早饭后催着腾房。在谷乡情，一直到退房都没人催一句。"

吴春雨性格活跃、待人热情。他本身就是大厨，即便当了老板，人多的时候或是客人需要的时候，他也会亲自下厨，让客人品味精品菜肴。吴春雨注重服务细节，给客人提供的赠品也是精心挑选，从不含糊。他也很重视与客人的沟通，用微信、朋友圈的形式维护了很多客户。

结合自己小院占地面积大、容纳人数比较多的特点，他经常接待团队游客。经过多年的发展，谷乡情已经是一个设施完善、管理成熟的农家院。现在，吴春雨在妻子的娘家打理农家院，妻子则在婆家照管孩子和经营店铺生意。夫妻俩计划要继续努力，让小院持续火下去。

回顾谷乡情从建立之初到后期成熟运营，离不开主人的用心经营和不断提高。真诚地服务、完善的设施、与客人的用心沟通，都是经营之道。未来，谷乡情也会发展得越来越好。

积香居（郭家沟村14号），位于郭家沟中部，从郭马路右拐上一个斜坡，就能看到积香居的大门。院门前有一片宽敞空地，跨入大门后，可见院内有几个带棚的摇椅和茶座，很适合乘凉、休憩。走入正厅，能看见装裱好的"积香居"几个大字，充满了古香古色的韵味。小院有9间客房，其中，2个家庭房、2个大床房、4个标准间，还有1个农家特色的大炕，小院能同时容纳二十余人，是四星级农家院。

积香居主人叫张凤兰。她有两个女儿，刘张军和刘国军。漂亮干练的大女儿刘张军是经营负责人，她介绍说，积香居的名字含义很深——积人气，香满园，居此处，心意满！她们就是要用心服务，让客人住得舒心、玩得开心。

回忆起小院的发展历程，母女三人心情复杂，感伤和快乐交融在一起。刘张军的父亲刘喜是瓦工，手艺精湛，又有经营思路。早在2009年，他就按照四合院的标准建起新院落，原想再建个半地下餐厅，他家的农家院就可以开张了。不幸的是，2010年，刘喜意外亡故，这个计划只好搁浅。

2012 年，村里的旅游蓬勃发展。到 2015 年，很多乡邻摇身一变成了老板，更是赚得盆满钵满。母女三人坐不住了，决定办起农家院。大女儿刘张军，1989 年出生，毕业于天津职业学院，已经出嫁。看到村里的大好局面，也为了让母亲和妹妹

过上好日子，她和老公郑小龙决定抓住这个商机，开辟经营农家院这个新领域。刘张军回忆："在父亲建好的四合院基础上，我们投资三十多万进行了装修和改造。" 2015 年旅游季，积香居开张营业。尽管刘张军年轻、没有经验，但在老姨张凤双的带领下，在老公、母亲、妹妹配合下，小团队齐心协力把小院办了起来。借力全村的发展势头，开业第一年就取得了十多万元的净利润。

小院热情待客，除规范的食宿服务以外，还会给客人准备应季农产品。很多客人也因此成为回头客。而刘张军小两口的文化素养更赢得了口碑。有客户到村里打听：两个大学生开的农家院怎么走？当然，作为行业新人，他们也有犯错误的时候，但都会在第一时间积极改正，然后安抚好客人情绪，做出最大的弥补，而且保证不会再犯！因此，小院稳定发展至今。

一家人觉得，经营农家院不光是职业，更是一种爱好！希望村里越来越好，蒸蒸日上、家家和和美美，他们会共同努力！

映华堡（郭家沟村 15 号），处于郭家沟中心地带，从郭马路拐弯上行至村民委员会，左手即可见映华堡小院。映华堡是四星级农家院，小院整体设计充满了农家特色，简洁大方，有 8 间客房，1 间农家特色大炕房、1 间家庭房、2 间大床房、4 间标间，能同时接待 18 人。

步入门前小路，首先映入眼帘的是院外两排郁郁葱葱的红果树，在春日里开着白色花瓣，迎风吐艳，低处有几丛连翘开着满枝头的小黄花，竞相绽放，迎接着来自远方的客人。进入映华堡，青灰色的砖瓦与两排大红灯笼交相辉映，屋外有藤椅和小桌供人休闲。

映华堡的女主人是李素华，男主人叫孙书来。李素华回忆，2015 年初，夫妻俩从开始投资建设农家院，自筹加贷款，一共投资 90 万元，年底改造建设完成，起名为映华堡。2016 年开始营业，定价为每人每天 178 元。小院具有设备新、房间干净、价格实惠等特点，对消费者来说性价比较高。因此，映华堡一开业就获得市场认同，生意很红火。此后，映华堡每年都会进行或大或小的更新修缮。入住映华堡一直都是消费者经济型出游的优选方案。

用心做好服务，是映华堡一直以来的经营理念。"热情待客"是映华堡能赢得回头客的重要原因之一，评语栏里留下众多"老板娘人很好、是实在人儿""服务很热情"的美评。映华堡的主人认为，做农家院，就是要从服务上做好，要从小事做起，立在门前开门迎客，不管住不住咱家，雨天都要帮人打伞，让客人给咱们院留个好印象。

干净整洁、价格实惠是映华堡的竞争优势。卫生达到标准的客房，让客人住得舒心，菜量大、口味佳的三餐，让客人享受到地道的农家美食。这样高的性价比让映华堡的回头客源源不断。借助网络平台的宣传，依托特有的群体客户资源，映华堡呈现稳健经营的态势。

2020年，由于经营人手不足，李素华请来经理人管理。在更为专业化的管理下，映华堡除了维护好回头客之外，还努力开发一些团队客户，经营效益稳步提高。对于映华堡的未来，李素华都充满信心，认为郭家村的发展很快，给农家院和民宿带来了更好的发展机遇。他们会不断改善经营，让映华堡的未来更有吸引力。

32 红伟农家二号院（一溪一夏）

红伟农家二号院（一溪一夏）（郭家沟村 25 号），位于郭家沟村东部。小院上行即可到达村东坡的金屏风山。小院有 8 个房间，可同时接待 22 人，是一家精品民宿。

小院的男主人孙红伟，是郭家沟村长大的小伙子；女主人是来自河南的尹会廷。两人结婚后，回到郭家沟村创业，干起了农家院，先后开办了两个农家院：红伟农家、红伟农家二号院。借助郭家沟的快速发展，夫妻二人齐心合力，小院经营得很好。

为了更好地经营小院，2020 年，他们把"红伟二号院"交给经理人管理，经过提升改造后，农家院变成精品民宿，更名为"一溪一夏"，意为"一花一世界，一院一生活"。

进入小院可以看到，院子方正、风格统一，有敞亮的公共活动区，舒适的卧室休息区，开满鲜花的庭院、半地下的餐厅让院落更加宽敞，很有层次感。小院自成一体的整体格局下，各处又具有独立性：通过房间朝向、功能分区的巧妙布局，每间客房具有相对独立的私密空间，给客人宜动宜静、宜群居宜独处的选择空间，能够满足客人的多种需求，受到小团队客人、散客的共同青睐。游客中意于舒适的空间布局、茂密的鲜花绿植和热腾腾的"硬磕菜"。民宿营业以来，小院的回头客不断增加。

小院经营规范认真，追求细节、力求精致：房间布局美观干净，为避免使用后床品"混搭"，床品整套清洗、全部更新；小院提供一次性卫生用品，保证卫生和高品质生活；菜品精雕细琢，无论是食材还是烹饪技术均追求高品质。

精致、舒适的现代生活和山间小院相叠加，让这里有温度、有张力。特别是夜幕之下，客人们心情放松，在院内优哉悠哉，大人促膝交谈，儿童看星嬉戏，度过美好的假日时光。

郭家沟村乡村旅游业的飞快发展，为孙红伟和尹会廷带来希望。来景区游览的客人经常会驻足下来，留在他们的小院休闲度假。未来，他们希望与郭家沟村共同繁荣，更多的游客来到这个村，也有更多的机会让游客偶遇他们美丽的小院，因惊喜和知音而驻足。

33 洛奇溪堂

洛奇溪堂坐落于郭家沟村中心，地理位置优越，是由北京洛奇文化旅游发展有限公司设计、建造和运营的乡村精品民宿酒店。这里依山傍水，如同四季秀美、院落农家、炊烟袅袅的北方乡村桃源，实现人与自然的完美和谐。项目有 8 个院子，12 间客房，每间客房均与自然融为一体，空间丰富变换且独立专属，可同时接待 24 人。

2012 年，郭家沟村成为旅游精品村。几年后，村内农家院经营进入瓶颈期，村里希望打造一个示范项目让村民学习。作为蓟州区本地人，刘训忠选定郭家沟村做文旅项目，原因有三：一是自然环境比较优越，有山有水，水系贯穿了整个景区；二是这里民风淳朴，对外来投资不排斥；三是郭家沟旅游产业集体管理，有强有力的带头人和管理团队，不会出现乱压价的"内卷现象"。

2017年，洛奇溪堂动工改造。原场地是由青瓦坡屋顶、灰砖墙体承重的单层建筑构成的建筑群。改造中，最大限度地尊重了原有结构，对主体结构及材质进行了保留、凸显，又植入钢结构白色方盒子、玻璃幕墙、木格栅等现代材质及形体，以求得新与旧之间的平衡和融合。通过建立室外廊道这种半室外空间，将各院落串联在一起，使原本分散的多个独栋建筑被改造成内部联系紧密的单体建筑。通过新增墙体，原本公共建筑之间及沿湖的室外空间被转换成内部庭院、天井、房间等私密空间，进入每一个房间都要经历从公共到半公共再到私密的一系列园林空间。原本私密的中央庭院部分则被改造为由茶室、大堂、主入口、餐厅等公共空间围绕的中央公共区域，连接起建筑外部的广场和后山，成为住客和村民可以共享的一个公共中心。

2018年5月，洛奇溪堂开张纳客。从设计阶段开始，洛奇溪堂就考虑到了品牌策略与品牌形象系统设计，旨在以民宿建设的精心呈现为卖点，投入运营后进行营销推广。经过努力，洛奇溪堂已成为郭家沟民宿品牌标杆，多年以来，这里始终是一床难求的度假佳选。未来，洛奇溪堂将继续保持卓越的品质，精选四时风物提供当地美食，同时配以致臻的管家服务，为往来的客人创造诗意的度假时光。2023年，为配合景区开发，洛奇溪堂又设立一个品位高雅的咖啡厅，深受游客喜爱。

1990年出生的田军既是这里的现任负责人，也是蓟州本地人，看到家乡旅游蓬勃发展，他感到与有荣焉！他也将继续努力，为郭家沟村的发展贡献自己的力量！

34 金海营（观棠乡遇二店）

金海营（观棠乡遇二店）位于郭家沟村 29 号，郭马老街的中间位置。小院比较宽敞，有客房 16 间，可同时接待 40 人，是四星级农家院。跨进院门，可见院子里架设的葡萄藤架，夏天枝繁叶茂的时候可以遮阴，葡萄成熟时还可以感受"夏半葡萄正熟时，累累满架紫金垂"的乐趣，体会到山里人家的丰收喜悦。

金海营原名"云旺农家"，是胡云旺、高桂云夫妻在 2006 年开办的农家院。他们当时自筹资金改造房屋为客房，后又加盖了一排平房作厨房使用，屋顶上还保留了露台，游客可以上去观景休闲。

胡云旺夫妻早年外出打工，看到外面世界的精彩和进步，他们把这些见识落实到自家的院落改造里。早在 2006 年，他们的第一代农家院就很有远见地给每个客房配备了独立卫生间，这在当时的农家院也是具有领先性的，很多农家院都是旱厕、公共卫生间。这个配置显然具有很大的竞争力。因此，尽管后来小院多次改造升级，但这个房型设计至今可用。

2012 年村里统一提升改造，老两口将农家院转交给二儿胡金海管理，更名为"金海营"。胡金海干练有魄力，妻子高鹏博细心周到，他们在服务内容、市场开发上都增添了很多青春活力，比如增加户外活动、乡间野趣等小型团建活动，受到年轻客人的欢迎。2016 年，生意火爆的小院决定扩大规模，投资几十万元加盖了东西厢房。为了提高客人冬天入住的舒适度，小院在 2019 年又更换了门窗、加装了地暖，成为四季皆可经营的高档农家院。

胡金海夫妻以细致周到、精益求精的服务为顾客称道。曾有几位客人，住了三天，每天都会有新想法、新要求，甚至点意想不到的菜，他们都倾尽全力满足要求，客人相当满意，后来成为小院的常客。

还有一次，客人把团队的队旗和自己钱包落在了金海营，女主人发现后，第一时间把钱包的现金转账给失主，又把手机、各种卡证、队旗等通过快递寄给失主。客人知道小高还有两个月就要临盆，一定是拖着沉重的身子、顶着炎炎烈日办理这些事情，他们非常感动，一直说："为郭家沟金海营农家院的小高点赞！"

2022 年，因需要照顾孩子上学，胡金海将"金海营"转让经理人管理，更名为"观棠乡遇二店"。经理人非常看好郭家沟村优良的软硬件条件，希望开展规模化经营，能够在更大的空间施展管理才能，为乡村旅游贡献自己的智慧。

35 古月居

古月居（郭家沟村 31 号），位于郭马老街中部。门前有一条天然沟渠，每当雨季来临，流水潺潺，景色格外美丽。踏进院门，映入眼帘的是一个拱形的博古架，摆件琳琅满目、典雅美丽。小院设 7 间客房，4 个三人间、3 个双人间，还有歌厅、餐厅，可接待 18 人。

小院女主人管艳卫，是一个来自内蒙古自治区赤峰市阿鲁科尔沁旗的"80 后"姑娘。17 岁时，她到蓟州探亲，被这片美丽的山水之地吸引，决定留下来。这时，有个小姑娘把自己的哥哥——来自郭家沟村的小伙儿胡金兵介绍给她。两人相识相恋，于 2001 年结婚。婚后的日子并不富裕，二人继续在蓟州打工，转年，女儿胡一凡降生。

日子虽苦，但是充实而快乐。这时，一个来自天津市里的团队到郭家沟村体验农家生活，村里选了几户接待，有幸选到了小胡家。小管回忆，当时家里条件不好，卫生间

都是在小院门外的旱厕。他们竭尽全力把家打扫干净，把饭菜做得可口。让他们感动的是，客人并没有嫌弃他家条件差，经过两天的接触，拉近了彼此的距离，大家成了好朋友。走时还偷偷地给他们留下了 500 元钱。

因为这次接待，使小两口对生活有了新的认识——不离家也能赚钱！但是，囊中羞涩，只能先这么惦念着。又出去打拼几年，当他们有了一定的经济基础时，便着手准备实现自己的梦想——开一个农家院。2011 年 3 月，小院开工建设。因为男

主人姓胡，他们给小院取名"古月居"。非常幸运的是，这时恰逢郭家沟村全村统一改造，村里有统一的建造、装修标准，同时又能保持各户有自己独特的风格。在这次改造中，古月居建起宽敞豁亮的客房，配备了专业化的软硬件设施，总共投入八十多万元。2012 年 10 月份，古月居开张营业。到 2013

年 10 月中旬，第一年的毛收入就达到三十多万元，效益相当好。他们七十多万的借款，两年时间都还清了。小两口觉得日子有了明显的起色。

女主人小管不仅性格开朗、热情待客，饭菜方面也注重花样翻新、保持农家特色，受到游客欢迎。2017 年 2 月，他们的小儿子胡一航出生，给家里带来了欢乐，生活更加忙碌农家院也更加红火。2019 年，小夫妻投资四十多万元，再次对小院进行了整体装修，打造出一个舒适、漂亮的现代化农家小院，吸引了很多游客拍照留念。

热情服务之外，小院每年都要投资改造，现在有很多回头客。小管说："让客人吃得好、住得舒服，待客如家人，是我们的经营之道和不变的追求。"

36 子轩亭

子轩亭（郭家沟村 35 号），坐落在郭家沟村银屏风山（即西坡）之上，三星级农家院，是村里唯一一座高山坡上的农家院。由于子轩亭的特殊地理位置，站在房前，郭家沟水库近在咫尺、坡下成片村居错落有致，有四季皆风景之感。春天可见漫山遍野鲜花盛开，夏天可见银屏峰的西坡上绿荫如盖，秋天可见漫山红遍、层林尽染，冬天可见林木挺拔、白雪皑皑。

男主人名叫孙明福，1942 年生，祖籍蓟州史家屯村。祖爷爷孙连生是四处游走卖货的货郎，清末时举家迁居郭家沟村，后孙家在这里繁衍生息。孙明福老人收藏着十多份旧时房地契。其中一份是 1913 年从青山岭的张家买下西坡上这块地。从此，数代孙家人在这里生活。女主人吴翠华，1953 年生，是个儿时因脑膜炎失明的盲人，但她是眼盲心智。在两人的辛勤操持下，一家人过上了稳定的生活。

2012 年，郭家沟村整村改造，孙明福的宅院跟着村里的行动进行了改造提升，设有 8 个房间、17 个床位，还取了一个有文化的名字：子轩亭。孙明福的三个女儿都已经出嫁，小女儿孙淑红和女婿李景旺接手经营子轩亭。来郭家沟旅游和住宿的客人很多，也有客人专门挑选到子轩亭来住宿。虽然到这里来的人需要上一个山坡，但人们享受的却是山上独有的风景。

37 清石径屋

清石径屋（郭家沟村 29号），又名石径清屋，坐落于村委会对面靠近山坡的位置。小院门口有一条幽静的青石板路，寄托了主人的情思，走在上面仿佛穿越到优美的江南小镇。小院现有 9 个房间，可居住 20 人，是精品民宿。

小院的主人是胡金龙。2012 年，他们参加了全村的改造升级，在父亲胡云旺、母亲高桂云的帮助下，开始投资建设农家院。当时，胡云旺夫妻资金并不充裕，为了尽可能省资金，胡金龙决定建造和装修的工作尽量自己干，因此建设速度比较慢。2014 年下半年，石径清屋正式开业。

2014 年到 2020 年，胡金龙将农家院交给父母管理，胡云旺夫妻将自家的"金海营"和"石径清屋"一起经营，采用同样的价格、同样的服务方式。几年下来，他们有了固定的客户群，回头客很多，收入还不错。

高桂云谈道，在她十几年的农家院经营生涯中，虽然自己和儿子的两家农家院是协同运营，客人消费水平高低也有所不同，但是自己对待客人永远一视同仁，她对客人永远笑脸相迎。无论客人是什么身份、提出的要求简单还是难以满足，自己对客人的态度永远是平等的。

2021 年，看到父母年龄大了，胡金龙决定委托经理人进行管理，他们将小院重新装修完善，改名为清石径屋，成为一处适合休闲的小桃花源。

2016年，面对郭家沟村农家院火爆之后出现的发展瓶颈期，村里请来策划师武杰老师，希望他能打造出一个示范性、规模化的项目，为村民农家院的发展做一个示范和样板。

武杰带领团队来到村里，把一片闲置房屋，建设为成片的标志性民宿，由10个独立的小院组成，每个小院有3个房间，能同时接待70人，还设立了独立的餐厅、咖啡厅和酒吧。椿舍在设计上追求艺术范儿，实施一院一设计，每个院营造出有不同的氛围，庭院中心有一片宽敞的活动场地，适合团建、家庭聚会等中小型活动。

椿舍后更名为益世山语。

39 和谐一号院

来自村外的孙小宇很喜欢郭家沟村。2020 年，他租下村民张春雨的住宅，投资改造为农家院，取名"和谐一号院"。

40 日月轩（观棠栖境）

日月轩，又名观棠·栖镜，位于郭家沟村 32 号。小院现有 8 间客房，可接待 16 人。主人是张学明和刘艳丽夫妇。2012 年，他们参加了全村的改造升级。在父亲张建刚、母亲孟步平的帮助下，投资建设了农家院。2013 年下半年开始营业，初始前排房子设了一个小卖部。

2022 年，小院整体翻新改造，升级为精品民宿。

41 翠屏轩（农家情）

　　翠屏轩的房主是孙淑义。2012 年，他贷款四十多万建起翠屏轩农家院，占地四百多平方米，设 9 个房间，可同时容纳 22 人居住。后更名为农家情。

㊷ 秋澄小院（一溪一夏（溪月店）

秋澄小院，又名一溪一夏（溪月店），房主是张学帅。2022 年提升改造为精品民宿，有 6 间房，可同时接待 15 人。

43 自然小院（玖锋山居）

自然小院又名玖锋山居，房主是胡自然，同时经营诗语山民宿。

六号院民宿

　　紧邻六号院农家院的新院是六号院民宿，房东是王玉民，由王杰、胡凯然经营，设客房6间，能同时接待12人。2022年投入运营。

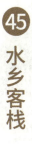

45 水乡客栈

2012年，郭家沟村创建旅游精品村，村民潘学良将自家院落改造为农家院。

46 金领拾光·拾趣

沿着自由路上坡，可以看到并排的两个亮丽小院，西侧叫金领拾光，东侧叫金领拾趣。拾光小院是新中式风格装修，谐音"时光"，意为身居此处，享受光阴，整顿思绪。拾趣小院是现代风格装修，顾名思义，是找到乐趣之意。这是金领农家开发的精品民宿，由许翠双经营。

民宿占地面积约 500 平方米，以青灰山居风格为主，大面积采用石材与绿植的组合，赋予空间以灵秀之感。近百平方米的超大庭院，整体简洁而富有细节，一半以上建筑面积用来打造宽敞舒适的公共空间，让客人享受美好的休闲时光。

在青山绿水的郭家沟村，有一个风格别致的小院——杨墅。小院建于 2003 年，是作家董秀娜的山中别墅。小院整体面积 210 平方米，设计典雅、朴素大方，既有山村特色，又有浓郁的文人气质。

二十多年来，许多文人墨客来到小院做客，也吸引了多位文友和追求文学写作的青年人，在小院里与主人一起切磋文学创作的方法，使杨墅成为山中的"文化小院"。

杨墅院里有一树茂盛的紫藤，已有二十多年树龄，树冠方圆十多米，覆盖着半个小院。春天，上千簇的紫藤花盛开之时，引得彩蝶飞舞、蜜蜂奔忙、小鸟盘旋，吸引很多游客前来拍照。主人依据紫藤树设计了"开放式客厅"，可树下听雨，可夜晚观看银河，可品茶聊天。

紫藤花语是"沉迷的爱，醉人的恋情，依依的思念"，折射出杨墅主人与郭家沟村和村民的深情。

第五编　乡村政事

　　郭家沟村虽然村子小、人口少，但具有光荣的革命传统。1938年，村里出现第一位共产党员。在抗日战争、解放战争、抗美援朝战争中，都有郭家沟儿女浴血奋战、保卫祖国的身影。革命烈士胡俊、老战士王佐发和张玉增、老党员胡林……他们的革命精神激励着一代代的郭家沟人。

　　农村基层党组织是农村基层组织中的领导核心，责任重大、影响深远。自1971年成立郭家沟村党支部起，历届党支部在社会主义建设中发挥了战斗堡垒作用。改革开放后，村党支部带领村民持续探索脱贫致富的途径，广大党员更是"试水"的先锋。特别是2012年旅游精品村建设中，党员发挥了重要的组织、调解等作用。在强大的基层党组织带领下，村集体经济发展与村庄治理效能良性互动，形成勇于创新、勤劳敬业、包容互助的文明乡风，郭家沟村成为村民顺心、游客开心、外来经营人安心的现代化和美乡村。

第一章　党　务

第一节　基层党建

一　建设历程

1956年6月，郭家沟村有胡林、王佐发两名中共党员，与团山子、白滩、桑树庵属一个党支部。

1956年7月—1961年，村党员属白滩生产大队党支部。

1962年，成立下营公社郭家沟大队，郭家沟成为单独经济核算的行政村。村党员属白滩生产大队党支部。张泰、胡林任生产大队长，分别负责行政和生产。胡瑞丰任会计。大队部设在打谷场北的三间小房内。

1965—1969年，胡云仿任贫下中农协会主席。

1971年，成立郭家沟村党支部。

1971—1973年，胡青任党支部书记。

1977—1985年2月，张志刚任党支部书记，胡瑞丰任村民委员会主任。1979—1984年，张玉刚任村会计。

1985年3—5月，张印任党支部书记。

1985年6月—1989年2月，郭家沟村与郭家沟水库管理站成立联合党支部，水库负责人屈志义代理郭家沟村党支部书记，负责党员学习。胡云生任村民委员会主任，胡云彩任会计。

1989年3月—1998年2月，张志刚任党支部书记。其间，1989—1991年，胡青任村民委员会主任。1992—1998年，张印任村民委员会主任、胡云彩任会计。1989年，新建村"两委"办公场所，设两间

张泰（1960年　佚名画）

张志刚（1978年　佚名画）

办公室,与村小学校同址。1996年,村小学校并入镇东小学后迁址,原校舍划归村"两委",设会议室三间、办公室两间。

1998年3月—2003年8月,张福刚任党支部书记。其间,1998—1999年,胡海信任村民委员会主任。2000—2003年8月,胡金领任村民委员会主任。

2003年9月至今,胡金领担任党支部书记、村民委员会主任。其间,2003—2005年,张福刚任党支部副书记,张金波任党支部委员,张志刚任会计。2006—2008年,张福刚任党支部副书记,张金波任党支部委员;2006年,张志刚任会计;2007年开始,张秀春任会计。2009—2014年,张志刚任党支部副书记,张金波任党支部委员,张秀春任会计。2015—2017年,张艳国任党支部副书记,张秀春任党支部委员,胡自然任村民委员会副主任,潘学良任村委会委员。2018—2020年,张艳国任党支部副书记,张秀春任党支部支委和村委会委员,潘学良任村委会委员。2021年至今,张艳国、王凤国、张秀春和大学生党务工作者贾紫璇任党支部委员,王凤国、张秀春任村委会委员。

全体党员大会(2021年7月)

2006年,新建村"两委"办公场所(现旅游公司所在地)。建筑为仿古式,设会议室、办公室、卫生间、计算机房等,院内地面铺石板,栽种绿植。

2021年,在村东坡之上、原大队部东100米处新建郭家沟村党群服务中心,村党支部、村委会在此办公。服务中心占地510平方米,办公楼有两层,一楼为接待大厅,二楼为办公室和会议室;办公楼东侧建有图书室、老年人日间照料服务中心、老年人食堂、卫生室、文娱活动室、库房等多功能区。

2023 年 8 月，郭家沟村共有中共党员 17 人。他们是张志刚、张福刚、胡青、张印、张玉刚、胡海生、胡永全、张金波、胡金领、王凤国、张艳国、胡金忠、张秀春、胡靖宜、贾紫璇、高淑红、王晟宇。

全体党员大会（2023 年 7 月）

二　建设成就

农村基层党组织作为中国共产党工作的基础，是农村进步的推动者、农业发展的领导者和农民致富的实践者，是实施乡村振兴战略的根本保障。加强农村基层党组织建设是乡村振兴的重要内容和主要任务。郭家沟村围绕抓党建促振兴，深入实施村级组织"战斗堡垒"攻坚战，坚持"选育管"相结合，高标准打造农村致富带头人队伍，基层党组织的建设取得了明显成就，为郭家沟村实现全面振兴提供了重要的政治保障。

党支部委员会议（2022 年 7 月）

　　2003 年以来，郭家沟村党组织以富裕山村群众为使命，团结带领村民攻坚克难，大力发展乡村旅游，让山村百姓端上了旅游的"金饭碗"。为赢得群众认可，郭家沟村要求党员自身要做得正，要严制度、明规矩，在每个党员户门前都挂上金灿灿的标识牌，明确党员行为标准。每个党员自觉对照，规范言行，真正树立起党员形象。多年来，村民见证了党员队伍从"散"到"聚"，班子建设从"乱"到"治"，在基层党组织带领下，在党员的示范作用下，郭家沟村强起来、富起来。

　　郭家沟村党组织通过"五建"发展模式，培育向善向好的村风。一是建设具有本村特色的红色宣传阵地，让村民和游客潜移默化地接受教育。二是建好红色志愿服务队，成为"我为群众办实事"的载体。三是建强一支接地气的红色宣讲团，邀请村里的老党员、老干部、致富能手为大家讲革命故事和奋斗史。四是建起红色议事厅，解决邻里之间的小摩擦、小矛盾，涵育文明乡风。五是建立红色基金，以村集体投入和党员自愿捐赠为来源，救助困难群众，奖励见义勇为等先进人物。

党员义务劳动

　　郭家沟村党支部先后获得市级、县级先进党组织、市级先进基层党组织等荣誉。

村党支部获得荣誉

【媒体报道】

蓟州区下营镇郭家沟村党支部：
山村巨变产业旺　一心为民奔小康

现在提起蓟州区的郭家沟村，大家都会称赞这是一个风景秀丽的旅游村，但在十几年前，这座处于蓟州深山中的山村还是个落后贫穷的村子。十几年来，郭家沟村党支部一班人坚持从解决群众最需、最盼、最忧的问题入手，团结带领党员群众依托资源优势，以富裕山村群众为使命，攻坚克难、迎难而上，大力发展农家旅游，把郭家沟村打造成远近闻名的"塞上水乡"旅游品牌，让山村百姓端上了旅游的"金饭碗"。

党员带头"破壁"　开辟旅游发展新思路

郭家沟村位于天津最北部，是大山里的一个小山沟儿。全村共有 51 户、177 口人，山场林地 600 亩。那时候，郭家沟人想改变贫困的现状，但是村民们思想僵化、缺乏信心、不敢尝试。

如何突破思想的"枷锁"，村"两委"班子没少下功夫，他们说："不发展就永远没有希望，想发展就要敢想、敢试、敢闯。"为此，班子成员多次到北京、河北、广东等先进地区学习参观。经过考察，班子成员得出一个共识："郭家沟山水资源得天独厚，发展旅游经济，一定不会比其他村差。"

但当时村民对这条路很是质疑："村子不靠景点，别的村子也已经发展旅游了，再搞旅游行不行？再说这也是一笔不小的投入。"带着村里人的不信任，村党支部以"喊破嗓子不如干出样子"的信念，带头相继拆掉家里的老房建起了农家院。

第一年，郭家沟提出"住农家院、吃农家饭、干农家活"为主题的生活体验活动，吸引许多游客，获得了几万元的收益。村里百姓们看到了实惠、打消了顾虑，主动找上门要求村党支部帮助他们发展农家院。就这样，打开了郭家沟农家旅游发展的新局面。

利益前保持清醒　坚定走精品之路

虽然第一年搞旅游获利了，但是怎么让郭家沟变成一张与众不同的旅游名片，村"两委"班子没有止步于成绩之前。2011 年，郭家沟为了突破改造村庄环境、促进村庄发展的瓶颈，党支部组织党员群众征求意见，分析研究村内潜力资源、突出优势，最终确定"不搞大拆大建，对现有村庄、民居、环境、景观进行改造提升"的改造方向。班子成员多方筹措，争取到市、区、镇三级党委的支持，郭家沟整体提升改造工程全面启动开工，总投资4270万元。

为了防止低端农家院恶性竞争，村党支部紧紧抓住全市"打造乡村旅游精品"大好政策，确定了"改善整体环境、全面推进农家院升级、实行公司化运营管理"的"三步走"发展思路，建成了以绿色长廊为轴，集"吃住农家、生态观光、果品采摘、水上娱乐"为一体的郭家沟景区，成立了塞上水乡旅游服务公司（作者注：应为强化了塞上水乡旅游开发中心的管理职能），实现了统一经营科学化管理，把群众带上了文明富裕的新起点，走上了一条绿色、可持续发展之路。

2018年，郭家沟村将村内公建设施改造成了乡间溪堂酒店，引入了新理念，向高端市场迈进。同时，积极引导农家院户再次升级，当年发展民宿村民25户，增收30%。郭家沟乡村旅游的发展，对蓟州区乃至全市的乡村旅游都起到了有力促进，周边涌现了众耕等知名民宿15处，日接待能力达到2000多人，对区内其他村的农家院旅游均起了极大典型带动作用，先后发展高端农家院旅游达到600多家，为乡村旅游整体提质作出了巨大贡献。2019年，郭家沟村全年旅游接待20万人次，综合收入3500万元，人均纯收入达到7.6万元。

党员身正赢民心　百姓利益挂心间

郭家沟的发展成绩离不开党支部的坚强领导，村党支部书记、主任胡金领说："要想赢得群众认可，首先就要自身做得正。"这些年来，支部班子从自身抓起，严制度、明规矩，坚持每天碰头，每月组织党员开展活动，凡是不按规定参加活动的，班子成员逐人上门问情况，让每名党员自觉发挥先锋模范作用。

在外树形象，对内严管理。"村里的事群众知、大家的事群众议、发展的事群众定"，为了确保每一分钱都花在刀刃上，村党支部严格落实"六步三要"民主决策机制，对各项资金进行严格监管。特别是在打造"塞上水乡"项目上，先后投入4200多万元，所有的材料购买由村民代表、理财小组负责，所花的每一分钱全部向群众公开。多年来，该村未发生一起群众信访上访事件。

"有福民先享，有难官来挡。"党员就是群众的主心骨，干部就是群众的知心人，在村民遇到困难的时候，有党组织可以依靠，有党员来支持。2019年，郭家沟村村民张文彩因患股骨头坏死，需要手术治疗，他想想自己年岁已大，不能拖累家人。村党支部了解到他的情况后，积极组织党员群众募捐，大家纷纷伸出援助之手，仅用一天时间就为他捐款 1 万多元，随后大家又帮忙联系医院，帮助他顺利完成了手术。

事后，老人家握着村党支部书记胡金领的手说："没有村集体和大家的帮忙，我肯定过不了这关。"一件件小事让群众看到了党员干部的初心使命，乡亲们的心和党组织靠得越来越近。大家都相信有党支部的带领，日子会越过越红火。

只有创造出经得起历史检验、经得起群众检验的业绩，才能让群众信服，才能让群众坚定跟党发展的决心和信心。村党支部一班人十几年如一日，立足新发展阶段、贯彻落实新发展理念，把精力投在集体、把真心掏给百姓，守住了绿水青山，换来了金山银山，赢得了全村党员群众的赞誉和拥护。

（来源：津云客户端，2021-06-10，记者霍艳华）①

第二节　能人治村

一　治理之路

由于农业资源较其他村匮乏，1997 年的郭家沟村年人均收入 2008 元，比下营镇平均水平低 301 元。党员、群众缺乏发展信心。

2000 年，胡金领任村民委员会主任，与时任村党支部书记的张福刚开展了广泛调研，确定了郭家沟村"吃环境饭，发旅游财"的发展定位。2002 年，胡金领带领村民率先办起了村里的第一批 5 家农家院。2003 年，

胡金领（2022 年）

任村党支部书记的胡金领，提出"环境提升、农家院发展、公司化运营管理"的"三步走"发展思路，带领全村踏上发家致富之路。

---

① https://baijiahao.baidu.com/s?id=1702110322474811329&wfr=spider&for=pc，最后检索时间：2023 年 6 月 30 日。

旅游产业起步时，面对村民不认可、不理解，胡金领决定从自己做起。2003 年，他说服妻子，投资 13 万元重建自家的"金领农家"，配置标准的旅游服务设施。改造后的金领农家终于得到了市场认同。2006 年，郭家沟村已经成为拥有 11 家农家院的小有名气的旅游村。到 2011 年，郭家沟村发展成为拥有 18 家农家院、人均纯收入达到 1.5 万元经济强村。

2012 年，天津市提出了打造乡村旅游精品村的发展要求。胡金领意识到，郭家沟要抓住机遇，实现长远发展。他说服全体村民，义无反顾地投入政府主导的旅游精品村建设中。是年，郭家沟村成为实行统一管理的旅游村，开业后即迎来"一房难求"的市场热销期。其后，胡金领带领村"两委"班子、党员和广大群众辛勤耕耘、不停探索创新，村民年人均收入从 2013 年的 6.6 万元稳步提升到 2022 年的 8.5 万元，成为乡村振兴道路上的先行者。2022 年，郭家沟村大胆创新，吸引外部大投资，积极探索新型农村集体经济发展与壮大。

 【媒体报道】

小胡盖房（节选）

小胡家的院子很大，三间不算高的房子，石头底座土坯墙，看上去很结实，只是由于多年没有粉刷，墙壁黑漆漆的。当时，我们已经听说九山顶上的常州村有人开了农家院搞旅游，就对小胡说："你家的房子是不是也得改造啦？"小胡摇着大手说："不用不用！我家的房子可结实啦，再过三十年也不会漏！"可是，谁也想到，连三年也没过，小胡就把他家房子拆成了平地。

小胡是在城里人羡慕的眼光中重新认识自己家乡的。别看这个山村很小，但由于紧邻着一个小水库，村边常年流水潺潺，能在山上种水稻。小村天然优美的自然环境只要稍加改造，就是城里人梦寐以求的度假胜地。于是，小胡下决心搞旅游，并拿自己家当了"试验田"。

拆了老家儿盖的三间北房，小胡决定盖个 12 间房子的大院，东面西面各 6 间，中间还有个大客厅。当他兴高采烈地拿着图纸给我们看的时候，我们给他提了一个建议：房间里要有卫生间。小胡哈哈地笑着，又连连摇着大手说："啥？屋子里头盖茅房？不中！我们山里地界宽敞，茅房都盖在院子的西北角，哪有盖在屋里的？不中！不中！"

大房子很快就盖好了，又高又敞亮，大厅里还安上了落地窗帘和大吊灯。12个房间除了自己家住的两三间以外，其他的都按照客房布置，小胡家干起了农家院。经营了仅仅一年，小胡就发现了问题，房子再好客人还是不满意，原因就是不习惯半夜起来去院子西北角那个厕所。

转年春天去看小胡的时候，见他又在大兴土木，而且动静不小，把每相邻的两个房间中间的那间客房一分为二，给两边的客房做卫生间。这样做的结果是，多了卫生间，代价是少了几间客房。问小胡何以下这么大的决心改造新房，小胡说："思想得跟上形势，不改不中啊！"

别看小胡是一个在山村长大的孩子，接受新鲜事物比城里人还快。他看准了蓟县一定会大力发展旅游事业，就到各地去学习先进经验。小河里修起了滚水坝，引进了白洋淀的荷花，山路上搭起一个挂满植物的"千米长廊"。小胡家的房子也在不停地改造，成了村里的"旅游风向标"。头一年增加了卫生间，第二年又把满墙贴的瓷砖都揭下来，学着古文化街的样子涂灰墙、勾砖缝，连窗户的颜色也改成了中国红。第三年又把院子里的水泥"地坪"变成了青石板。本以为他家的房子、院子早已经改造到位了，但小胡还要在房子上做文章，而且工程还不小：他把整个房顶上铺得好好的红瓦全揭下去，换成古香古色的小青瓦。

（来源《每日新报》，2009年6月10日，作者董秀娜）

郭家沟村的发展历程折射出胡金领的成长轨迹：在各级党组织的引领和指导下，在大量的实践磨炼中，胡金领从一个普通的青年农民成长为优秀的农村基层干部和农民企业家，具备了带领村民致富、维护乡村秩序的能力，先后获得全国农村青年创业致富带头人、市劳动模范、市优秀共产党员、全国乡村文化旅游能人等称号。

工作中，胡金领怀揣着对父老乡亲的耐心和责任心，大胆锻炼和扶持本村农民，不靠简单说教，以实干和业绩来服人。这种人才成长机制锻造下，一批农民成长为人才，让郭家沟村在快速的社会发展和激烈的市场竞争中具备了的战斗力。

郭家沟村的发展前景不仅引回在外务工的本村青年，不少外部能人也参与这个小村庄的生产活动中。基于此，胡金领的身边逐渐形成一支干练的管理团队。郭家沟村的管理团队中，不仅有精明的带头人、踏实的村"两委"班子成员、干练的旅游公司员工，还有张志刚、张福刚等出谋划策的老支书，人力资源比较充足。如今，这支管理团队具备了强大的工作能力，能够自如地应付日常的经营管理和长远发展的重大决策等事宜。在这种干事创业的精神洗礼下，村民们逐渐从"小农"历练成为能够独当一面的专业人才，成为有产业、有组织、有岗位、有资产的新一代"四有"农民。

同时，胡金领引导村民对来自外部的投资人和经营者始终保持尊重和友好，营造出携手共建美丽乡村的和谐氛围，吸引了更多的外部人士来此工作。郭家沟村也成为旅游村中外来经营者和外来务工人员比重较大、与村民相处和睦的村庄。郭家沟村成为创业求职的新平台。

郭家沟村取得了骄人的成绩，胡金领得到村民和社会的认同与赞扬。

二　获得荣誉

2006 年 9 月，胡金领被中共蓟县委员会、蓟县人民政府评为"十五"期间科技工作先进个人。

2007 年 2 月，胡金领被中共蓟县县委、蓟县人民政府评为"2006 年度社会主义新农村建设优秀带头人"。

2007 年 6 月，胡金领被中共蓟县委员会评为"县级优秀农村党支部书记"。

2008 年 1 月，胡金领被共青团中央、农业部授予"全国农村青年创业致富带头人"荣誉称号。

2009 年 2 月，胡金领被中共蓟县委员会蓟县人民政府评为"2007—2008 年度蓟县社会治安综合治理先进个人"。

2009 年 4 月，胡金领被共青团蓟县委员会授予"蓟县新长征突击手"荣誉称号。

2011 年 4 月，胡金领被蓟县人民政府评为"2006—2010 造林绿化先进个人"。

2012 年 6 月，胡金领被中共蓟县委员会评为"创先争优优秀共产党员"。

2014 年 1 月，胡金领被政协蓟县第十二届委员会评为"2012—2013 年度优秀政协委员"。

2014 年 11 月，在中国时代风采征评活动中，胡金领被授予 2014 年度"全国新农村建设模范人物荣誉称号"。

2015 年 4 月，胡金领被中共天津市委员会、天津市人民政府授予"天津市劳动模范"荣誉称号。

2016 年 6 月，胡金领被中共天津市委员会评为"优秀共产党员"。

2019 年 3 月，胡金领被天津市休闲农业协会聘为"天津市休闲农业协会民宿专业委员会主任委员"。

2019年11月,胡金领入选文化和旅游部2019年度乡村文化和旅游能人支持项目。

2020年1月,胡金领被政协蓟州区第一届委员会评为"2019年度优秀政协委员"。

2021年6月,胡金领被中共蓟州区下营镇委员会评为"引领和助力乡村振兴优秀个人"。

2022年2月,胡金领被中共蓟州区下营镇委员会授予"美好下营优秀乡村新农人"称号。

2023年8月,胡金领被中共蓟州区委组织部授予"五星书记工作室"。

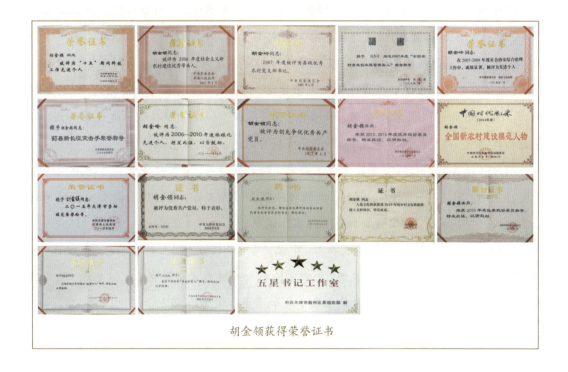

胡金领获得荣誉证书

【媒体报道】

让村民端上"金饭碗"
——记蓟州区下营镇郭家沟村党支部书记、村委会主任胡金领

天津市蓟州区下营镇郭家沟村是一个旅游村,今年"五一"假期,村容村貌,焕然一新;景区景点,丰富多彩,让游客们惊喜连连,接待的游客数量比前两年增加了30%。

郭家沟村位于蓟州区北部山区，曾是一个交通闭塞、贫穷的小山村，2011年，该村人均纯收入不到1万元。虽然村中也有一些农家院，但由于缺乏特色，软硬件缺失，经营情况并不好。2011年5月，在村党支部书记胡金领的带领下，郭家沟村积极改善村庄环境，对原有村庄的农家院进行统一提升改造，打造乡村旅游示范村，全村农家院经营户达到35家，总床位达到了600张。

2013年5月，在胡金领带领下，郭家沟村实行公司化管理，组建旅游服务公司，为全村农家院经营户提供服务。几年下来，郭家沟村成了远近闻名的旅游村，村民年人均纯收入达到8万元，端上了"金饭碗"。

胡金领全心全意为村民服务，帮助他们加快增收致富步伐。为继续提升村旅游接待水平，吸引更多游客前来，去年6月，郭家沟村与天津市陶陶投资有限公司签署正式协议，投资1.5亿元打造郭家沟村的"蓟州水乡·山中不夜城"。由该公司对郭家沟村按国家4A级旅游景区标准进行投资建设及运营管理，全面提升下营镇的旅游品质，促进乡村振兴。作为村"一肩挑"的胡金领，带领村"两委"班子始终坚守在施工建设第一线，他亲自指挥调度，终于抢在今年"五一"前完成提升改造，并对外营业。

胡金领认真落实村级事务民主决策要求，对党员推荐、重大经费开支等敏感问题敢于坚持原则，不搞"一言堂"。同时，狠抓联系服务村民工作，变村民上门反映问题为自己主动入户寻找问题，切实帮助村民解决实际困难。

"作为一名共产党员，我要不忘初心、牢记使命，带领村民保护好生态环境，护林、净水。在此基础上，继续搞好乡村旅游，把郭家沟村打造成为京津冀地区度假基地，满足市场需求，增加集体收入，让全体村民乐享小康幸福生活。"胡金领表示。

（来源：津云客户端，2022年9月21日，编辑孙畅）①

---

① http://www.tjyun.com/system/2022/09/21/053138324.shtml，最后检索时间：2023年6月30日。

第二章 乡村治理

第一节 主要做法

一 主要做法

乡村基层党建实践中，思想工作与经济建设紧密相连。从组织形式上看，郭家沟村实施基层党组织领导下的集体管理模式。在事无巨细的社会管理和集体经营实践中，不仅激发出基层党组织出色的领导才能，建立科学完善的决策领导机制，也锻炼出一支思想素质高、工作能力强的农村党员队伍。

2002 年，周边很多村的乡村旅游发展得火爆。郭家沟村村"两委"动员村民利用自家农宅经营农家院，村民没人应声。打铁先要自身硬，"磨破嘴不如累断腿"，支部书记胡金领、支部委员张金波成为"吃螃蟹"的领头人。看到他们经营的农家院效益显著，村民纷纷效仿。到 2011 年，全村农家院达到 18 家，旅游产业成为全村主业。2012 年，在政府支持和引导下，郭家沟村实施了整村提升改造，成为风格统一、环境优美的旅游目的地，全体村民一致同意实行村集体统一管理机制，这种规范运营、抱团发展的模式得到市场广泛认同。今天的郭家沟村已经成为很有影响的地域旅游品牌。

取得今天的成绩绝不是一蹴而就的。面对村民的不理解、不配合，基层党组织坚持"以德服人"，最终将大家的心拢在一起，走上共同富裕的道路。最初发展农家院经营时，村里以收"破烂"为生的三户农民成为折煞风景的一道坎。没有说教，党员们每天默默地帮助归拢整理"破烂"，终于感化他们从搞好环境卫生到最后放弃了这个营生。

郭家沟村党员有个不成文的规矩——兜里都揣着几百上千的现金，遇到村民或游客有紧急需要时能够及时援手。不惧风险领先试水、不计得失解忧助困，正是这种引领致富、服务乡邻的务实作风，让郭家沟村基层党组织成为经济管理和乡村治理的双重核心，在集体经济健康发展的同时，构建起科学善治的新架构。

二 村民自治

在郭家沟村的社会经济管理体制中，村集体占有主导地位，村民与村集体形成有效联结、科学民主的村务决策机制。

法治是乡村治理的根本，乡村经济活动、社会活动以及民风民俗都要在法治规范的框架下运行。乡村自治体系则是规范运行的平台和载体。作为一种新型农村集体经济组织，郭家沟村在实施全村统一管理下，各农家院具有相对独立的投资和经营权限，形成村民勤劳致富、努力提高经营能力的良好氛围。这种全过程的劳动参与，不仅增强了村民自身的生产与管理能力，也激发了他们认真参与乡村整体发展决策的责任感，进而形成了共建、共享的自治体系。

村集体始终坚持村务公开。比如提升改造中每天都公布财务收支和工程进度，接受广大村民的监督。每当遇到关系村民利益的大事，都要召开全体村民大会进行表决。2012年旅游精品村改造时，为了修路或营造特色景观，需要施行迁坟、土地房屋置换以及摒弃养殖行业等治理手段，因为涉及农民的个人利益，遭到个别人抵触。这时，村干部耐心地开展思想工作，请出村里有威望的长者给大家讲解重新布局的依据和优点，带领大家到外地先进的旅游村参观学习。村干部的做法很快获得了大家的信任和支持，愿意牺牲自己的小利益、实现全村的大发展。

三　公平包容氛围

作为专业化旅游村，乡村社会的文化氛围是产业发展的重要基础。比如，经营过程中必然发生农民和都市游客之间广泛的、有深度的交流。在这一过程中，农民经营者的思想观念和行为方式都发生了很大变化，由此形成了郭家沟不同于传统农村的复合型特色文化，包容、团结、进取成为郭家沟文化的核心要素，也为实现乡村有效治理奠定了扎实的文化基础。

看到当前乡村旅游市场愈加火爆，新项目不断涌现，村领导团队意识到未来市场竞争非常激烈，不能躺在过去的成就上睡大觉，必须不断改造和提升。在与大公司开展景区化合作的同时，他们实施了文化提升的实践探索：一是深入挖掘郭家沟特色文化，整理、记录郭家沟人创业创新的乡村振兴实践，提炼出郭家沟人的优良品格，为各农家院打造自身的特色文化出谋划策。二是以特色文化为开发源点，植入现代科技与先进文创，打造具有乡村特色的新型沉浸式体验营，通过互动体验增强村民和游客对优秀乡土文化的精神感悟。

在人才工程方面，郭家沟没有过度依赖外部人才，大胆锻炼和扶持本村农民；不靠简单说教，而是以实干和业绩来服人。在这种内生型的人才成长机制锻造下，一批农民成长为人才，让郭家沟村在快速的社会发展和激烈的市场竞争中站稳了脚跟。但也出现过这样的现象：一些村民"小富即安"，过起当房东收租金的日子。不过，在村管理团队锐意进取精神的影响下、在身边劳动者成就的感染下，他们很快又回到了工作岗位。在这种干事创业的精神洗礼下，村民们逐渐从"小农"历练成为能够独当一面的专业人才，不断有年轻人接手农家院管理。郭家沟人成为有产业、有组织、有岗位、有资产的新一代"四有"农民。

王金利的小酒馆

郭家沟村对来自外部的投资人和经营者始终保持尊重和友好，营造携手共建的和谐氛围，吸引了更多的外部人士来村工作。因此，郭家沟也成为外来人员比重较大、与村民相处和睦的村落。伴随国家 4A 级旅游景区的开张纳客，郭家沟人转换身份，以"股东、业主"的身份接纳更多优秀的资本进入，打造乡村善治新样本。

四　"博爱家园"建设

为增进郭家沟村经济社会可持续发展，实施"博爱家园"建设，通过对村民进行素质教育和防灾减灾知识培训，着力培养新型农民，确保产业稳定，实现经济社会科学发展、又好又快发展。

"博爱家园"项目由蓟州区红十字会牵头，协调下营镇政府、郭家沟村委会共同协助，郭家沟村负责具体实施。项目内容包括产业融合发展、生态宜居建设、乡风文明建设等。郭家沟村群众积极性非常高，自愿参与项目建设监管和维护项目发展。

郭家沟村博爱家园

第二节　治理成效

一　壮大集体经济

新型农村集体经济的发展，让小农户与大市场有效衔接，引领郭家沟人实现了共同富裕的大目标。村集体具有很强的领导力和凝聚力，这成为实施有效治理坚实的人财物保障。郭家沟村抓牢经济和文化建设两根主线，在搞好公司化经营外，通过尊老敬老、协调邻里矛盾、开展群众文化活动、护林防火等精细化的日常工作，打造出科学善治的乡村治理格局。

二　促进经济社会共融

乡村治理是实施产业振兴的重要保障。郭家沟村从一个穷村发展为经济强村，村领导班子赢得了村民以及外来经营者的信任。强大的基层党组织成为乡村治理的领导核心，而富裕起来的村民更加信任这个领导团队，紧密团结在基层党组织的周围。郭家沟村把农村基层党建、村庄事务管理、社区文化建设等治理工作做实做专，积分制治理效果显著，特别注重培育乡民的自觉性和包容性。党组织成为团结村民、游客、外部经营人的红色纽带，促进了经济社会和谐稳定。

"积分制"显效果

三　提高农民治理与管理能力

郭家沟的经验证明农民也可以有开阔的眼界，关键在于提高基层农村培育人才的积极性，建立起科学有效的乡村主体的人才成长机制。经过二十多年乡村旅游经营和乡村事务管理的历练，郭家沟村农民的管理才能从懵懂到精通，治理水平从粗放到科学，旅游产品从农家院到精品民宿、集聚式旅游村，经营模式从自营到内外部经营共融，形成持续稳定的发展态势和治理有效的社会环境。

第三章　文化赋能

第一节　文化活动

作为专业化旅游村，乡村的文化氛围是产业发展的重要基础。郭家沟村开展多角度、多形式的文化活动，进行爱国主义教育，大力传播国学文化，组织企业员工及全体村民学习《弟子规》，设立国学知识讲堂，聘请资深老师为本村村民、游客讲授优秀的国学文化。同时，还将村内的道路用儒家特色进行命名，营造出乡村旅游的国学文化氛围。

为增强村民文化自信，郭家沟村深入挖掘本村历史根脉，探寻特色乡土文化，创作郭家沟村歌，记录郭家沟人的精彩故事，传递文化正能量，让乡愁成为当代农民的美好情怀。通过专业人员的调查研究，系统梳理郭家沟村改革开放的发展进程，把郭家沟的发展与乡村振兴的国家大计连接起来，增强村民的集体意识，树立村民对党忠诚的坚定信念。

第二节　"文化 +"工程

文化建设作为今后发展的重要手段，郭家沟村将实施"文化 +"工程，引进"沉浸式"等现代化旅游模式，践行文化搭台、科技下乡、智慧兴农，全面提升乡村旅游的品质和竞争力，成为天津市乡村振兴示范村的先进典型。2023 年 4 月，郭家沟村与天津社会科学院苑雅文完成"郭家沟村新型沉浸式乡村文化体验营策划案"（以下简称"策划案"），在天津市农业农村委员会乡村振兴示范村"百师进百村"活动中获得二等奖。

策划案以郭家沟村特色休闲农业文化为立足点，以绿色生产、智慧生活、循环生态、品质生命的"四生和谐"为发展着力点，通过"科技 + 文创"双轮驱动，采用先进的沉浸式体验模式，依托行政属地下营镇的文化底蕴，构建"一体四翼"的乡村文化旅游体验营地。

不同于都市大型声光电体验项目，休闲农业项目通过沉浸式农耕、乡村景观、乡风民俗体验等慢节奏的精神感悟获得身心的放松和享受，是一种具有松精神、亲乡村、轻投资的新型沉浸式体验模式。

策划案立足"山水田园风光、北方乡村文化、塞上民俗风情",遵循蓟州区的全域旅游发展定位,结合郭家沟村自身的文化资源优势,以新型沉浸式文化体验为提升手段,通过文化创意、数字模拟将地域特色文化、优秀传统文化、现代先进文化融入旅游体验活动推动旅游产业的提档升级。

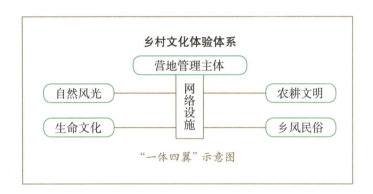

"一体四翼"示意图

郭家沟村将对文化展示厅和文化活动广场实施"科技+文创"型开发,建立互动体验基础设施与网络管理系统、历史民俗文化展示与文创活动、农耕文化虚拟体验与展示和风景漫游实景体验四个板块,让乡村旅游的内涵更加丰富、让游客驻足的时间更长。

新型沉浸式体验营内容

第六编　村民生活

在漫长的历史进程中，郭家沟村民的物质生活经历了从贫穷到富裕的发展变化。旧社会，村域地少山多，加上日寇侵略、自然灾害频发，村民生活非常困苦。中华人民共和国成立后，随着合作化和人民公社化的实施，人们生活逐步得到改善。中国共产党十一届三中全会后，郭家沟村实行家庭联产土地承包责任制，村民收入有所增加，但仍然低于下营镇人均收入水平。进入 21 世纪，村经济发展步伐加快，乡村旅游不断发展。特别是 2012 年，郭家沟村成为旅游精品村，村容村貌大为改观。随着经济收入的快速增长，村民物质文化生活水平也快速提高，郭家沟村朝着富裕型小康村的目标迈进。

第一章　物质生活

第一节　衣食住行

一　五行八作

旧时郭家沟村内没有商贸性质的店铺，只有豆腐坊、香油坊等小型作坊和木工、瓦匠、木梳匠人、织布匠人、笤帚匠人等手工艺人，还有挑担货郎、锔锅匠等游商。挑担货郎，指乡村流动卖货的小商贩。他们无门市、流动营业、追集摆摊、游乡串巷、推车担担、沿街叫卖，所以又叫"挑八根绳的"，一般农忙务农，农闲经商。经营商品多为小百货、烟糖副食、花生水果、修配服务，也有的专营一业，只卖布匹、鲜果、蔬菜、肉业等。前文所述胡珍销售木梳，即作为挑担货郎串巷售卖。

村民购买生产、生活物资一般到下营镇核心区（主要集中在下营村）的商店和市集。村民有时也到附近乡镇赶大集。

下营镇核心区有商铺、饭店、药房、茶司等商贸机构。村里老人回忆，20世纪六七十年代，蓟县供销社下属的下营镇百货门市部是县级先进单位，通过合理搭配材料、染色等方法，帮助有困难的村民置办棉衣、棉被，获得村民赞誉。特别是在郭家沟水库建设中，商店职工经常连夜运送材料、工具以及照明用具，保障水库建设和村民生产生活顺利进行。镇上的饭店叫大众饭店，但村民较少去饭店消费。

逢农历四、九是下营镇的大集日，各地商贩都到集上来摆摊设点，买卖双方进行物资交流或产品兑换等活动，还设有小吃摊点，气氛非常热闹。村民回忆，20

下营镇赶大集场景（20世纪60年代，佚名画）

世纪六七十年代，大集上有卖猪、兔、鸡等家禽家畜的，还有卖镰刀、镐头、厨具等生产生活用品的。大集上现场制作或售卖"炉箅子"（油炸面点）、驴打滚、碗坨等小食品的摊位非常受欢迎。

二　衣着穿戴

旧时，郭家沟村人口少，村民生活相对贫困。村民一般穿土布衣服。村里老人回忆，直到 20 世纪 60 年代末，村民家家都有纺线机，妇女自家纺线，然后大多送到匠人处织成土布，再自己裁剪制成单衣或棉服。

民国时，男性村民一般穿布带打结的大襟式上衣，下身为绾腰系布裤带的长裤。1938 年，八路军开辟蓟县抗日根据地后，村民服饰风格变化很大，男性上衣改为对襟。

春、夏、秋三季，村里男性穿俗称"汗褂子"的长袖衬衣，一般为自家纺布、制作，冬天时外面罩上棉袄。直到 20 世纪 60 年代末，这种样式的土衬衣仍为男性村民必备服饰。那时村里还有一种叫作"二大袄子"棉袍，因比棉袄薄，故得此名称，只是实用性差，穿的人不多。20 世纪 60 年代，斜纹布、直纹布等材料开始应用于村民制衣。

20 世纪 70 年代前，村民大多穿自己缝制的单鞋和棉鞋。村民回忆，那时村里种棉花的，收成基本能够自给。农历九月是棉花成熟时节，村里的"棉花桃"成熟展开，村民将"棉花瓜儿"（即籽棉）摘下后，步行或骑车到马伸桥地区的加工作坊去弹棉花，即把籽棉里的棉花籽和杂质处理干净。因为送货的人很多，一般要把"棉花瓜儿"放下排队，过些时候再去取。弹棉花的收费一般占棉花市场价的 1/3。弹棉花的路途较远，一般当天回不来，要停留一天。弹好的棉花村民可以制作棉鞋、棉袄、棉裤以及棉被等服饰和生活用品。

20 世纪 70 年代，华达呢、涤纶等化纤布料制作的服装上市，毛呢服装、秋衣秋裤、女性裙装等服饰出现，经济条件好的村民会置办几件成衣。村民大多买布料，然后自己缝制衣服，以棉布料为主。

村民张宝刚收藏着一张 1973 年大家族合影，从照片中可以看出村民当年的服饰风格。张志刚老人介绍，照片正中间是爷爷张文彬，他头上戴的是羊毛的毡帽头，年轻人戴的是蓝色"王八盖帽子"，怀抱的孩子戴着漂亮的虎头帽等；中老年女性戴的围巾是方巾，需要时可以做"头巾"，男青年则有时尚的条状围巾；大家穿的都是自己缝制的棉布衣服，成人服装基本是蓝、黑色，只有女孩子穿着鲜艳的花布棉袄、格布外罩。张宝刚还收藏着一张儿童照，从中可见当年童装的色彩和款式。

20世纪70年代初儿童照

【专访】康玉平：女儿的花裙子

村里有一幅画，画中的小姑娘张雪峰身穿碎花衬衣、小花裙子，红红的脸蛋腼腆羞涩，山村女孩子的生动形象跃然纸上。

1977年，因修建郭家沟水库，张志刚家从青山岭村搬迁到郭家沟村。家里生活虽然清贫，但却有一件当时的"奢侈品"也一起搬到郭家沟村，那就是一台天津缝纫机厂生产的"牡丹牌"缝纫机。20世纪70年代，缝纫机和电视机、自行车一样，还属于统购物资，需要凭证购买，下营乡根据各村的人数发证。但是，即使有了购买证，能拿出钱买缝纫机的人家也很少。因此，一个村也没有几台缝纫机。康玉平是张志刚的妻子，从年轻时就喜欢缝纫，跟着做裁缝的姑姑学会了用缝纫机做衣服。因此，她家省吃俭用买了一台缝纫机。小姑娘身穿的花衬衣就是母亲康玉平用缝纫机缝制的。康玉平说，当时的郭家沟村有四五台缝纫机，除了她家以外，胡云明、胡金领、张福刚家也有

张雪峰儿时画像
（1978年，佚名画）

缝纫机。

　　提起女儿的花裙子，康玉平感慨万千。她记得，那时，张家一家人共同生活，虽然清苦，但家庭关系非常和谐。作为孙媳，康玉平用缝纫机给爷爷、公婆、小姑等全家人做衣裳。爷公公为了表扬孙媳，特意偷着给了她 5 元钱。康玉平带着这 5 元钱，去了蓟县县城，在百货商店里花 2 元给女儿买了一件碎花裙子。那时这种半身花裙的成衣很难买到，因此，这件花裙子被女孩子视若珍宝。搭配上自家裁剪制作的花衬衫，精彩画面被来村采风的画家记录下来：水灵秀气的小女孩穿着最好看的衣服——妈妈亲手做的花衬衣和县城买来的花裙子。

　　20 世纪 80 年代，村民一般都置办了衬衣、外套，年轻人穿的是外购材料、自己加工制作的胶底布鞋。村里手巧的女性给家人织毛衣。外套方面，防寒服逐步取代棉大衣。

张文彬与家人合影（1983 年）

前排左起，张树廷、张文彬、魏淑珍

后排左起，张宝刚、张秀娥、张秀更、张永刚

　　20 世纪 90 年代，服饰的种类和样式更为丰富，有条件的村民购买各种成衣。为行动便利，村民比较喜欢穿休闲鞋。

　　2000 年以来，村民经济条件提高得很快，村民服饰与城市人基本相同。女性村民，特别是年轻女孩都拥有一些首饰和各种化妆品。

三 基本饮食

土地革命前,村民无地或少地,生活贫苦。一般农户一日两餐,以杂粮、薯类、野菜为主。农忙时一天才能吃上三餐饭。

中华人民共和国成立后,基本饮食有所改善:冬天一般为两餐,其他季节一日三餐。食物一般有粥、蒸白薯、野菜、咸菜、玉米饼等。20世纪六七十年代,村民主食以玉米面、小米为主要材料,年节时吃顿饺子。村民有时到小河中捞些如"花老头"、野生无名杂鱼等,进行烹制,或清蒸或油炸。那时农民出工回来,又饿又累,还想改善下伙食,就将应季蔬菜用大锅煮、上贴玉米饼,一锅炖熟,村民称"一锅鲜"。村里还有一种菜饭混合的特色佳肴"塌锅饭",一般是菜饭混合,将应季蔬菜、地产小米一锅焖熟,俗称"菜塌锅";条件允许的人家会加入猪肉,与菜、饭混炖,俗称"肉塌锅"。20世纪70年代,村里种植芝麻、胡麻、大豆等作物,送到县食品加工厂榨油,然后分配给各户农家,村民烙饼或炒菜的食用油得到改善。

20世纪80年代前,村民饮食风俗的季节特色明显:春季,家家都要煮豆做酱;夏季,为降温、凉快,村民喜吃凉饭、喝凉粥;秋季,各户农家要腌制咸菜,一般为萝卜和芥菜秧子。冬季蔬菜以萝卜和大白菜为主。春节期间改善生活,各农家都要蒸发糕,青菜里加入少量猪、羊以及鸡等肉类炖煮或做馅,还要炒花生、瓜子等。

中国共产党十一届三中全会以后,农村实行土地承包责任制,村民生活水平不断提高,饮食材料发生很大变化:玉米面替换为白面或混搭,小米则替换为大米。20世纪90年代,饺子、面条、大米饭、炖肉,成为村民餐桌上的"常客"。

2002年以来,郭家沟村旅游产业规模不断扩大。特别是2012年后,几乎家家办起了农家院。由于烹饪技术和经济实力同步提升,村民给游客提供美味农家菜肴的同时,自家饮食的口味、品质也共同进步,非普通乡村人家可比。同时,很多特色、健康的传统饮食习俗,如乱炖、山野菜(包子或菜品)、豆酱等,得到传承和发扬,让游客品尝到美味的农家饮食。

四 房屋住宅

村民住宅多为坐北朝南的三间或五间正房,以东为大,即长辈住的东屋为"上房",兄弟之间则是兄东、弟西。村民建房时,一般紧靠西侧,以后加盖房屋时,只向东侧跨出,取"接东不接西"之意。旧时屋里盘土炕,家里有客人留宿时,主客同住大炕上,请客人"冬睡炕头、夏睡炕脚",即冬天睡在紧邻灶火的暖和处,夏天睡在凉快处,以示热情待客。儿子娶亲时,以西屋即"下房"作为洞房,以示长幼辈分。

　　1949 年前，山区村民一般就地取材，建起以石头为材料、泥浆浇缝的石屋。旧时的泥浆黏性很差，民间称"现泥"。这种"石木结构"的房屋不够牢固，遇到大雨就有倒塌的危险。

　　20 世纪 70 年代后，村民住宅的建筑形式不断更新，砖房代替了石屋，青瓦和机制瓦代替了茅草、芦苇的屋顶。20 世纪 80 年代，住宅向砖混结构发展，村民居住环境大为改善。

20 世纪 80 年代村居

　　到 20 世纪 90 年代，村民大多翻盖旧的砖木房，打造漂亮又舒适地砖瓦房。图中的村居，是村民胡云仿亲手烧制青砖，盖成非常漂亮又坚固的民居。

20 世纪 90 年代村居（胡云仿自建）

　　2000 年以后，村民在住房装修方面更加重视，有农户建起加高加宽的大房子。村民装修日渐理性，注重材料环保性，装饰风格与家具吻合度高。

2000 年村居

　　2012 年整村改造为旅游精品村，村民住房风格统一为青砖青瓦的四合院，点缀在山水交映的景区里，浑然一体。

2012 年旅游精品村改造后村居

2022 年,郭家沟景区升级为国家 4A 级旅游景区后,更多村民请专业人员设计、施工,将农家院升级为精品民宿。作为景村一体的旅游村,这些民宿也是村民自家居住的现代化民居。

现代化村居(2023 年)

五　交通出行

中华人民共和国成立前,村里没有好走的大道,只有崎岖不平的羊肠小道,人难走、车难行。村民出入一般靠步行。运送粮食、水果、肥料等,只能靠肩背、毛驴驮,很吃力。

20 世纪 60 年代,富裕村民开始购买加重自行车,有村民用铁管自制成加重自行车,俗称"铁驴"。自行车不仅是一种交通工具,更主要的是一种运输工具,村民赶集、运货多用自行车,一车能驮货二三百斤。

20 世纪七八十年代,自行车开始普及。自行车成为单纯的交通工具,加重自行车逐步被轻便型自行车代替。摩托车开始进入村民生活。

20 世纪 90 年代,村民主要交通工具是自行车和摩托车。自行车多为轻便、美观的公主车、山地车、跑车等。张宝刚回忆,1993 年他花 3500 元买下富仕达摩托车,非常风光。

进入 21 世纪,骑摩托车的村民不断增加。2012 年以来,很多人家有了小轿车。汽车的排气量、档次逐渐提高。电动助力车取代摩托车,自行车消费则以中高档车型为主。

张宝刚骑上富仕达摩托车（1993 年）

第二节　生活用品

中华人民共和国成立前，村民家庭陈设大多比较简单。家中垒砌烧柴火的土灶，以大锅烧水、煮饭，冬季可同时烧热土炕。直到 20 世纪 70 年代末，这种土灶逐渐被煤炉、土暖气等替代。

20 世纪 50 年代，村民家中有墙柜、柜橱子等家具置于炕对面，炕上放着多个席篓子，一般放置轻便的被套，可摞起来摆放。照明方面，村民主要点麻油灯，过年时条件好的家庭点蜡烛。

灶台（1970 年）

20 世纪六七十年代，大衣柜等家具开始流行，一般为木匠上门制作。由于木材比较紧张，村民还自制水泥柜，即水泥掺土后搅拌均匀，以废铁丝为筋骨，搭建起来的橱柜，用来存放粮食。这时期供销社有煤油灯销售。

20 世纪 80 年代以后，组合家具进入村民家中。因为方便实用，村民家中一般配有折叠桌。家用电器开始进入村民家中。最初以电视机为主，有黑白电视和彩色电视之分，一般搭配电视柜。20 世纪 90 年代后，家具的颜色、式样增多，床铺替代土炕。冰箱、录音机、洗衣机、电风扇、放映机、组合音响、电脑、空调等现代家电进入村民家中。安装电话的家庭开始增多。

2000 年以来，村民家具更加多样化和现代化。电脑、空调、液晶电视等家用电器向高档次、多功能、智能化方向发展，国内外名牌产品备受村民欢迎。村民多使用手机，智能手机也逐渐成为主流。

【媒体报道】

天津蓟州"塞上水乡"的能源变迁（节选）

电网升级改造 "穷山沟"翻身

"穷山沟"曾是郭家沟撕不掉的标签，为摘掉"穷帽子"，2002 年担任村党支部书记的胡金领带头办起了农家乐，到 2007 年，村里已相继办起来 20 多家。"甜头"有了，问题也随之而来，"客人吸引来了，用电量一大，农家院电闸就开始频繁掉闸，软、硬件都不行，郭家沟怎样才能发展起来？"这让胡金领夜不能寐。

"做旅游前，郭家沟每个月用电量在 2 千度左右，后来每到 5 到 10 月旅游旺季时，月用电量能达到 4 万度。"国网天津蓟州公司下营供电服务中心主任姚金卓介绍说："只有村口 1 台 200 千伏安变压器，用电量大的时候，村北连灯都点不亮，这显然不能满足用电需求和未来发展需要。"

不能让电束缚了乡亲们脱贫致富的脚步。在政府的牵头和村里的支持下，国网天津蓟州公司迅速启动电力改造计划，率先在郭家沟实施农村电缆入地和电力升级改造工程，全村实现了低压环网运行，供电质量大幅提高，同时增容到 2 台 315 千伏安变压器，对当时只有 51 户人家的小村庄来说，实现了电网"跨越式"发展。

充足的电力供应让郭家沟一下活了起来。2012 年底，村里共开了 43 家农家院。2013 年国庆节，郭家沟接待游客数量有所突破，当年人均纯收入猛增到 6.6 万元，是天津农民人均纯收入的 6 倍多，"穷山沟"翻身变"黄金沟"。

响应"煤改电"　向"绿色"转变

郭家沟的旅游资源得天独厚，绿水青山，秀色可餐。可在冬天，这里却是另一番景致。

"以前冬天烧煤球，烟气窝在沟里出不去，直呛人。"国网天津蓟州公司下营供电服务中心外勤班班长王东卫说道，"在公司组织的专业培训上，了解到空气能热泵取暖经济、实惠，特别适合农村地区，我赶紧分享到'村民群'里，给大家多一个取暖选择。"

"响应政府号召进行煤改电，这空气能热泵，不仅清洁、暖和，关键是真省钱！"曾在外地"取经"时体验过的胡金领十分动心，带头在全村第一个装上空气能热泵取暖设备。现在，村里 20 多户农家院都用上了清洁取暖。

由"污染"向"绿色"转变悄然发生在 2018 年 4 月至 2019 年 4 月。为解决由裸导线引发山火、电网"卡脖子"和满足冬季清洁取暖需求等问题，在这一年时间里，国网天津蓟州公司落实国网天津市电力公司大力开展农网升级改造工作部署，通过架设第二电源、调整电网运行等，为下营镇、罗庄子镇 60 个村的 1.2 万户村民提供安全可靠供电。

"今年还将为郭家沟增容 2 台容量为 630 千伏安的变压器，新建 3 台容量为 630 千伏安的变压器。让村民安安心心开门做生意！"王东卫介绍，过去的 20 年，郭家沟电力增容 105 倍。"倍增"的电力让村民安心经营，也给郭家沟旅游快速发展注入了强劲动能。

（源自：央广网，2020-05-12，记者褚夫晴　通讯员鲁佳乐　王建慧.）[①]

---

① https://www.cnr.cn/tj/jrtj/20200512/t20200512_525087109.shtml，最后检索时间：2023 年 6 月 30 日。

第二章 教育卫生

第一节 教 育

一 传统私塾

村民口传，郭姓把总定居后，郭家沟成村。郭氏家族人丁兴旺，后代读书设有私塾专馆，专聘有学识者为教师，教导自家子弟学习传统文化和古诗文。清末，郭氏家族从村中迁走。从此，本村再无私塾。

二 学前教育

1949 年前，郭家沟村没有专门的幼儿园，对幼儿的教育主要依靠各自的家庭。据村里老人回忆，"黑屋子、土台子、里面坐着泥孩子"是那时学前教育的写照。村民对幼儿教育投入精力较少，大多限于教一些民间流传的歌谣、故事。

中华人民共和国成立后，随着村民生活水平、文化水平的提高，很多家长开始教幼儿识字、画图画、做简单的算术题。村民指导孩子制作一些简单的玩具，如捏泥人、泥公鸡等，或用木棒、向日葵秆制成刀枪之类。孩子们开展过家家、摔跤、弹玻璃球、打杂、滑冰排等集体游戏。

1996 年，下营镇设立镇东幼儿园。村民纷纷把适龄儿童送入幼儿园。2000 年，村儿童入园率达到 100%。

三 中小学教育

1950 年，郭家沟村小学成立，设一至四年级。借村民胡德荣家正房作为教室。学校的第一位教师是蓟县马伸桥人赵有志，入读学生有张玉恒、胡云明、胡云丰、胡瑞丰、胡青等。

1952 年，全村为学校捐款捐物，在村中部西侧空地（现村民朱玉兰家）建起新学校。教师刘景忠是夏家林村人。在学校学生达到十几人。

1968 年，为改善教学环境，学校原址向东 50 米平坦处建起新校舍（现旅游公司所在地），张慧君、王英华任教师。

1972年，杨杰到郭家沟村小学任教，一直干到1989年退休。郭家沟村小学采用一至四年级"混合班"教学方式，学校设语文、算数、音乐课等课程。杨杰老师教书认真，爱生如子，为村里培养出十多名大中专学生，很多学生成长为教师、公务员、企业家、村级领导等。

杨杰老师与郭家沟村小学一至四年级学生合影
（1980年6月1日）

前排左起，孙叔坤、张宝刚、张雪峰、胡金领

中排左起，张永刚、杨杰（老师）、张凤兰

后排左起，胡金茹、张秀丽、胡书良、孙书义、张淑芬

1989年，老校舍被定为危房，郭家沟村小学建起新校区（现为古月居农家院），有教室2间、教师宿舍1间。村委会亦设于此区域。

1996年，村小学校统一归并到镇东小学，郭家沟村不再设学校。

四　成人教育

1941年，在抗日民主政府领导下，郭家沟村设妇救会和青救会组织的识字班，吸收青壮年参加学习。

1944年，抗日民主政府开办冬学，以联合县编印的《民众课本》为教材，组织村民学习文化。

1951 年冬，蓟县县委、县政府号召开展扫盲工作，村民踊跃参加。郭家沟村办起民校、识字班，实行半农半读。课本一般为油印，比较粗糙。教学采用速成识字法，经过两个多月的突击教学，平均每人识字上千个，看简单信件和数学演算，半数以上能写书信。郭家沟村民甩掉了文盲帽。

【口述】郭家沟村民扫盲

刚开办扫盲班时，因村民文化基础差，加上白天干农活很累，学习的困难很大，很多村民想打退堂鼓。这时，老师引导大家忆苦思甜。生产队长讲述了因为不识字，卖土布让人骗走 200 斤玉米的遭遇。还讲了不识字就不能看通知、不能准确传达上级指示，给工作带来很大损失的教训。村民们想到旧社会因没文化受到种种欺辱，认识到学习文化重要性。从此村民们每天坚持学习，很少有人旷课。

（口述人：胡青，曾任村党支部书记）

1980 年以后，农民教育的重点由学习文化转向学习技术，村民开始参加各种专业技术学习班。

2000 年以来，村民不断努力，通过自学考试和成人高考、电大学历教育等多种形式开展文化学习和学历进修。

第二节　医疗卫生

1949 年前，每到春季，郭家沟村一带流行天花，经常危及村民生命。那时，麻疹、伤寒、白喉、肺炎、水痘、流行性脑脊髓膜炎等流行病也经常发生。特别是夏季，蚊蝇猖獗、细菌滋生，霍乱、赤痢、疟疾等传染病更易发生。

中华人民共和国成立后，开展了多次爱国卫生运动，流行病逐渐降低。村民回忆道：1958 年，公社组织村民展开扑蝇活动，村民就地取材，创作出既简便又省钱的蝇拍——取长约二尺的高粱秆子，将一节分成丝条状，去掉秆心，浸湿刮净后，用另一条秆子皮交错插过去，编成拍子形状。

20 世纪六七十年代，毛泽东号召把医疗卫生工作的重点放到农村去，各地采取措施贯彻落实。村里有赤脚医生，方便村民就医。市、县各大医院组织医疗小分队下乡，深入基层送医送药，为农民义务出诊。

【口述】防治"单纯性甲状腺肿（地甲病）"

地甲病即"大脖子病"，是一种山区的常见病。20世纪70年代初期，郭家沟一带的农民仍有甲状腺肿大现象，因为不痛不痒、能吃能动，村民往往不去治疗。下营公社组织起地甲病防治队，推行"送药到手，看服入口"的追踪治疗。1975年，全县实施"一防三治"的措施，就是食盐加碘，口服碘化钾、碘酊局部注射、手术切除。食盐加碘后不影响调味作用，深受村民欢迎。经过多年努力，到1980年，危害村民健康的地甲病被彻底根治。

（口述人：胡云生，曾任乡村医生）

【媒体报道】

解放军驻津某部医院派出医疗队深入农村为贫下中农治病

解放军驻津某部医院遵照毛主席关于"把医疗卫生工作的重点放到农村去"的伟大教导，在为部队服务的同时，经常抽出部分医务人员组成医疗队，深入农村进行巡回治病，热情地为广大贫下中农服务。

医疗队的同志们带着人民子弟兵对贫下中农的深厚无产阶级感情，身背药箱，跋山涉水，走村串户，热情地为贫下中农防病治病。他们在困难多、条件差的情况下，发扬全心全意为人民服务的精神，在炕头上为老贫农赵连贵成功地做了胆囊切除手术；为了治疗听障病人，他们在自己身上扎哑门穴体会针感，治愈两名残障人士。去年5月，医疗队到蓟县青山岭一带进行巡回医疗。一天晚上，接到离驻地十几里外的郭家沟大队打来的电话，说有一位女社员患宫外孕破裂，大量失血，已经休克。军医张福民和卫生员盛京川闻讯后，立即背起手术包，连夜徒步翻山赶到郭家沟。他们和地方医务人员一起为病人进行了手术，经过一个多小时的紧张战斗，使病人转危为安。

（来源：《天津日报》，1972年9月20日第2版，报道组）

改革开放以后，村所在地区医疗条件不断改善，村民看病越来越方便。20纪80年代，村里办起合作医疗。20世纪90年代，每年组织两次（春、秋）环境卫生清整活动，开展除"四害"（老鼠、苍蝇、蚊子、臭虫）、讲卫生活动。

2007年，村民全部加入新型农村合作医疗。

2017 年以来，村民与下营医院签订家庭医生服务协议。签约村民能获得包括居民健康档案管理、健康教育、预防接种服务、儿童健康管理、孕产妇健康管理、65 岁以上老年人健康管理、高血压、糖尿病患者健康管理、严重精神障碍患者健康管理、肺结核患者健康管理、中医药健康管理等国家基本公共卫生服务。同时，家庭医生还提供包括常见病和多发病的健康咨询、疾病诊疗、就医路径指导和转诊预约等服务。

第七编　风土民情

　　青山绿水滋养了郭家沟人，村民在岁月的洗礼中养成善良、勤劳、朴实的品格，山水与人文共生便形成独特的风土民情。郭家沟村的方言与平谷方言接近，节庆、婚嫁、祭祖等习俗尤为隆重。郭家沟村以前虽不富裕，但各家主妇心灵手巧、持家有道，小山村里经常香味四溢。经济发展、社会变迁带来生活环境的变化，村民继承优秀传统习俗，发挥山间野味丰富、勤劳主妇手巧的优势，不断创新，将传统理念与现代社会相融合，形成具有地域特色和时代特征的郭家沟村风俗习惯。

第一章　习俗礼节

第一节　习　俗

一　婚嫁习俗

▶ 提亲

旧时，一般为男方托媒人向女方提亲。女方父母同意，即"过帖"——将女子的生辰八字由媒人送到男家。男方请先生合婚问卜，如问卜结果为双方不适宜结婚，男方即将小帖送还女家；如问卜结果为男女属相不相克，则可成亲。

婚礼习俗图——提亲
董梦瑶画

▶ 相亲

1950年，我国颁布《中华人民共和国婚姻法》。法律规定，青年男女自由恋爱、结婚受到保护。因此，婚嫁程序增加了青年男女见面"相亲"环节。如双方不认识，相亲时一般女先"相"男，如果相中了，男再相女；如双方已经相识，相亲目的是让家长相看，一般要设酒席、赠礼物。相亲时双方都满意，就进入谈婚论嫁程序。

▶ 换盅

相亲成功后即可定亲，民间称"换盅"。女方父亲到男方家，享受"六六"席接待。席间，两亲家互换酒盅，完成约定。旧时，"换盅"彰显男尊女卑，参加"换盅"的除媒人外都是男性。席上，男方家给女方家"定亲礼"，数目可根据各家情况而定。到20世纪70年代，流行举办小型宴席，双方家长见面，同时请邻里、亲朋、媒人等参加。至今，"换盅"仍为村内定亲

婚礼习俗图——换盅
董梦瑶画

的重要环节，一般举办双方直系亲属参加的酒席，长辈赠送新人礼金。

▶ 送聘礼

男方向女方先送礼单，然后送实物。旧时聘礼大多是衣服及生活用品。20世纪70年代，聘礼一般包括自行车、缝纫机和"五身半衣裳"。其中，"半"指大衣。20世纪80年代，聘礼一般为"三金一蹦"（即金项链、金耳环、金手链加上摩托车）。20世纪90年代，聘礼为"三金一蹦"再加"八千八（现金）"、32条腿（家具）。2000年以后，条件好的人家给小夫妻购买城镇楼房。

迎娶前，男方家向女方家送"食盒"，又称"离娘肉"，一般为一个丘根（即猪后座）、一袋大米（一般50斤）。此外，男方家还要送女方一沓现金，不管百元、千元还是万元，礼金中都要多放"一元"，意为"百里挑一""千里挑一""万里挑一"，表示男方家对新媳妇很满意。然后，女方将陪嫁品送到男方家中，俗称"过嫁妆"。女方在嫁妆中夹入现金，即衣服口袋、鞋里塞上钱。男方家要把衣服翻过来，在口袋和鞋里配上加倍的礼金，最低不能少于娘家的礼金数额。男方给抬嫁妆者发喜钱，表示感谢。

▶ 压炕头

婚礼前，男方家请来公婆健在、儿女双全的两名或四名中年女性为新人做被褥，被角放枣、栗子、花生等物，意为"早日生子、儿女双全"。婚礼前夜，让新郎的未婚弟弟或侄子在新房中睡一夜，叫"压炕头"。

▶ 造厨

婚礼前一天，男方请厨师准备酒席，称为"造厨"。一般要提前杀猪，准备酒席食材。这一天，执宾、账房先生到场，远道的亲朋提前到来，男家设晚宴招待。

婚礼习俗图——造厨
董梦瑶画

▶ 迎娶

迎娶日，男方请一对夫妇去女方家接亲。接亲人一般是儿女双全的伯伯、伯母或叔婶、兄嫂等亲属。条件好、道路畅的人家驾马车接亲。20世纪六七十年代，生产队有毛驴，村民家里办喜事时可以借用。村里有"新娘进门越早越好"的说法，接亲人一般日出前出发，至女方家门前，要燃放鞭炮。新娘由父兄背上驴背。新娘系一条红腰带，上面有兜，装上钱，叫做"压腰"。新娘由叔婶或哥嫂送亲。新娘骑在毛驴上，身上穿或腿上盖一件皮袄，皮毛朝外，意为辟邪。

婚礼习俗图——迎娶
董梦瑶画

▶ **拜天地**

新娘到男方家,入门前燃放鞭炮。新娘由小
姑子等少女搀扶进院。院内放一方桌,新郎、新
娘并排桌前拜天地、拜父母、互拜。礼毕,新娘
被搀扶进入洞房,坐到炕上,娘家亲人陪伴新娘
进入洞房,以示关心和抚慰。

婚礼习俗图——拜天地
董梦瑶画

▶ **认亲、赴席**

婚礼日,女方的送亲人到男家后要随礼,民
间称"做事情"。男方家设"八八席"宴请亲朋。宴席开始后,婆婆带着新娘认亲、敬酒
后,长辈给新娘赠送礼金。

婚礼习俗图——认亲、赴席　董梦瑶画

▶ 洞房夜

洞房屋内张贴红"囍"字。晚饭时,夫妻相对,吃水饺,意为"子孙饽饽",要吃吉利的双数。这时,吃饺子时,屋外有人问小两口:"生不生?"新人一定要回答:"生",意为生子。新人就寝前,由嫂嫂为新郎新娘铺被褥。就寝后夫妻之间不说话,民间有窗外听声之风俗。

婚礼习俗图——洞房夜
董梦瑶画

▶ 回门

婚后三天,新娘携新郎回娘家,当天不能住下,必须返回婆家。婚后第四天到九天,新娘可以随意回娘家住上几天。新娘返回婆家后,就要安心过日子了。

二　时岁节俗

▶ 腊八节

农历腊月初八,各户人家的早饭是精心熬制的杂粮粥。煮粥的材料很多种,意为"五谷丰登"。中午吃黏干饭,一般用村民自己种的黏高粱、黏玉米制作。

▶ 小年

农历腊月二十三,传说中送灶王爷上天的日子,旧时各家农户都要"祭灶"。这天,家家都要打扫房屋,不让灶王爷把灰、土带走。晚上在灶台上摆上糖瓜,烧掉灶王爷神像,期待灶王爷"上天言好事,下界保平安"。

▶ 除夕

农历腊月三十,农历年最后一天。各农户贴春联、祭祖先、迎灶王。一般中午时祭祖。除夕的中餐是自家人聚会,不摆成宴席的规模,但饭菜丰盛,各种肉菜、各种美食尽量摆上桌,充满过年的喜庆和快乐。晚饭前,迎接灶王爷。村民家的灶台上一般有个木板支架,灶王爷神像贴在木板之上,两边对联写着"上天言好事""下界保平安",横批是"灶君之位"。这一天村民都要守夜,晚上十一二点时吃顿肉馅饺子,然后燃放鞭炮,迎接新年。

▶ 正月初一

一大早,家家燃放鞭炮,大人孩子都会穿上新衣,一家人吃新年的第一顿饺子。然后,晚辈给长辈拜年,长辈要给孩子发压岁钱。大年初一,郭家沟村的每一家都出门去拜年,而且全村每一家都要拜到,如同全村"大巡游",非常热闹、喜庆,增进了乡邻感情。有些亲近的乡邻早饭前就会去拜年。村里还有初五前不往院外扔垃圾的风俗,也就是垃圾只扫到院子的一角,不扔至院外。此外,这几天村民还不能动用刀剪。

▶ 正月初二

出嫁的女儿在这一天回娘家，一般不住下来。

▶ 元宵节

农历正月十五，又称"灯节"。村民午饭吃饺子。晚上，巧手妇女用剪刀把彩纸结成特定图形，折成灯筒状，抛进小河里或门旁、道边、院内角落等，谓之"散灯火"，意在避免瘟疫，驱散鬼魂。

▶ 二月二

农历二月初二，民间称"龙抬头"。一早，村民从河取新水，倒进水缸，意为"引来勤龙"。因正月不理发的民俗，男性村民一般在这一天剃头，村里有几位剃头高手为村民义务服务。午饭，各家自由选择饺子、烙饼或米饭，各有寓意：吃饺子意为"折龙耳"，吃烙饼意为"扯龙皮"，吃米饭意为"吃龙子"。龙抬头后万物复苏，蝎子等毒虫开始活跃、蜇人，村民家中贴上"公鸡叼着蝎子"的窗花，意为"镇住"蝎子。

▶ 清明节

公历4月5日，又称"寒食节"，晚辈为亡故的长辈扫墓，也称"上坟"，是村民非常重视的传统活动，延续至今。村中老人回忆，因为还要上工，一般早起备好供品、香火、挂纸等到祖坟扫墓、填土，祭奠祖先。中午，同祖同宗的男性一起会餐，俗称"吃寒食"。

▶ 端午节

农历五月初五，村民家家户户吃粽子。巧手主妇都会制作具有本地特色的粽子：以苇叶为外皮，泡水后的黏米中加上枣、栗子或豆馅，绑妥后煮熟，全家享用。民居房檐下挂上带叶的桃树枝，葫芦拴在桃树枝上，取避瘟消灾之意。村里老人回忆，端午这天家长会给孩子的衣服上缝上一个小布娃娃，娃娃的左腿和右脚要交合在一起。据说，这一风俗与唐代的黄巢起义有关，摆出这个姿势，证明是自己人，就能免去杀身之祸。

▶ 中元节

农历七月十五，又称"鬼节"。村民这天要祭祖，可去坟地祭奠，也可在家中祭奠。午饭时摆上饺子、果子（即点心）等贡品，烧纸钱。

▶ 中秋节

农历八月十五，是村民心中重要的节日。这天，晚辈给长辈奉上月饼、酒、果子等礼物。村民回忆，20世纪60年代，生产队会杀两只羊，让村民吃上炖肉。夜晚，全家人会坐在院子里边吃月饼边赏月，庆贺家人团圆、五谷丰收。

▶ **重阳节**

郭家沟村有尊老、爱老、敬老的优良传统。2006 年以来，村里更加重视这个节日。逢重阳节，村党支部和村委会将 60 岁以上的老人请到村委会，向老人们汇报一年的工作，征求意见和建议，向老人们赠送礼品、举办健康讲座，并请老人们会餐，使全村爱老、敬老的文明之风代代相传。

▶ **寒衣节**

农历十月初一，村民一般剪纸制作成衣服状，在坟前或者路口焚烧，意为给亡故的亲人送去御寒的衣服。

三　生活习俗

▶ **祭祖**

除夕（大年三十）中午，饺子煮熟后，各户人家先要进行拜祭祖先的仪式。首先，在屋里显著位置的桌上摆上饺子、果子等供品，因民间信奉"神三鬼四"的说法，祭祖时一般取"4"之数，即摆上 4 个碟子、4 个酒盅、4 双筷子，还要点燃 4 支香。意在禀告祖先，后代一切安好。4 支香燃尽后，全家人入席吃饺子。

▶ **求雨**

史上，村民在大旱之年有求雨之举。逢大旱时节，村里有身份的族人出面，组织村民结队前往村东北部的老龙潭求雨。老龙潭井口不大，但是很深，井内常年有水，不干涸，却也不会溢出，是人们心目中的"龙脉"，其他地区的农民也会来此求雨。民间有个有趣的传说：东陵附近有个大龙潭，面积更大。两个村民酒后争辩起来，一方坚称这个大龙潭的地位高于郭家沟的老龙潭。晚间这个村民就做了个梦，老龙潭的龙王告诉他，大龙潭的龙王其实是他的属下，要听他的指令行事。

求雨的程序很郑重。求雨人按照下大雨时进行装扮——头戴柳条编的头圈，裤腿高挽起至膝盖以上，脚上不能穿袜子。到达老龙潭后，举行祭拜仪式，摆上包子、果子等供品，燃放鞭炮，敲锣打鼓开始奏乐，村民参拜龙王。这时领头人要朗读特意请文人写作的"求雨表"，曰"三江四海，九江入河……"求雨人同时行礼参拜，把供品撒入潭中进献给龙王。仪式结束后，求雨人用锣在水潭里反复抄，这时不能使用对龙王不敬的网作为工具，捞出鱼、青蛙、癞蛤蟆（即蟾蜍）、水蛇等活物装入罐中，然后用寓意"龙架"的架子将这些"龙王使者""请"回家中供养。下雨后，村民再将"使者"送回到老龙潭。

▶ **帮工**

帮工是郭家沟村良好的民风。在生活困难时期，村民需要盖房时，要请大工，村里张树廷、张玉文等是有木工、瓦工手艺的大工，只是象征性收费。其他小工均为乡里互相帮忙，一般不讲代价、不计报酬，称为"帮工"。被助者根据自己能力以茶、烟或饭菜招待劳动的乡亲们，以示感谢。茶一般为自家制作的黄芩叶茶、枣树叶茶。家里没有能力为去世的老人料理后事时，乡亲们主动帮工抬人、出殡，被助人家有时只以家常便饭表示感谢。

现在，人们的生活水平虽然提高了，但是村民之间这种温暖人心的帮工依然盛行。

▶ **盖房**

破土建房，必择吉日。旧时要焚香祭神，建新宅时要请先生看风水。村民建房有很多讲究：大门要开在南面，条件不具备的要开在东南面（民间称巽门），不开西侧门，且不能直对胡同、烟囱、桥口等；厢房必须低于正房，意为"厢不压正"；建房时一般靠近宅基地的西侧，房屋建成后，想接外跨房间时，可以往东接，不必往西接，符合民间风俗的"接东不接西"。

在房屋墙体起来后要上梁，这是盖房最重要的工序。村民回忆说，20世纪六七十年代，上梁前，主家一般送给领工少量钱币，取吉祥之意，然后摆茶点（即点心和茶水）请大家品尝。上梁时，先在大檩中间挂上"太极图"，然后用麻袋包裹上，到吉时，方可抖开麻袋，露出太极图。随后开始燃放鞭炮，然后大脊合龙，房屋主体基本完工。旧时村里有"五天冒烟"之说，指五间房的民宅五天完工，而两三间房的民宅会更快完工。

▶ **迁居**

村民择良辰吉日搬入新居。民间习俗，迁居必须在太阳升起前，先要在旧宅烙一张大饼，只能一面熟，然后搬起锅进入新居，升起旺火，将另外一面烙熟，寓意今后日子"翻烧""红火旺盛"。

亲朋一般携火柴、筷子、肉、粮、升（一种量器）等礼品前来"添宅"，民间叫"赞助"，意为"兴旺、红火、步步高升"。村民还会送一种细粉丝，意为常（长）吃常有。兄弟之间分家迁居，亲戚也会带着礼物来"添宅"。20世纪七八十年代，"添宅"礼品以火柴、筷子和生活用品居多。20世纪90年代以后，礼品多为厨房用小家电或礼金。"添宅"习俗村里至今还在延续。

20 世纪 90 年代村居

▶ **宴席**

村里宴席有"八八席"（即八碟八碗）、"六六席"（即六碟六碗）。旧时村民家中生活困难，席上只能摆上很小的碟和碗（市集上有售），但是村民重视吉祥和规模，必须是"八"或"六"之数。每桌坐八位客人。八碟有咯吱盒或"鹅脖"豆皮、熏肠、熘丸子、卤肉（小肉块垒成塔状）、黄瓜（或藕片）拌猪耳、腱子肉、炒杂拌、拔丝白梨（或苹果）等。八碗是条肉、方子肉（方墩肉）、菱形肘子肉、片子肉（一般为两片）、虎眼丸子（又称四喜丸子）、假鸡肉（以瘦猪肉代替）、黏米裹排骨、清蒸河鱼。

赴席时，客人长者坐上座，有父子不同席、男女不同席的规矩。婚宴时娘家有女客、寿宴时也有女性亲属，女客要自成一桌，但孩子不能入席，一般立在桌边，不能自己动手，要由母亲来喂。每桌坐八位客人，因此方子肉等菜品皆切成八块，每人一块。

▶ **防火**

村里有"穷灶坑，富水缸"之说。"穷灶坑"，就是每天必须要把灶坑里的灰烬掏干净，灶前不能堆放柴火，以防止火灾。"富水缸"，就是水缸永远要存满水，万一起火时，可用缸里的水快速浇灭。旧时村里的石头房屋中木质材料比较多，村里老人说，"椽子檩子木头扒"，中间层是高粱秸，再覆盖和着泥的山草。所以防火是村民家中重中之重的事。

▶ **本命年**

村民本命年时，要穿红衣服、扎红裤腰带、穿红袜子。

四　生育习俗

旧时,孕妇生产前,娘家把小被子、婴儿衣裤等送至女儿家,婆家一般提前准备好相应物品。孕妇在婆家生产,分娩时请接生婆(俗称"老娘婆")接生,卷起炕席、铺上干草,产妇躺在草中生产。因村子小,孩子出生后,亲朋邻里很快就会知晓,人们纷纷过来随礼祝贺,一般送面和红糖。

产后第 7 天,请"老娘婆"吃午饭。产妇吃水饺,俗称"捏骨缝"。

产后第 10 天要举请客庆祝,称"办十"。客人是随过礼的亲朋好友。但是,真正请客的日子不是在第 10 天,而是"丫头多一天,小子缩一天",即女孩出生后的第 11 天、男孩出生后的第 9 天,以示区别。

婴儿满月时,产妇携婴儿回娘家,民间称"挪骚窝"。如果没条件回娘家,产妇则会挪到邻居家住一下。

婴儿出生满 100 天,称为"过百岁",是个重要日子,要请客庆祝。村里一般是婴儿出生的第 99 天请客。客人送的礼物也有讲究,称"姑姑鞋,姨娘袜,姥姥的墩墩(即腰围子),妗子(即舅妈)的衩儿(即裤子)",祝愿孩子身体强壮、避邪免灾。

婴儿满周岁时,村里有"抓周"习俗。将笔、算盘、书、玩具刀枪等物品摆放在孩子面前。近年来,年轻人还有放上鼠标等物,由孩子自由抓取选择,以此"预卜"孩子的兴趣和前途。以后的生日,一般给孩子煮一两个鸡蛋吃。

改革开放以后,越来越多的产妇去医院分娩,产前产后的旧习俗有所减少。

五　寿诞习俗

老人的 60 岁生日称"寿辰",俗称"六十大寿"。后辈及亲友携酒、肉、果子等前来祝寿。村里风俗,老人过 65 岁生日,叫"抢五",意为"抢吉祥"。老人 70 岁、80 岁寿辰更为隆重,子女设宴款待亲友,主食为面条,取"长寿"之意。村里老人回忆,困难时期,老年人寿日只能享受吃煮鸡蛋和白面馒头的待遇。

六　丧葬习俗

村中办丧事讲究礼仪,以悼念故去之人。

人故去后,根据自家情况,一般停放 1 天或 3 天。亡人之子头戴白色孝帽,待死者下葬后摘掉,脚上穿的鞋要缝上白色孝布。父母中一位老人去世时,白布缝半只鞋,即缝至鞋口,两位老人都去世时,白布则缝满整只鞋。

下葬日,家人先去坟地挖好坑,然后根据时辰将亡人入土。埋坟人回来后,家属请客人吃"八八"或"六六"的正席。村里旧时实行土葬,1975 年后实行火葬。各家原先均有坟地,2012年旅游精品村改造后,各家坟地统一迁到东坡的村公墓。

亡人入土第3天,是上坟祭拜日。家人用七根秫秸,横三竖四插在坟上,这个仪式叫"插房"。民间传说:太阳出来前插出来的是瓦房,太阳出来后插出来的是草房。因此这天家人必须起个大早去上坟。这天,要给坟头重新填土,称"圆坟"。

亲人故去后,每七天一祭,直到"七七"。"五七"时祭奠规模最大,子女都要参加,需要到坟地祭拜。其他"七",一般在家中祭奠。故人离去第100天,称"百日",儿女到坟前祭拜。故去三年内,每年要办周年祭奠,第一和第三周年的仪式比较隆重,子女亲友持供品到坟前祭奠,然后设酒席待客。

除上述习俗外,还需在清明节时为先人扫墓、农历十月一日为故去的亲人"送寒衣"。

第二节　禁　忌

住宅布局中的规矩比较多,村里有"桑枣杜(指野梨树)梨槐,不入阴阳宅""前不栽桃、后不栽柳"的说法,意在避开"丧""离"之谐音。还有"院内正对门处忌栽树""小院忌开设西门"等。

婴儿出生后的第4天和第6天,亲朋不能上门送礼,以免"踩奶"(产妇断奶)、带风(小孩抽风)。

正月不举办婚礼,腊月不定亲,即"正不娶、腊不定"。旧俗中,如一年中没有立春节气,青年人当年不办婚礼。若遇本命年,年轻人也不办婚礼。

正月忌理发,不给老人准备寿材、寿衣。

除夕夜的饺子如果煮破了,不能说"破了""坏了",要说"挣了",即"挣钱发财"。

农历二月二,家中属龙的老人,一天不能动刀,免伤身体。

借他人药锅熬中药时,不能主动归还,须等对方来取。

生活中,村民还有很多忌讳,如:亲人忌分食同一个梨;忌用筷子指人;午后忌探望病人;午后忌携果子(点心)、酒等拜客,从外壳包装看让人误解为丧事;招待客人时,倒水不能太满、倒酒不能不满;餐桌上忌将鱼尾、壶嘴朝向人等。

第二章　方言俗语

第一节　方言土语

白果儿：鸡蛋

半拉（读三声）儿：附近，跟前儿。

半拉（读一声）：一半。

傍黑儿：傍晚。

包了（liǎo）儿：全部买下。

宾　着：双方谦让都不好意思先做。

贴　谱：靠谱，可信。

不答撒：不理。

拨楞头儿：头左右摇摆。

拆（读二声）兑：想想办法。

抄边儿：沾光，不费力而得到。

眵目糊：眼屎。

揣孩子：怀孕。

床拍子：停死尸用的床。

呲　嗒：厉声责备。

搭帮儿：合伙。

打片瓦儿：砸水漂儿。

嗫　咕：小声说话。

掂　对：权衡考虑。

跌前趴：向前跌跟头。

顶：头发旋儿。

抖　啦：抖动，使尘土去掉。

赌鳖子：赌气暗争。

多前儿：什么时候。

儿马蛋子：公马。

科　马：母马。

二　糊：马虎。

粉嘎渣儿：将豆类磨成浆烙成的薄饼。

该透了：欺人太甚。

狗蹦子：跳蚤。

咕咕鸟儿：猫头鹰。

拐　咕：性格特殊。

汗褟子：衬衣。

薅　苗：间苗。

见天儿：每天。

金镏子：金戒指。

金藤花儿：金银花。

舅爷儿：妻子之兄（弟）。

开板儿：旧时商店开始营业。

抠　余：吝啬。

刺　挠：痒。

郎猫子：公猫。

礼　猫：母猫。

叫　驴：公驴。

草　驴：母驴。

老　疥：癞蛤蟆。

蹽：跑开。

砢　碜：丢人、没有面子，或形容长相难看。

落草儿：孩子出生。

落道帮子：游手好闲不务正业的人。

没四至：办事没规矩。

棉花套子雪：鹅毛大雪。

闹窄儿：生病。

能耐梗：不懂装懂，假充有能耐。

掐高粱：摘高粱穗儿。

蛐　扯：蚯蚓。

杀　地：秋后犁地。

煞　台：散戏。

手巴掌儿：棉手套儿。

刷（读四声）利：办事利索。

耍　臕：讽刺人天冷而穿得单薄。

双（读四声）码儿：双胞胎。

水嘴子：光说不办事的人。

堂屋儿地下：过道屋，厅堂。

天（读二声）头：天气。

听　听：用鼻子闻。

下死烂：庸俗下贱的人。

蝎虎鲁子：壁虎。

牙　狗：公狗。

阵么前儿：这时候。

中：行，可以。

转影碑：欺诈躲闪不照面儿。

嘬瘪子：感到为难。

打　脸：水果表皮坏损。

聊　班：聊天。

验　上：相中，看上。

车歪了：翻车。

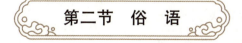

第二节　俗　语

一　生产类

七月葱，八月空。

处暑找黍，白露割谷。

稻莠只怕风来摆，麦莠只怕雨来淋。

立冬不出菜，必让大雪盖。

数伏凉，浇倒墙。

冬走十里不亮，夏走十里不黑。

牛要吃饱，马要夜草。

七月枣，八月梨，九月柿子上了集。

山上多栽树，等于修水库，雨多它能吞，雨少它能吐。

树不修，果不收。

霜降萝卜立冬菜，收不及时准遭害。

小暑热得透，大暑凉飕飕。

要好吃，桃南杏北梨东枝。

要想害虫少，除尽田边草。

一场秋雨一场凉，三场白露就下霜。

一年之计，莫如种谷；十年之计，莫如栽树。

旱耪田，涝浇园。

旱刮东风不下雨，涝刮西风不开天。

种子年年选，产量节节高。

二　生活类

不经霜的柿子不甜。

车到山前必有路，水到滩头必有沟。

吃水不忘挖井人，吃饭不忘种田人。

抽巴葫芦开不出好瓢来。

出门送客，下车问路。

打墙拉锯，请也不去。

灯不拨不亮，理不辩不明。

冬吃萝卜夏吃姜，免得医生开药方。

隔河一里不算近，隔山十里不算远。

喝凉酒，使赃钱，早晚是病。

会打会算，钱粮不断。

积财万千不如薄技在身。

鲤鱼头，鲇鱼尾，吃不着，噘起嘴。

家贫不算贫，路贫贫死人。

紧打酒，慢打油。

久病成良医，百问成行家。

酒要少吃，事要多知。

客随主便，客不送客。

骑马骑当间，骑驴骑屁股蛋，骑骡骑前夹绊儿。

勤是耙子，俭是匣子。

请席不误，赶席不赴。

穷灶坑，富水缸。

撒谎瞒不过当乡人。

上山容易下山难。

省了盐，酸了酱，省了柴火凉了炕。

树老根多，人老话多。

水缸穿裙、盘山戴帽、燕子低飞、长虫过道——必是大雨到。

屋里不烧火，屋外不冒烟。

小孩要管，小树要揎。

衣不差寸，鞋不差分。

有柴有米是夫妻，无柴无米各东西。

鱼生火，肉生痰，青菜豆腐保平安。

针无两头尖，人无百样懂。

三 歇后语

八月的柿子——越老越红。

菜板上翻斤斗——滚刀肉。

苍蝇落在鸡蛋上——没缝下蛆。

草帽子烂了边——顶好。

冻豆腐——难办（拌）。

胳肢窝夹柿子——没看过这么婆（懒）的。

过河的卒子——横冲直撞。

耗子啃茶壶——口口是瓷（词）。

后脑勺留胡子——随便（辫）儿。

锯锅戴眼镜——找岔（碴）儿。

老虎吃鹿——死等。

老太太吃柿子——专挑软的捏。

凉锅贴饼子——蔫溜。

碌碡打墙——实（石）顶实（石）。

马各庄的大葱——白儿长。

猫爪伸到鱼池里——想捞一把。

没笼头的马——野惯了。

门神爷贴墙上——不像话（画）。

盘子里的豆芽——扎不下根。

五道庙挖窟窿——透着鬼。

秋后的核桃——满人（仁）。

三伏天穿棉袄——捂汗。

四棱子鸡蛋——难找。

瓦匠砌墙——两面三刀。

小花狗掀门帘——全凭只嘴。

燕子窝掉地上——白搭了。

纸糊的灯笼——一戳就破。

第三章　风味美食

第一节　传统美食

一　一锅鲜

旧时劳累的村民省时又美味的特色饮食。采摘豆角、茄子、倭瓜等应季蔬菜，洗净，放入大灶锅内，加水、调料烧煮片刻，在烧热的大锅上沿贴上玉米面饼子，盖上锅盖一起焖熟。

二　塌锅饭

又称"肉塌锅"。用大灶锅中将肉炒熟，放入豆角、茄子、倭瓜等应季蔬菜，加水、调料，然后放入小米或大米，中火焖煮，水熬干时，米饭也熟了。米饭里混杂着肉菜的香气，让人味蕾大开。

生活困难时，村民常吃只有菜、没有肉的"菜塌锅"。这种健康美食更为当代人青睐。

三　碗坨两吃

将荞麦面与水搅拌均匀蒸制，蒸熟出锅后放在特定小碗中，晾凉，即为碗坨。碗坨看上去晶莹光亮、粉白微青，尝起来口感细腻、光滑筋道，风味独特。

吃法有两种，一是凉拌碗坨，将碗坨切成菱形小块，依据个人口味浇上醋、蒜泥、辣椒油和香油等，用竹签代替筷子，扎着吃。二是溜碗坨，即将碗坨切成大片备用，热锅凉油，葱姜爆香后，下入碗坨、木耳菜或者油菜等绿叶菜一起爆炒，淋入提前备好的生抽、醋、香油，出锅即可。

四　咯吱盒

咯吱盒是满族小吃，馅料食材为胡萝卜、香菜、白菜、盐、生抽、白胡椒粉、蚝油、料酒、香油等。制作时，先将绿豆浆摊成煎饼皮，摊好后晾凉。在饼皮上码好馅料，盖上另一片煎饼皮，面皮边抹上面粉糊粘紧，然后切成等宽长条，再将长条切成小菱形块。炒锅烧油，炸制颜色焦黄、表面稍硬即可食用。咯吱盒外观焦黄闪亮，入口酥脆，可当下酒佐餐小菜。

五　方墩肉

村民待客宴席的"八碗"之一。锅中加适当佐料，将一块方形的猪五花肉下锅煮制。将煮好的五花肉取出，炒糖色（或涂抹蜂蜜、老抽）以给肉皮均匀上色，下入七成热的油锅中炸制成型，晾凉后切成小方块，肉皮朝下码在碗底。将豆片（有时以自家制作大饼代替）码在肉上，倒入煮肉汤汁，撒上葱姜丝、大料瓣，上屉，大火蒸40分钟以上。上桌前，将蒸好的碗肉倒扣过来，即可上桌。

六　棒子面菜馎馎

棒子面即为玉米面。菜馎馎面皮的原料是细棒子面，为了不开裂，加少许白面，温水和面。馅料多为应季野菜，花椒芽、蒲公英、人心菜等，也可用背阴白（干白菜）、萝卜缨子等蔬菜。野菜要提前焯水、过凉，去掉苦涩味道，干菜要提前一天浸泡。菜馎馎一般不放肉馅，但不可缺少猪油提香。

菜馎馎

团制菜馎馎是展现手艺的关键环节。将面团在手掌里拍平，左手托着面皮，右手放进大量馅料，旋转间把大量的馅料包进面皮中。锅中放油，两面煎成金黄后，淋水盖上锅盖，数分钟后出锅。棒子面菜馎馎薄皮大馅、色泽金黄，口感酥脆，馅料清香，是美味又健康的主食。

七　烀饼

把大锅内煮好的米粥舀出去，锅底留少许汤汁，放入面粉搅拌均匀，点火后熬干水分制成饼坯，烤制成底部金黄色的脆嘎巴，是带着米香、面香、菜香的薄脆饼子。另有饼坯上撒野菜、韭菜等馅料的制作方法，称菜烀饼，制作过程俗称摊烀饼。

烀饼

八　咸食

即小菜饼子,把玉米面、白面、西葫芦碎或小倭瓜碎以及调料搅拌均匀,取适量面糊放入锅中,调成桃酥大小的小圆饼,煎熟即可出锅,制作过程被村民称摊咸食。

九　红糖包子

将核桃仁用铁锅炒熟,搓掉核桃仁的外皮,用擀面杖碾碎,芝麻炒熟碾碎,加入红糖,搅拌成馅料,放在发面皮内,包成包子,上锅蒸熟。核桃、芝麻是山区特产,加上红糖,既美味又滋补,是村民年节时享用的美食。

十　黏糕

村里有种黏小米的风俗,碾成面后,加入豆沙、芝麻碎、花生碎、白糖等馅料,揉成圆球,蒸熟,即可食用。

十一　黄芩叶茶

端午前后,从山上采来野生黄芩的鲜嫩叶子,上屉蒸透,放灶上炒干,晾晒后即为村民日常饮用的茶叶。黄芩叶具有清热解毒的功效,口感佳,还能养生。现在野生黄芩稀缺,只在深山里有少量生长。村民也用枣树叶、柿子树叶制作茶叶。

第二节　特色美食

一　炒柴鸡蛋

柴鸡蛋也叫笨鸡蛋,产自山中散养鸡,靠着山中小虫、青草、野菜为食,产下的鸡蛋个小、味道鲜香,营养价值高。炒柴鸡蛋只用油、盐、葱花,不放其他调料,尽量保持鸡蛋原有味道。

二　炸香椿鱼

主材是香椿的嫩芽,因炸制后形状像小鱼一样,因此叫"香椿鱼"。先调好面糊,将经过清洗的香椿放在里面滚动挂浆,然后放在油锅中慢炸,待颜色呈金黄色后即可捞出。摆盘后依个人口味撒上胡椒粉和椒盐等佐料即可食用。香椿鱼外皮金黄酥松,内里碧绿脆嫩,香味别具一格。

三　炸花椒芽

主材是采自春天的花椒树嫩芽。先用面粉和鸡蛋液做成面糊,将经过清洗的花椒芽放里面滚动挂浆,然后放入油锅中慢炸,待颜色呈金黄色后即可捞出,摆盘后依个人口味撒上胡椒粉和椒盐等佐料即可食用。

花椒芽只有每年四月份才有，也可用炸花椒叶替代，方法与炸花椒芽相近，炸制时候尽量保持花椒对生的自然形状，装盘非常美观。

四　凉拌马齿苋

马齿苋生长于菜田、农田、路旁，有清热利湿、解毒消肿、消炎、止渴、利尿、降血压等作用，被村民称为"长寿菜"。采新鲜马齿苋，洗净，放开水里氽一下，捞出，拌入大蒜粒、香油、醋、盐、十三香、胡椒粉等调料，即可食用。

鲜马齿苋也可清炒，把它切成一寸左右的段，锅里放油，烧热后，放入马齿苋，加盐、料酒、味精，速炒后关火，将大蒜切成碎末，放入即可。

五　大锅炖鱼

开展乡村旅游后，为款待都市客人，农家院经常制作大锅炖鱼，又称"一锅出"。取新鲜河鱼，洗净备用。铁锅中加适量油，烧热后放入葱、姜、蒜、酱油、醋、白糖、大料、花椒、盐等调味料，加水烧开，将鱼放入在锅中。中火炖煮约半小时，将条形卷子贴在锅沿处，文火炖10分钟，鱼和饼子的香气融合在一起，一起出锅即为一道大餐。

大锅炖鱼

六　千层肉饼

农家院常见的待客主食。饼皮晶莹透亮、色泽金黄、层次鲜明、外酥里嫩，馅料香酥适口、油而不腻，出锅时香飘四溢。

肉饼做法很讲究，把面和成不硬不软的面团，饧面两个小时。取七分瘦、三分肥的猪肉剁成馅，加入葱、姜等多种调味料搅打。饧好的面团擀成面皮，把调好的肉馅均匀地涂在面片上，撒上葱碎。在面片的每一边切上两刀。再将每一片面片层层叠起，最后把封口捏紧，擀成饼状。铁锅预热，放少许油，将肉饼放入。煎至两面金黄，千层肉饼就做好了。

七　郭家沟全羊宴

发展乡村旅游后，农家院为游客准备了全羊宴席，共十八道菜（与发大财谐音），分凉菜六道、热菜六道、大菜六道。此外，另有主食两道、汤羹两道、水果两道、干果两道等。郭家沟全羊大宴可组合为有九席九宴，意为长长久久。实际制作中，全羊宴丰俭随客，各有特色。

第八编 人 物

　　在郭家沟村的发展历史中，郭家沟人前赴后继，形成了男人担当有为、勤劳勇敢、坚毅果敢的优良作风，也形成了女人勤俭持家、相夫教子、尊老爱幼的优秀品德。这些宝贵的精神财富在历代郭家沟人身上体现出来，他们爱党、爱国、爱家，说干就干，言必信、行必果……涌现出胡俊、胡林、王佐发、张玉增等革命英雄；胡金领、张志刚等优秀党员干部；杨杰等优秀人民教师；还有多位复员军人、大学生等，他们是郭家沟人的优秀代表，也是郭家沟村不断前行的动力与支撑。正因为有了这些敢于担当的人，才成就了今天的郭家沟村。

第一章 革命前辈

一 胡俊

胡俊（1928—1948年），郭家沟村人，革命烈士。胡俊少年时期参加抗日斗争，1948年5月参加中国人民解放军，1948年10月牺牲。

1928年6月，胡顺宝、赵凤英夫妻的长子胡俊出生。儿时的胡俊目睹日本鬼子在家乡烧杀抢掠，乡亲们生活困苦，他对敌人恨之入骨。1939年，年仅11岁的胡俊与中共党员胡林一起负责为刘继抗游击队送情报的任务。由于当时胡俊还是个孩子，便于掩人耳目，很多送信的任务就由他完成。

青年胡俊（刘光辉制作）

1944年5月15日，在纛岭庙遭遇战中，16岁的胡俊跟着乡亲们抢救伤员、埋葬烈士。这场残酷的战争激发了他保家卫国的斗志，从此更加积极地参加革命斗争。

1948年5月，将满20岁的胡俊参加了中国人民解放军。新兵训练后，胡俊被编入中国人民解放军冀东军区十三团，成为英勇的革命战士。1948年10月，胡俊在玉田战役中牺牲。1959年6月，被中华人民共和国民政部批准为革命烈士。1983年7月，蓟县人民政府将《烈士证》颁发给胡俊的母亲赵凤英。

胡俊烈士碑

二 胡林

胡林（1913—1996年），郭家沟村人。1931年，九一八事件爆发，热血青年胡林在地区地下党组织的带领下，投身抗战斗争。

1938年夏，25岁的胡林加入中国共产党，成为郭家沟村第一位中共党员。那时郭家沟村还没有党支部，胡林的上级是游击队长刘继抗。胡林跟随刘继抗的队伍到过城关、邦均等地参加战斗。

　　胡云生听父亲胡林讲，当时胡林的任务更多的是配合刘继抗的部队送情报。为了更好地完成任务，他悄悄地在郭家沟发展革命力量。少年胡俊经常跟着他送情报。

　　据胡云生回忆，郭家沟村的西面有个山坡下曾经有个土洞，是胡林为了躲避日军和伪军的抓捕亲手挖的。这个土洞是胡林家的"避难所"——敌人来了就躲进洞里，敌人走了再回到家中。尽管当时条件艰苦，但共产党员胡林一直坚持着与敌人的斗争。1976年，这个土洞被推平。

胡林与妻子朱翠平（1980年）

　　1962年到1966年，胡林担任郭家沟生产大队长。作为老党员，胡林尽心竭力完成好党交给的工作，吃苦在群众前，拿好处的时候在群众后，受到村民们的尊敬。

　　1996年9月27日，享年83岁的老党员胡林去世。

三　王佐发

　　王佐发（1923—2022年），郭家沟村人。

　　1923年5月，王佐发出生。由于生活所迫，王佐发很早参加劳动，到16岁时几乎学会了所有的农活。17岁时，王佐发走进学校开始读书。

　　1940年春天，父亲王怀宝被日军杀害。为了报仇，王佐发成为刘继抗游击队的"编外战士"，参加抗日斗争。

　　1947年，新婚的王佐发报名参加中国人民解放军。他先被先编入蓟县大队二连，后编入警备一团五连；1947年12月，属独立五师十三团五连；1948年5月，属八纵队五八零团五连；1948年10月，属六十五军一九四师五八零团五连；1949年5月，属六十五军一九四师五八零团迫击炮连。

青年王佐发

　　在解放战争中，王佐发先后参加解放北平、解放太原、解放宁夏、贺兰山剿匪等战斗，他英勇顽强、不怕牺牲，为解放全中国作出了贡献。据记载，王佐发1948年在保定行军受奖励一次,1949 年进军西北时受物质奖励一次。

1951 年 2 月,王佐发参加抗美援朝,属六十五军一九四师五八零团二营。1953 年 5 月 5 日,王佐发被批准为中共正式党员。1953 年 8 月,他随大部队胜利回国。

王佐发的档案资料里,组织上给出这样的评价:

1. 思想坚定,经过解放战争和抗美援朝战争的考验,在战斗激烈艰苦的环境中没有动摇,不惜自己的一切完成任务。

1956 年王佐发获得的奖状

2. 工作积极,一贯吃苦耐劳,不论在任何时候,遇困难不低头,上级分配工作没讲过价钱,工作老练。

3. 学习好。在学文化时,能够虚心耐心向别人学习,克服了各种困难,提高了文化水平。特别是在总路线学习中,他抓紧一切时间学习,测验中达到了优秀成绩。

4. 团结同志。对同志没有过意见,态度和蔼、作风正派。

1955 年 3 月,王佐发复员回到郭家沟村,与妻子胡淑芝生下 6 子 1 女。王佐发安心务农,曾担任过村治保主任,他在工作上尽职尽责,在生活中积极乐观,受到村民的敬仰。

老年王佐发

1956 年 6 月 20 日,王佐发获得陡河水库工程局颁发的奖状,称"王佐发同志在修建陡河水库工程中,积极地参加社会主义竞赛,克服施工中的困难,按期用自己的出色劳动完成了修建任务,可称为社会主义建设积极分子"。

2022 年 9 月 5 日,王佐发老人去世。

四　张玉增

张玉增(1928 年 12 月 23 日—2020 年 3 月 24 日),郭家沟村人。

父亲张富冒,母亲张陈氏,他还有 4 个弟弟。当时,

青年张玉增

他家有耕地二十亩，住两间草房。地里每年产粮食 200 斤，不能够维持生活，依靠兄弟五个在外放羊、扛活补助家用。张玉增 8 岁时，父亲送他到小学读书。1941 年，张玉增读到初小四年，家里没有条件供他继续读书，便回村务农。

1947 年 6 月，19 岁的张玉增在蓟县自愿参军入伍，分到冀南军区十五分区蓟县大队，成为一名战士。1949 年 5 月，在中国人民解放军某连队担任班长。1950 年 5 月至1955 年 3 月退伍前，担任副排长。

1947 年 6 月至 1955 年 3 月，张玉增在部队战斗生活了 8 年，参加作战 8 次，负伤 3次。退伍时，他患有慢性气管炎。同时，因为身上有弹片残留，他也不能做 X 光等检查。

在部队的 8 年间，张玉增积极要求进步，于 1948 年 8 月在华北二兵团入党。1948 年11 月，张玉增转正。1948 年 11 月—1953 年 12 月，他担任连党支部小组长。

张玉增参加了解放战争、抗美援朝的多个战役。1948年 5 月，他参加了热河省古北口战役。作为一名战士，他执行摸哨兵任务，后参加战斗。1948 年 8 月，他在攻打察哈尔的战斗中，参加了青龙桥阻击战，作为前沿防卫班的战士，奋战在最前沿。1948 年 11 月，他参加进攻新保安战斗，担任尖刀班机枪射手。1949 年 4 月，张玉增在解放全中国的战斗中，参加了解放太原市的进攻战；在攻打南关的战役中，他是第一线尖刀连的战士。1949 年 10 月，在马家山战斗中，他担任六〇炮班长，掩护步兵进攻。1951 年 3 月，张玉增随部队赴朝鲜作战。在朝鲜临津江南，攻击美二十九旅的战斗中，他担任尖刀班班长。

张玉增积香居农家院留影
（2017 年）

1951 年 5 月，他因战斗勇敢，带领全班完成任务，经团政治处批准立三等功。1955年，部队给张玉增这样的评价：

1. 思想坚定，立场稳固，个人的利益能服从革命的利益，没有过高地要求个人利益。

2. 战斗勇敢，机智顽强，政治可靠，组织纪律性强。

3. 工作积极，管理大胆，军事上能想办法积极完成上级交给的任务。

4. 学习努力，细心钻研，特别是总路线学习中较好成绩，四分以上。

1955 年 3 月，张玉增退伍离开部队。后到铁道部丰台桥梁厂工作，1988 年，60 岁的张玉增从工厂退休。

2020 年 3 月 24 日，张玉增老人去世。

第二章 党员自述

一 胡青

男,汉族,1940年10月28日出生,初中学历,曾任郭家沟村党支部书记。

我家祖籍本在广东,清同治年间,我的太祖爷爷和太祖奶奶挑着担子从广东一路卖唱走来。最后走到了河北省遵化境内,在那里安家落户,勉强维持生活。清光绪年间,为了生计,我的太爷爷和太奶奶来到郭家沟村落户。

胡青

1951年到1956年,我在团山子上小学,后转入本村小学。1957年到1959年,在下营中学读初中。

1961年,我回乡务农。1965年到1967年,担任村民兵连长。1968年春到1970年,任大队会计。

1970年7月1日,我光荣加入中国共产党。1971年到1973年,担任郭家沟村党支部书记,张泰任大队长。那时还没有郭家沟水库,1958年修的"三八"小水库已经破烂得不成样子。我带领村民修理小水库,砸夯、挑土我都带头干。

1973年后,我不再担任村党支部书记。1975年底,开始修建郭家沟水库,我和乡亲们坚持出工、出力。水库建设使周围的村庄用上了水,解决了生产生活上很大的问题,体现了党和政府对人民群众的关心。

我的哥哥胡俊是革命烈士,1948年在解放战争中牺牲。我在郭家沟村养大了三个儿女、给三位老人养老送终。八十多年来,我经历了郭家沟村翻天覆地的变化。现在,我的女儿已经结婚生子,二儿子胡占友和妻子在村里经营农家院。大孙女生了两个孩子,我家已是四世同堂的大家庭。

虽然已经到了耄耋之年,但作为一位有50多年党龄的老共产党员,我仍然要积极参加组织生活,做年轻人的好参谋,为郭家沟村的发展贡献自己的微薄之力。

二　张志刚

男，汉族，1947 年 4 月 22 日出生，初中学历，曾任郭家沟村党支部书记。

张志刚

我出生的时候家在青山岭村，1977 年因修建郭家沟水库举家搬迁到郭家沟村。

1961 年，我从青山岭小学毕业后，在下营中学读初中。我只上了一年就回家务农了。我积极要求进步，15 岁加入共青团，17 岁任村团支部书记。我在村里组织了宣传队，经常排练演出，锻炼了自己的工作能力。

我从小接受共产党的教育，有坚定的信念，我知道只有共产党才能救中国，只有坚定不移跟党走，才能使我国的社会主义建设取得胜利，才能国富民强，过上好日子。

1975 年，我向党组织递交了入党申请书，1976 年 6 月 4 日被批准为中共正式党员。1977 年到 1985 年，我担任郭家沟村党支部书记。在任期间，我和村干部带领村民栽果树、种粮食，力争摆脱贫困。1979 年，随着改革开放，果树划片承包。1982 年后，村里实行了家庭联产承包责任制，耕地和果园承包给村民，山村的贫困面貌逐渐改变。

1985 年，村里与郭家沟水库管理站成立联合党支部。1989 年，郭家沟村设党支部，我再次当选党支部书记，任期至 1998 年。

我在郭家沟村两次担任村党支部书记，在这个岗位上工作了 17 年。17 年中，我坚守初心、清正廉洁，关心群众疾苦，努力改变贫困状态。期间，我带领村民开展回收废铁等多项致富工作，尽自己最大努力让村民生活得更好、更幸福。

从党支部书记岗位退下后，我仍始终关心和支持村里的各项工作。2002 年带头开办了农家院。在 2012 年全村改造中，我成为工作小组成员，尽心竭力协助村党支部和村委会做群众工作，为全村的发展贡献自己的力量。

现在，郭家沟村发生了翻天覆地的变化。我家的农家院在儿子、儿媳细心地经营下也升级为精品民宿。虽然我的年龄大了，但我知道，共产党员永远没有退休的时候。我要以身作则，严格要求自己，永远做一名合格的好党员。

三 张福刚

男，汉族，生于 1949 年 4 月 25 日，属牛，初中学历，曾任郭家沟村党支部书记。

我是中华人民共和国的同龄人，亲身经历了国家的发展，对中国共产党有着深厚的感情。

我家原住在青山岭村，1977 年因修建郭家沟水库搬迁过来。我初中毕业后回村帮助父亲种地。1968 年，19 岁的我当上青山岭村的电工。20 岁，我成为下营公社的电工。

1973 年，我 24 岁，当上了下营公社电业所管电员。1976 年，公社得到第一辆车的买车名额，买了一辆 130 小货车。公社派我去学习驾驶，我成为公社培养的第一个司机。

张福刚

1983 年，下营公社改为下营乡，市场经济取代了计划经济。我贷款买下了自己的解放牌大卡车，开始跑运输，成为郭家沟村"第一个买汽车的人"。

1995 年，我尝试回村开工厂。利用郭家沟水库南岸的几间空房，我经营起纺织玻璃纤维布业务。但由于种种原因，项目以失败告终。

1996 年 5 月 23 日，我光荣加入中国共产党。1997 年，我回村种地。1998 年，我当选郭家沟村党支部书记。我不断探索如何带领村民脱贫，与企业合作葡萄种植项目。后来，因种植葡萄效益不好，改为栽果树。

从 1998 年到 2004 年，我连任两届村党支部书记，先后与村民委员会主任胡海信、胡金领共同努力，带领村民探索摆脱贫困的道路。2000 年，我们开始为乡村旅游扫障碍。我们克服困难，带领村民修了一条 1.5 千米的柏油公路，打通从马营公路进入郭家沟村的最后一段路。

2004 年，我从村支委会退下来，仍然积极参加党组织的各项活动。在旅游村的改造中，尽我的力量多做工作。

如今，郭家村不仅走出了贫困，还率先进入小康。我的三儿一女都已成家立业，两个儿子都开了民宿，收入可观。孙辈们或上大学或参加工作，日子越来越好。

在村"两委"和广大村民的共同努力下，郭家沟村发生了根本的变化。作为一名老党员，我要永远跟党走，为郭家沟村的发展多作贡献。

四 张印

男，汉族，1950 年 2 月 23 日出生，初中学历，曾任郭家沟村党支部书记、村民委员会主任。

1957 年，我在本村小学读书；1960 年到 1962 年，在刘庄子完小读到小学毕业；1963 年到 1965 年，我在下营中学读书。1966 年到 1972 年，我回村务农。

1973 年 12 月，我从蓟县参军。到 1975 年，我在部队当兵。1975 年，我复员回到郭家沟村。

1976 年，我到砖厂当了工人。因为工作能力较强，我负责给厂里训练民兵，被评为县级先进个人，出席了表彰大会。我是合同工，当时很有希望转正。恰在这时，下营乡党委希望我回村工作。我决定响应组织号召，放弃了这次转为职工机会。

张印

1977 年，我回村担任村民兵连长，带着十几名民兵，执行警卫、看青、抢险、警戒和保卫水库等任务。1977 年 1 月 2 日，我光荣加入中国共产党，入党介绍人是王佐发、张志刚。

1985 年，我曾任村党支部书记三个月。1989 年，张志刚任党支部书记，我任村民委员会主任，直到 1998 年。

近年来，郭家沟村发生了很大变化，我当兵前盖的 3 间小房，在 2012 年旅游村改造时彻底翻盖，还加盖了东西厢房 8 间，开了农家院。2022 年，儿子张艳国将农家院升级为民宿。儿媳刘朝阳将民宿经营得非常红火。

现在，我的孙子在兰州上大学、孙女上小学。感谢党的好政策，改变了家乡的面貌，使我和老伴过上了无忧无虑的生活。作为老党员，我要永远不忘党的恩情，永远做一名好党员。

五　张玉刚

男,汉族,1952 年 9 月出生,中专学历,曾任郭家沟村会计。

我出生在青山岭村,1958—1961 年在青山岭小学读书,1962—1964 年在刘庄子完小读书,1965 年入读国办蓟县第九中学第十八班,1969 年初中毕业。

张玉刚

其后,青山岭大队派我去县五七大学参加师资培训。1971 年开始,我在青山岭小学任文体教师。由于身体原因,我于 1975 年离开教育行业,在供销社照相馆工作 3 年。

1976 年,我与供销社代销员王玉茹结婚。1977 年,由于修建郭家沟水库,我们张氏全家搬迁到郭家沟村。

1979—1984 年,我在郭家沟村担任会计,然后到天津长城电解锰厂任会计。1991 年在环宇化工厂担任副厂长、会计。由于工作表现突出,1992 年 7 月 1 日,我光荣加入中国共产党。

1993 年,下营乡政府与澳大利亚合资建海隆轧钢厂,我负责筹建处会计工作。1994—1996 年,在下营乡玻璃丝布厂担任厂长、会计。

1999—2002 年,我在郭家沟村承包山地,栽种栗子树。

2012 年,郭家沟建设为旅游精品村,我家也改造为精品农家院,以自家门牌号命名为“二十一号院”。我们经过多年的辛勤努力,取得了不错的经济效益。

2018 年,我在区戏曲大赛中获优秀奖,现在经常参加下营小剧团的慰问演出活动。

几十年的人生经历,让我感觉到社会发展得很快,人民的生活水平和质量提高得太快了。50 年前连一辆自行车都买不起的我,到现在我家拥有几辆小汽车、两三处楼房,全靠党的好政策和各级好领导,让我们过上了衣食无忧的幸福生活。

作为一名共产党员,我要永远不忘初心,发挥自己的智慧和能力,为郭家沟村发展献计献策,为建设更美好的未来贡献力量。

六　胡海生

男，汉族，1958 年 2 月 13 日出生，高中学历，曾任郭家沟村民兵连长。

胡海生

我的父亲胡瑞丰曾经担任过村干部，母亲崔玉兰是青山岭村人。1966 年，我在村小学校上学。1971 年，我到刘庄中学上初中。1974 年，我到下营中学上高中。非常感谢我的父母，支持我读到高中，让我成为有文化的农民。

1976 年 3 月，我参军入伍，成为中国人民解放军北京军区空军地勤的一名战士。部队培养了我对待工作和生活认真负责的态度，也树立起对集体的责任感。1979 年 3 月 4 日，我光荣加入中国共产党。1980 年，我复员回到郭家沟村，正式成为中共党员。

1981 年，我担任村民兵连长。1982 年，我到天津电话局的工程队打工，每天辛勤劳动，行走于天津市区的大街小巷。1984 年，我结束打工生涯，回到郭家沟村务农。

在中国共产党的领导下，我们村赶上了国家的好政策，发展成为旅游精品村。村里的带头人为郭家沟村找到了好出路，全村生产、生活发生了翻天覆地的变化。2011 年，我和老伴开办了六号院农家院，效益很好，我们全家的生活水平不断提高。为跟上郭家沟旅游精品村的建设步伐，2015 年，我们又提升改造了自家的农家院。现在农家院由儿子胡凯然和儿媳王杰经营，他们很能干，又开了一家民宿，还在城区买了楼房。

如今，我的母亲 82 岁，身体健康。我有一儿一女，儿子在村经营农家院，孙子和孙女上了幼儿园；女儿胡金旭研究生毕业后在北京工作，已经结婚成家。为了让我们老两口的生活更加舒适，儿子还给我们在镇里买了楼房。我们一家人，四世同堂，过着幸福的生活。

是中国共产党给了我幸福的生活。作为老党员，我要多参加学习，不断提高自己，一辈子听党的话，更要为我们村的发展贡献自己的力量！

七 胡永全

男,汉族,1958 年 9 月 12 日出生于郭家沟村,初中学历。

我的父亲胡荣元、母亲王翠兰生了 5 个孩子,我排行老五,有 3 个姐姐、1 个哥哥。因大爷和大娘早年病故,我家还养着大爷的女儿。在父母勤劳操劳下,一家 8 口人生活稳定。

胡永全

1965 年,我 7 岁那年在村里的小学上学。小学毕业后,我到了东于庄村的爨岭庙中学上学。1973 年,我回村务农。第一年,我在干地里农活,第二年开始给生产队放牛。我每天赶着 7 头牛上山吃草,把牛训练得个个听话,还下了小牛,心里很有成就感。

1976 年到 1978 年底,我在郭家沟水库工地出工,由大队记工分。1979 年,我从水库工地下来后,又去出工修路。这条路就是今天的马营公路,我参与修筑的是从下营镇往东的路段。这一出工又是一年。

1980 年,我回到村里务农。当时的郭家沟大队下设两个小组,我是其中一个的小组长。每天负责给十几户村民安排活儿。后来,两个小组合并,我担任郭家沟生产大队副队长。1981 年到 1982 年,我担任郭家沟生产大队队长。1986 年到 1988 年,我担任村民委员会主任。

1991 年 5 月 8 日,我光荣加入中国共产党。

我年轻的时候,因为生活困难没有成家。直到 40 岁,经人介绍在平谷找到了伴侣。我靠着卖力气打工干活,帮助三个孩子成人成家,我们老两口也过上稳定的生活。

希望我的家乡越来越好!

八　张金波

男，汉族，生于 1961 年 12 月 7 日，高中学历，曾任郭家沟村党支部委员。

我记事的时候，不管家里生活多困难，父亲也要千方百计保证我上学。1969 年，我在本村上小学。1974 年，我在巑岭庙中学读初中。1976 年，我考上了下营中学高中部，1979 年高中毕业。1978 年，国家已经恢复高考，我决心考大学，实现父亲的心愿。可是没想到，距离高考前三个月，父亲突然去世了。那时，姐姐们已经出嫁、母亲的胳膊有残疾，18 岁的我只能放弃考大学，回乡务农。

张金波

1980 年，郭家沟大队购买了一台手扶拖拉机。大队派我去学习驾驶，我成为村里第一个拖拉机手。20 世纪 80 年代初期，郭家沟村实行了分田到户，原来属于集体的手扶拖拉机要卖给个人。当时手扶拖拉机的定价是 800 元。我想把拖拉机买下来，但是家里没有钱，只好看着别人把拖拉机开走。

1982 年，为了生活，我离开郭家沟村外出打工，在蓟县水泥厂的矿山车间干了三年矿工。1985 年，我结婚后，用打工攒下的钱买了一台手扶拖拉机。除了干农活、种地以外，我开始拉脚挣钱。追随着改革开放的脚步，我曾在前干涧电解锰加工厂当业务员、在石炮沟化工厂担任厂长兼业务员、在小港紫砂砖厂生产线烧砖。

1994 年，我翻盖了老房子。为了挣钱，我继续外出打工。

2002 年，我当选为村委委员。我们动员村民做农家乐，我和胡金领带头干起了农家院，为村民树立了榜样。

2004 年 6 月 9 日，我加入中国共产党。2006 年，我担任村党支部委员。那一年，我响应县委、县政府的号召，率先改造农家院，盖了东西厢房各 4 间，形成了小四合院的格局，成为全村农家院样板户。2012 年，郭家沟村进行了整体的提升改造，我家再次成为旅游精品村的标杆农家院。

2015 年年底村党支部换届选举时，因为妻子胡淑芬生病，我没有继续担任党支部委员。随后，我进入村旅游公司工作。

我见证了家乡的山乡巨变。作为一名共产党员，我要加倍努力工作，让我的乡亲们的生活好上加好！

九　胡金领

男，1970年8月20日出生，初中学历，任郭家沟村党支部书记、村委会主任。

胡金领

我是土生土长的郭家沟孩子，太爷爷胡文顺和爷爷胡珍有做木梳的好手艺。我在村里上了小学，在爨岭庙初级中学读书，初中毕业后回村务农。

1988年，我学会开车，在紫砂厂当司机，经常往返东北、华北地区拉料，开阔了眼界。1991年，我与车道峪村许翠双结婚，生了两个女儿，都已成家，我已经当上幸福的姥爷了。

1993年，我在镇上开了建材商店，业务逐渐有了起色、效益稳步提高。这时，村里人希望我回村带领大家致富。30岁的我决定试试！2000年，我当选村民委员会主任。2001年，我加入中国共产党。2003年至今，担任村党支部书记、村民委员会主任。

刚上任时，周边很多村已经富起来。年轻的我虽感压力，但心里有种不服输、想干事的豪情。首先是学习，我和干部们经常到邻近的常州村"偷艺"，还到秦皇岛市、北京市、广东省等地考察。我们决定分"三步走"：环境提升、农家院发展和公司化管理。

从外人看，郭家沟村发展飞快。但我的体会是很辛苦，压力也很大——党员干部必须勇做先锋，必须脚踏实地干实事。面对村民的保守和犹豫，我决定当只"领头雁"。2002年，我领头办起农家院；2003年，投资翻盖老房，建起标准农家院。在党员骨干支持下，村里第一批5家农家院营业。看到有钱赚，很多村民跟着干起来，到2006年，郭家沟有了11家农家院，当时已经被称为旅游村了。2012年，村里与上级党委政府紧密配合，将郭家沟打造天津市旅游示范村。郭家沟村不仅景观提升，重点在于管理方式转变，实行公司化统一管理，农家院要在全村大盘子里搞好各自服务。这样的郭家沟村很快获得了市场认同，成为天津乡村旅游的亮丽名片。我们一直没有停步，每年小改，三五年大改，到2022年，郭家沟村被评定为国家4A级旅游景区。

在郭家沟的发展中，党组织是领导核心。我的成长离不开上级党组织的教导和扶持，党员干部的支持，今天的成绩离不开全体村民的耕耘和努力。

……大代表、市党代表，开阔了眼界，提高了认识，希望为乡村振兴的伟……慧与力量。

齐心协力干下去！

十　王凤国

男，汉族，1970 年 4 月 16 日出生，初中学历，任郭家沟村党支部委员、村委会委员。

我家一共 10 口人，我是最小的。我的父亲王佐发是
一名革命军人，参加过解放战争和抗美援朝战争。父亲
是个让人敬仰的老革命，他思想坚定、工作积极，始终是
我学习的榜样。

王凤国

我 1977 年在郭家沟村上小学，后来到团山子小学
读书。后来，我觉得自己应该去赚钱，帮父母减轻一点负
担。16 岁时，我就到城里打工挣钱。那段经历虽然辛苦，
但也让我开阔了眼界，看到了国家改革开放的大好局面。

2011 年，我决定回村发展。因为我听说，我们这个
小山村要被改造成旅游精品村。回村后，我被选为"村民
代表"，跟着村领导班子一起参加了提升改造郭家沟村的工程。2012 年，郭家沟村改造完
成，成为天津市第一个集中管理的旅游村。

2013 年，富裕起来的 43 岁的我，终于娶上了媳妇，有了自己的小家。2014 年，我们
也建起农家院，起名清涵阁。那时，郭家沟旅游村的名气很大，那一年我们的收入就达到
三十多万元。同年，我郑重地向党组织递交了入党申请书。2015 年 8 月 21 日，我成为一
名光荣的中国共产党员。

2020 年，我们对小院进行了升级改造，成为设施齐备、环境优雅的现代民宿，经营权
也交给年轻的儿子。在一家人的勤奋努力下，我们的小院生意红火，

现在，我担任村党支部委员、村委会委员，主要负责村内环境方面工作。虽然每天都
很忙，但我能看到希望，看到郭家沟村在乡村振兴的道路上越走越快、稳走越稳。为全村
的发展、为乡亲们的美好生活，我愿意作出自己最大的贡献。

希望我们村的旅游业越做越好！希望儿子能娶个好媳妇！希望女儿好好学习，考个
好大学！

十一 张艳国

男,汉族,1977年1月5日生,初中学历,任郭家沟村党支部委员。

我的父亲张印是一名老党员,还是一名复员军人。我1984年开始上学,家长和老师教育我知识改变命运,必须好好学习。感谢国家的九年制义务教育,让我从一个懵懂的少年变成了一个有知识有理想的青年。

张艳国

高中毕业后,我步入社会,想到要学会一门手艺,让自己的生活有保障。为适应中国社会快速发展的需要,我学习了弱电工程技术,从事架接电话线等工程。开始时每月收入350元,一干就是十多年。后来我每个月的工资能拿到4800元。

我于2004年5月15日加入中国共产党。2008年,在乡亲们的影响下,我家也开起了农家院,当时的收费标准是每人每天80元,经营收入能够维持家里日常开支。

2012年,有了旅游精品村建设的机遇,我决定放弃收入稳定的工作,回乡参加旅游村建设。外部装修由村里统一规划,我在原有农家院基础上进行了内部装修改造。改造后的农家院由相关部门统一评定级别,我们的院子评为三星级的农家院,收费标准是每人每天178元。

从2015年开始,我担任村党支部副书记。我家的农家院也逐渐完善,取长补短,不断改造提升,升级为四星级农家院。农家院的收入,让我们的钱包逐渐鼓了起来。

2022年,经过参观学习,我跟妻子商讨后决定拆了农家院重建,提升为民宿。也是这一年,我们村引进了外来资本,再次提升改造。

现在,走在我们村的柏油马路上,内心感到非常自豪。回想起过去我们的村子是个非常破落的村子,道路弯弯曲曲、坑坑洼洼,住的房屋没有一座是新房,房前屋后杂草丛生破破烂烂。再看看我们现在的环境:绿树成荫,鸟语花香,焕然一新,再看我们现在住的房子——冬暖夏凉。

有现在的美好生活要感谢国家的好政策,感谢各位领导让我们过上好日子。作为一名村干部和一名党员,我每天坚守工作岗位,为大家排忧解难,把群众的利益放在第一位,全心全意为人民服务。今后我将继续严格要求自己,加强学习,在工作和生活中不断提升自己,带领大家把我们村的农家院、民宿越做越好。

愿我们村一切都顺利,愿父母身体健康,孩子们开心、快乐!

十二　胡金忠

男，汉族，1984年7月14日出生，初中学历。

我出生于郭家沟村，在普通而又温暖的家庭里，我平安、幸福地长大。记得小时候爷爷经常对我说：没有共产党就没有新中国。他常常对我讲抗日战争时期发生的事情以及他们那会儿受到的剥削和压迫。他们从吃不饱、穿不暖，到在伟大的共产党带领下，逐步过上了幸福生活，让我逐渐对中国共产党有了由浅入深的认识。小的时候我就暗暗下决心，长大后也要成为一名共产党员。

胡金忠

1991年，我开始了学生生涯，读完了九年制义务教育。身体和思想上都有了质的变化，体会到知识的重要、体会到父母的不容易，知道靠父母种地只能解决温饱，自己需要努力学习技能才能致富。2000年，我外出打工，学习专业技能，挣钱贴补家用，在饭店学过炒菜、面点，在工地学过看图纸、建筑等。

2010年，考虑到父母年岁已高，常年在外漂泊不能尽孝，也看到本村及周围环境不断提升，我毅然回老家也开起了农家乐。我的农家院较早安装了液晶电视，同时进行了内外改造，形成了既达到现代化卫生标准要求，又不失农家韵味的特色，收费标准是每人每天80元。

2012年，村里有了新规划，外部环境统一打造，实现整体化一的风格，使全村整体面貌有了很大提升。特别高兴的是，我们的小院被评为四星级的农家院，收费标准提高到每人每天228元。在不断提升下，2015年小院被评为五星级农家院。

2018年9月4日，我光荣加入中国共产党。

2022年，郭家沟村升级为国家4A级旅游景区。作为郭家沟村民，我的自豪感油然而生。我们赶上了新时代，赶上了党的好政策。

作为一名共产党员，我深知前方的路任重而道远，我会严于律己，宽以待人，积极做好每件事情；协助领导管理好农家院日常工作，把农家院业主的事情放在心上，认真对待每一位游客。我会继续努力在共同致富的路上贡献自己的力量。

十三　张秀春

女，1987年1月出生，大专学历，任村党支部委员、村委会委员。

我是下营镇下营村人，2008年嫁入郭家沟村。1994年7月到1999年9月，我在下营

镇中心小学读书。2000年9月到2002年9月，在下营镇
初级中学读书。后就读于天津广播电视大学，获得大专
学历。

张秀春

自2009年5月19日加入中国共产党以来，我严于
律己，勤恳工作，在郭家沟村乡村旅游发展中作出积极贡
献。2015年5月到2018年4月，担任郭家沟村党支部委
员。2018年5月至今，担任郭家沟村党支部委员兼村委
会委员。2017年，我荣获蓟州区"创新创业创优"先进个
人；2019年，荣获区级"五一"劳动奖章；2020年，获得
天津市劳动模范称号。

作为一名共产党员，我始终把加强党的理论学习放在第一位，不断提高政治修养。
特别是在"不忘初心、牢记使命"主题教育中，认真学习习近平新时代中国特色社会主义
思想，学思践悟，进一步增强了以人民为中心的宗旨意识，坚定了发挥党员先锋模范作
用，忠诚担当的行动自觉。

在村重点工程建设中，我积极向上，踏实肯干。2012年，在郭家沟村建设旅游精品村
过程中，我认真落实上级"党员示范、团员带头、青年为骨干"要求，充分发挥示范带头
作用，带头改造提升自家农家院。同时，我积极配合村党支部、村委会，组织青年骨干入
户讲解改造提升工程目的、意义，使每位村民都了解改造提升的要处。我主动参与到村
组织的培训，到乡村旅游发展较好的毛家峪、慕田峪、水高庄等地参观学习。

2012年，郭家沟旅游精品村改造提升后，村庄知名度、软硬件水平、接待能力都有了
大幅提升，广大青年经营农家院的热情高涨。作为一名党员，我积极配合村"两委"，依
托镇青年创业就业服务园，为全村青年提供创业就业政策咨询、培训、职业介绍等服务
项目，为郭家沟村乡村旅游的后续发展提供了有力支持。

今后，我将继续以一名共产党员的标准严格要求自己、主动作为、努力发挥服务发
展、服务群众的作用，为乡村振兴和乡村旅游高质量发展作出自己更大贡献。

十四 胡靖宜

女，汉族，1995年12月出生于郭家沟村，中专学历。

2002年9月，我就读于下营镇镇东小学；2008年9月到下营镇初级中学读书；
2010—2015年就读于河北沧州渤海中等专业学校（宝坻分校）。中专毕业后，我进入天
津市塞上水乡旅游开发中心工作。

2016 年 6 月，我到镇政府土地管理部门协助土地确权工作。2018 年 5 月，村里第一家精品民宿洛奇溪堂试营业，我抱着学习的心态应聘了小管家，成功加入洛奇溪堂，跟着店长学到了很多关于民宿方面的知识，站在服务的角度真正了解了民宿这个行业。2019 年，我到村旅游开发中心工作。

2018 年 6 月，我正式向村党支部递交入党申请书，希望成为一名优秀的共产党员。2019 年 5 月，我参加了积极分子集中培训；6 月，被确定为积极分子。2021 年 5 月 22 日，我光荣加入中国共产党，2022 年转为正式中共党员。

胡靖宜

我深知，加入中国共产党这件事不是炫耀给别人看的，更不是用来满足自己的虚荣心的，应该踏踏实实为党奉献，全心全意为人民服务。

今后我会继续严格要求自己，加强学习，不断地提升自己。

十五 贾紫璇

女，汉族，1997 年 3 月出生于河北省张家口市崇礼区，大学本科学历，任郭家沟村党支部委员。

我于 2004 年至 2010 年，在河北省张家口市崇礼区希望小学就读；2010 年至 2013 年，在张家口市第九中学就读；2013 年至 2016 年，于张家口市张北县第一中学就读；2016 年至 2020 年在洛阳理工学院读书，获学士学位。

2020 年 6 月 15 日，我光荣加入中国共产党。

2020 年 7 月大学毕业后，在父母的支持下，我积极备战公考，于 2021 年 6 月成为天津市农村专职党务工作者的一员，来到天津市蓟州区下营镇工作，成为郭家沟村的一分子。

贾紫璇

身为农村党务工作者，顾名思义，必须具备过硬的政治素质和良好的思想素质。因此在基层党务工作中和日常生活中，我都坚持进行理论学习以提高自己的政治素养。

在郭家沟村的工作时光收获满满。作为郭家沟村的一员，我在工作上的能力得到了一定提升，在生活中和大家打成一片。但由于自身缺少经验，工作难免出现这样或那样的不足和问题，一是理论水平有待提升，还需要不断加强学习，尤其要学会在繁杂的事务中挤时间不断充实自己，以提高自身综合素质；二是思想工作做得还不够细致，在以后的工作中要更加细心认真，虚心向他人请教，不断提升自己的业务能力；三是走访入户工作还不够深入，今后要更加贴近村民，走入各家各户了解群众的困难并想方设法加以解决。

我深知基层工作很重要，今后会不断努力，在自己的工作岗位上继续发光发热。

十六　高淑红

女，汉族，1975 年 9 月出生，下营镇石炮沟村人，高中学历。

1982 年至 1988 年，我在黄崖关小学读书。1988 年至 1991 年，我在下营镇初级中学读书。1991 年至 1994 年，我在下营高中就读。1994 年到 2007 年，我在石炮沟村一家合资企业工作，担任办公室文员。

高淑红

1998 年 11 月，我嫁到郭家沟村。我的公公叫张志刚，曾担任郭家沟村党支部书记，我的婆婆康玉平曾为村里的赤脚医生。2002 年，在郭家沟乡村旅游起步的关键时刻，他们带头开起了农家院。2009 年，公婆把农家院交给我和丈夫张奇峰经营。

2012 年，实行了全村的提升改造，我和丈夫把老房子进行了装修，客房内设独立卫生间。提升后的农家院客人越来越多，2015 年我们又新建了餐厅，重新装修了厨房，还在县城买了楼房。2022 年，我们把农家院提升为民宿。老人们看到我们把老房子拆了重建、崭新的房拆得只剩个框架，很是心疼。我们愿意跟随村里的发展步伐，说服老人，贷款进行了提升改造，"漫步时光"民宿于当年 8 月开始接待客人。

郭家沟村是干事业的地方，因为全村的大发展才有了我的今天，因为党组织的引领才有了全村的大发展。我决定加入中国共产党，为郭家沟村的发展贡献我的力量。

作为一名新党员，我要向老党员看齐，积极参加党组织的活动，把加强党的理论学习放在第一位，不断提高自己的政治修养。不忘初心、牢记使命，学思见悟，忠诚担当，全心全意为村民服务，发挥共产党员的先锋模范作用。我深信，在党组织的领导下，郭家沟村会越来越好。

十七　王晟宇

男，2001 年 3 月出生于罗庄子镇上白峪村，初中学历，曾用名郝津龙。

2009 年到 2011 年，我在罗庄子镇桑园小学读书。2011 年到 2014 年，我在下营镇顶新希望小学读书。2014 年到 2017 年，我在下营初级中学读初中。

王晟宇

10 岁时，父母离异，我跟着母亲来到姥姥家生活。从那以后的经历，让我体会到生活的艰辛。每天放学以后，我都要到地里，跟着姥姥姥爷一起干农活。回家后，还要帮助妈妈做家务。在这几年的时间里，我长大了，每到假期，都要去种地、干农活。和我同龄的孩子还在嬉戏玩耍，而我已经担负起大人的很多责任。

直到 2012 年，母亲结识了我现在的父亲王凤国，我们成立了新的家庭，我又有了一个可爱的妹妹。而父亲待我如亲生儿子，言传身教、体贴信任，这才让我感受到了家的幸福，从此过上了温暖、踏实的日子。

随着郭家沟村 2012 年旅游精品村建设，我家开起欢乐达农家院，父母辛勤经营，收入很好，我家的生活水平大大提高。

2017 年开始，我外出打工，开阔了眼界。2020 年回村后，父母非常信任我，筹集一百多万元，将农家院提升改造为清涵阁，然后交给我这个"毛头小子"经营。我既感觉幸福，也感觉到责任。几年来，在父母帮衬下，我努力学习，勤奋劳作，努力用最好的经营业绩来回报父母给予我的信任、回报党给予我们这个村的好政策。

郭家沟村的发展，让我深刻体会到党的恩情，体会到基层党组织在发展中的重要作用。我暗下决心，要做个有用的人，为家乡的发展作贡献。我积极要求加入中国共产党，已经被批准成为共产党员。

今后，我将继续严格要求自己，为村里发展作出更大的贡献！

第三章 文化人物

第一节 人民教师

一 乡村小学的杨杰老师

杨杰,女,1959 年毕业于蓟县师范学校,自愿到蓟县偏远山区的学校教书育人。

1972 年,杨杰老师来到郭家沟村小学,一直工作到 1989 年退休。她与郭家沟村的孩子们结下师生之缘。在很多郭家沟人的成长过程中,最难忘的是杨杰老师的启蒙教育。

杨杰

当时,因村子小、学生少,郭家沟村小学采取一至四年级"混合班"的教学方式。即一至四年级的学生都在一个教室里上课,老师先给一年级学生讲课,讲课结束后一年级学生开始写作业,再给二年级讲课,以此类推,最后给四年级学生上课。学校设有语文、算术两门主课,也有音乐课、体育课等其他课程。"混合班"教学对杨杰老师的要求很高,不但要备 4 个年级的课程,还要批改 4 个年级的作业。因教学工作繁重,杨杰经常工作到半夜。杨杰的敬业精神在郭家沟的孩子们身上产生了很大的影响。他们有的人上了大学、有的人当了干部、有的人到城市去工作、有的人在村里务农,但杨杰老师的教导永远激励着他们,个个勤劳善良、尊老爱幼、不忘初心。

为了工作方便,杨杰老师一家四口人在郭家沟村居住,与村民亲如一家。杨杰老师的丈夫王喜成是下营医院的医生,经常免费给村里百姓看病。王喜成医生给郭家沟村很多村民都看过病,因此,村里人有病或者家里有病人的紧急关头,第一个想起来的就是"王大夫"。

杨杰老师像母亲一样关怀爱护着每一个郭家沟村的孩子。因此,几乎每个学生都能回忆起杨杰老师关心他的故事。

张玉萍是杨杰老师的学生,后来考上了南开大学。张玉萍记得,读初三时,感染上甲肝传染病。因为家里生活很困难,没有条件购买营养品。尽管张玉萍已经小学毕业,杨杰老师知道后，还是经常做好营养饭给张玉萍送去。这让张玉萍回想起来非常感动。

杨杰与学生合影（1981 年 6 月 1 日）

左起，杨杰、张宝刚、孙淑坤、张永刚、张雪峰

　　20 世纪 70 年代后期，为了培养孩子们热爱劳动的品格，杨杰老师决定在学校里养一头猪。她带领孩子们到村东坡、村西坡上去采"玻璃叶"（橡树的叶子），卖给大队做果木筐的衬里。他们用换来的钱到集市上买来一头小猪崽，又在学校后面修了个圈，开始养猪。孩子们放学后去打猪草，喂猪。养猪不但教会了孩子们热爱劳动，还给山村孩子们增添了很多乐趣。小猪崽在杨杰老师和学生们的照顾下慢慢长大。几个月后，已经长成了七八十斤重的"半大猪"。不幸的是，这头猪被狼吃了。后来，学校没再养过猪。

　　《天津日报》于 1985 年 9 月 19 日在第三版以《山村女教师》为题对杨杰的事迹进行报道，配授课时师生照片。

《天津日报》报影（1985 年 9 月 19 日）

　　山村女教师杨杰，1959年在蓟县师范毕业后，自愿到偏远山区学校教书。如今，她又来到住地分散的下营乡郭家沟村，为仅有十五名1—4年级混合班学生教学，为国家培养又一批新苗。（冯勇摄）

二　村里走出教师的自述

▶ **张宝刚**

张宝刚

　　1972年3月11日，一个婴儿出生在一个不起眼的小山坳。每天，他面对着9点钟才能看见升起的太阳，逐渐成长，看了4年的夕阳日落，面临的是搬迁。奔跑在山间，跌破了手肘、磕掉了门牙，只成为他后来模糊的记忆、成为他难以忘怀的追忆。

　　"轰，轰轰"，伴随着隆隆的炮声，工业学大庆，农业学大寨的潮流波及偏僻的山村，郭家沟水库的修建成为重中之重。那时，随着人民公社的发展，群众的热情空前，改变一辈子吃粗粮的机遇到来。家住水库边的我，却面临搬迁。无奈，全家商定，从地势较高、交通不便、吃水不便的青山岭村，举家搬迁到郭家沟村。说得简单，整个家族几十口人搬迁不是个容易的事。经过一年多的建设，我们终于来到新的家园。

　　郭家沟最不缺的就是水，最不少的就是鱼。童年的记忆，我只要堵起一个水坑，就能捉到许多鱼。鲫鱼、奶包子、鲇鱼，每次总能煲上一锅底，撒上盐花，不放其他作料，就是最可口的美味。每年雨季来临，我们都会去枯死的老树边找野生的菌类，秋天去生产队的荒地边找野生的蓐里，还有那令人讨厌的洋辣子，都成为我不可或缺的记忆。

　　不知不觉间，村内小学4年的时光在不经意间溜走，到东于庄中心小学又完成两年的学习。随后，我开始步入自己的初中生活。

　　1985年，我以全校第一名的成绩升入中学，开启了丰富多彩的中学生活。初一、初二时，班主任很器重我，让我担任学习委员。我有时帮老师处理一下作业，有时也到黑板上试讲几道例题。班主任老师也深谙劳逸结合的道理，经常在学习任务繁重的时候，带我们去学校对面的南山上，边游玩边学习。不管是抽象的代数、几何，还是需要背诵的语文、政治，在习习凉风的吹拂下，学习效果都事半功倍。大家最喜欢的是自习时间，有时老师允许我们到室外活动。学校后山就是农户的田地，有许多核桃树，枝繁叶茂而且韧性极好，三五个合得来的同学，同坐一棵树的不同枝杈，或互相聊天，或互相提问学习，好不惬意。伴随着欢声笑语，这段时光成为初中生活的美好回忆。

紧张的初三来临了，频繁的考试、摸底，给每个人都带来了不小的压力，加之家长的督促，不自觉间也在学习上加了紧，完成练习的卷子，练习册也多做几遍。付出总是有回报，初中毕业，我考入蓟县师范学校。按当时大人们的说法，就是我有了"铁饭碗"，但对十几岁的我来说，没有什么概念，只不过是换了个地方读书罢了。

1988年，我来到蓟县师范读书，这也是我哥哥刚毕业的学校。当年我们弟兄两个都考入师范学校，也在村中造成不小的轰动。进入师范学校后，主要学习与教育教学相关的内容，是我喜欢的课程，学习压力不是很大。

三年的学习生活没有太大的波澜，给我印象最深的还是想家。每个周末总是骑上自行车急着回家。离家十几里路，看见村子附近的山头都显得那么亲切，正所谓"近乡情更怯"。不知不觉间，童年老家的印象逐渐淡薄，经历了少年、青年的成长，自己早已融入郭家沟村，成为村中的一员。难熬的三年师范学校学习的经历，也是想家的三年，村中的一草一木总是在头脑中浮现。

1991年，我终于走上了教育教学的工作岗位。最初几年，每天总是骑着自行车往返几十里上班。除英语外，几乎所有的学科我都教过。每天看着成群的孩子围绕身边，有身为人师的快乐，也有面对个性学生的烦恼。1996年，开始集中办学，各村小学都集中到了镇东中心小学，路途也近了，离我家只有2千米。

2004年，我光荣加入了中国共产党。十几年的工作，我送走了一批批学生，看着他们成才，也无比地欣慰。我先后曾被评为镇、县级优秀教师。2016年，我调任中心学校会计。

三十几年来，虽然工作岗位几经变化，但我一直没有离开养育我的小山村。我目睹了郭家沟村从穷村到富村的变化，对家乡的感情也日益加深。从第一次柏油马路的铺设，到2012年全村改造提升，小山村的变化离不开村各任领导干部付出的心血，同时也印证了习近平总书记"绿水青山就是金山银山"的发展理念。我坚信郭家沟村的发展也将越来越好。

▶ **张雪峰**

我于1972年1月出生在青山岭村的一个小山沟里。五岁那年，由于修建郭家沟水库，我随家人一起搬迁到郭家沟村，这里便成了我的第二个故乡。即便到现在，也抹不去对出生地的眷恋。但郭家沟——这个养育我长大、滋润我童年的美丽村庄，更是深深地刻在脑子里、装在心窝上！

我梦中的小学校园，那个水泥乒乓球案已经长满了青苔，我们敬爱的杨杰老师领着孩子们种下的蝴蝶花却并未凋谢，老师的教导也依然在耳边回响：你们一定要好好学习，考上大学到外面去看看。那时候，我对大学懵懂无知，只是因为生活艰辛，"一定要考出去"这个朴素的想法埋在了心里。

小时候，这里的山坡上、小河边，春柳泛黄、荷花绽放、稻谷飘香、冬雪飞扬。怎能不让每一位游子思乡，怎能不让每一位乡人用青春、汗水、激情和智慧去描绘、去建设、去歌唱！

长大后，回忆那艰苦的岁月里，我们每个人都曾经历过酸甜苦辣的洗礼，但是只要怀揣梦想就会铸就辉煌！我毕业于天津师范大学，作为一个山沟子走出来的"文化人"，我成为一名中学老师，我一直尽自己最大的努力回报家乡。几十年的教育工作中，我恪尽职守只为初心不改——那就是让我们的一代代的后人不仅仅是走出大山，还要用知识，用智慧把绿水青山变成金山银山！

张雪峰

今天，当我们徜徉在村里的角角落落，怎能不热爱这个美丽的地方，杨柳依依、绿草茵茵、鱼儿竞跃、百鸟翱翔。再看我们的父老乡亲——黄发垂髫，笑逐颜开；青壮男女，神采飞扬！

▶ **胡亚静**

我 1974 年 10 月 26 日出生于郭家沟村；1992 年 8 月，就读于蓟县师范学校；1995 年毕业参加工作；1998 年结婚；2001 年 7 月，专科毕业于天津市广播电视大学汉语言文学专业；2005 年 7 月，本科毕业于中央广播电视大学汉语言文学专业。现在担任下营镇初级中学英语教学工作。

我的爱人郝常卿，中共党员，下营镇初级中学德育主任和物理教学工作。女儿郝梓汐，2000 年 4 月 7 日出生，目前大学在读。

我执教 28 年，一级教师，曾获得镇级"三育人"先进个人、市级农村边远地区优秀教师（教

胡亚静

育工作者）等称号。

我一直奋战在教学一线，曾任教七年级 217 班、218 班两个班的英语课。教学中，我一直在努力探索适合学生的新教法，尤其国家出台"双减政策"以来，我更是侧重教学探究，想尽一切办法激发学生的学习兴趣。2021 年，我所带班的期末考试成绩为全镇第一名。同年，我与张海松老师被评为蓟州区教育系统优秀"师徒结对子"。

我所带班级不但学习出色，其他方面也不逊色。2021 年，我班春运会获团体比赛镇级第三名，指导学生的手抄报《创文创卫从我做起》被评为区级二等奖。2011 年，我指导的学生曹梦获作文比赛市级优秀奖、获安全征文市级纪念奖。

我一直在用新理念创新教学。2022 年，我获得线上教学镇级优质课奖；参与刘建国老师申报的《诚信教育》，在思政选修课评选中获区级二等奖。

我积极投身于教育科学研究。2012 年，我作为班主任参加了市级课题"建设和谐班级、提高班主任专业素质的策略研究"。多年来，我撰写的论文共获 31 项奖励，国家级奖 6 个、市级奖 6 个、区（县）级奖 14 个。我的一篇论文发表在《天津教育报》。一篇论文发表在《双语报》；一篇论文入选《中国当代教育思想文献》一书，并享有该书的著作权；两篇论文获市级认证。

工作 28 年来的风风雨雨、坎坎坷坷，我尝遍了教学道路上的酸甜苦辣，但我收获了学生的信赖、家长的认可、领导的信任，这是对我最大的鞭策和鼓励。

▶ **胡亚军**

我叫胡亚军，女，汉族，1978 年 1 月 12 日生于郭家沟村，2002 年 7 月毕业于天津师范大学汉语言文学专业。2004 年 5 月，我与张学军结婚，有女张爱源，大学在读。

大学毕业以来，我一直在下营镇初级中学担任语文教学工作。工作期间，我对本职工作有强烈的事业心和责任感，听从校领导的工作安排，认真履行岗位职责，努力提高自身道德修养。

我拥护党的基本路线，努力贯彻党的教育方针，忠诚党的教育事业。工作方面，我服从工作安排，恪守教师职业道德，遵纪守法、爱岗敬业、为人师表，关注教育改革，苦练扎实的基本功，认真

胡亚军

钻研教学的课程标准和教材，熟悉教材内容，把握教学的重难点，积极推进新课改，认真上好每一节课。

当班主任后，我积极抓好班风建设，努力地教育转变后进生，牢记"教书育人"之宗旨。刚接手新班时，与家长配合，深入了解学生思想动态，研究教育引导学生的方法，及时发现与处理问题。对学生常规工作，我常抓不懈，在班里实施量化管理，创造了一个团结向上、朝气蓬勃的班集体。担任班主任期间，我所带的班级秩序稳定、学风浓厚、积极进取。

我在校担任语文教学工作，在学校领导、教学组以及同事们的培养帮助下，任教以来教学成绩优秀，所带班级的期中、期末成绩平均分都名列前茅。教学中我始终坚持学校"四步骤八环节"的授课模式，顺利完成学校交给的教学任务。此外，我积极参加继续教育、校本等培训，强化自身素质，始终把成为学者型教师作为自己的目标。

任教以来，我积极参加教研活动，教育创新论文获得区级一等奖2篇、区级三等奖2篇，其中2篇有区级认证；德育论文获区级二等奖1篇。2018年，我被评为镇级骨干教师；2020年8月，我被认定为天津市蓟州区中小区级学科骨干教师。

"捧着一颗心来，不带半根草去"，陶行知先生的真知灼见我铭记于心。我深感一位教师的责任，也深感一位教师的光荣。当然，成绩只能代表过去，前面的路还很远，我将一如既往地努力工作，不断地从各方面提高自己，争取把工作做得更好，争当一名优秀的人民教师。

第二节　大学生自述

一　张玉萍

1967年，我出生在青山岭村。1977年，因修建郭家沟水库举家搬迁到郭家沟村。那时我正读小学三年级，学校只有一间教室、一位老师。上课的时候，老师讲了一个年级的课程，再讲另一个年级的课程。

我的父母生了1个儿子、5个女儿，我最小。生活虽然困难，但幸运的是，我有一位有文化、思想开明的母亲，她千方百计供着我家的女孩们都上了学，这在当时的村里已是"神话"。大姐上了三年、二姐高中毕业、三姐考上师范学校，二姐、三姐都当上了民办老师。

在母亲教育思想的深刻影响下，我从小就认准了必须上学。小学毕业后，我在东于庄中学读初中。郭家沟村距东于庄村六七里路，我们都是步行，中午还要返回家吃饭，下午再走回去，一天往返四趟，天天如此。

　　为了节省时间，我们不走大道，专走山路。过山坡、穿果园，一路蹦着跳着，说着笑着到学校。那是自己一生中最快乐的日子。我像一个男孩子，爱动、爱爬树，淘气，不听话。但我学习成绩特别好，老师们都很喜欢我。读初三时，甲肝流行，我不幸被传染，不得已休学半年，但我坚持参加了中考，考上了下营高中。

　　在高中的学科里，我最喜欢地理。因为，当时有专家们考察了蓟州的中上元古界，这一地质奇观就在我家附近的大山里。高中毕业时，我被教育部委托南开大学办专项委培新专业：学校经济管理专业吸引。我勇敢地将把这个专业作为自己的第一志愿。

张玉萍

　　1984年，喜讯传来，我考上了南开大学，成为郭家沟村第一个大学生。到学校以后我才知道自己是多么幸运：学校经济管理专业是第一届招生，而且在全国的考生中只有我是第一志愿报考。在南开大学，我第一次见到这么大的图书馆，这里真是书的海洋，什么书都能找到。每月18元的助学金已经能够养活自己，我觉得自己是最最幸福的人。

　　1986年，我大专毕业，被分配到天津大学财务部工作，同时在天津大学成人教育学院完成教育专业本科学习。1989年开始，我在天津大学空间网架工程有限公司任财务负责人。2021年8月，我到天津大学土木工程系做培训中心教师。在人才济济的大学校园，我这个蓟州山区的姑娘，实现了自己的人生价值。

　　非常感谢培养我成长的家乡和父老乡亲，祝愿我的家乡郭家沟村越来越好，孩子们能够和我一样获得出来学习的机会。

二　胡金龙

1981 年 12 月，我出生于一个山村，那是一个充满质朴与纯真的地方，也是一个时至今日颇感自豪的地方，她的名字叫郭家沟。

小时候，家里的条件并不富裕。泥土砌成的房子、简陋的家具，就是我们生活的全部。每天清晨，在公鸡的打鸣声中醒来，跟着父母去田地里劳作。那时候，没有什么玩具，我们就在田间地头玩耍，捉泥鳅、捕蜻蜓，在大自然的怀抱中寻找着属于我们的快乐。

胡金龙

上学是一件让人期待又有些辛苦的事情。幼时的记忆只有大山和草木，最为记忆犹新的是，一到四年级在村里上学，然而好几个孩子就一个老师，每个年级不会超过两个孩子！直到五年级，就得去隔壁村上学，要走好几里的山路才能到学校，无论刮风下雨，从未间断。教室里的桌椅破旧，但这并不影响我们对知识的渴望。一支铅笔、一块橡皮，都被我们视若珍宝。

农忙时节，学校会放假，我们这些孩子也要跟着大人一起干活，收割庄稼、晒谷场打谷。虽然辛苦，但也让我早早懂得了生活的不易和粮食的珍贵。

那时候，村里放露天电影是最让人兴奋的事。夜幕降临，大家搬着小板凳，聚在一起，看着黑白的屏幕，仿佛进入了另一个神奇的世界。

随着年龄的增长，我逐渐意识到农村和城市的差距。看着电视里城市的繁华，心中充满了向往和憧憬。我努力学习，希望有一天能走出这片土地，去看看外面的世界。

终于，我考上了镇上的初高中，第一次离开了熟悉的村庄。面对新的环境和同学，我既兴奋又紧张。但农村孩子的坚韧让我很快适应了新的生活，努力追赶着学业。

2001 年，我考上了天津渤海职业技术学院，来到天津市区里上大学。高楼大厦、车水马龙，这一切都让我感到新鲜和震撼。但我也深知，自己的根在农村，那里有我的亲人和我的童年！

如今，我在城市里有了自己的工作和生活，但我永远不会忘记那个养育我的小山村。随着自己人生的一次次成长，那个曾经贫穷的小村庄，也在经历着一次次非常亮眼的蜕变！

　　每当我回到村里，走在干净整洁的街道上，沐浴在花草的芬芳中，不得不感谢生我养我的这片土地，以及村里的乡亲父老。祝福我的家乡郭家沟村越来越好！

三　胡雪薇

　　我出生于1992年的初秋。虽然成长的地方是一个小山村，但却给予了我独一无二的快乐童年。到现在，我仍然记得小时候跟着小伙伴们一起上山摘应季的果子，一起满村的玩捉迷藏、跳皮筋、水边摸鱼、堆雪人、打雪仗，这是城市孩子享受不到的纯天然的快乐！

胡雪薇

　　随着年龄的增长，我开始了漫漫求学路，尽管小时候家里条件并不富裕，但是父母在学业上却给了极大的支持，尽最大的力量给我们提供了好的学习环境。1999年，我开始上学读书。小学、初中和高中都是在下营镇上。相对于初中就要住校的那些同学来说，我是很幸福的——因为家离学校很近，上学、放学也有很多好朋友一起走，遇到恶劣的天气还会有人来接。

　　我读小学时的成绩还不错，也遇到了很多耐心负责的好老师。到了初、高中，虽然成绩不够突出，但属于听话的学生，老师们给予很大的重视和关注。高中的时候，读书很辛苦，早上五点多就要进教室开始早读，一直到晚上将近十点才下晚自习。老师们经常鼓励说，考上大学就好了，苦也就苦这么一阵。那个时候，尽管我对大学并不太了解，但也总是听说高考是人生重要的转折点，妈妈也总说："只要好好学习，考到哪供到哪！"我心里就默默地想，一定要考出去，去看看外面的世界，去体验一下未知的生活。

　　很快，迎来了期盼已久的高考，几家欢喜几家愁，我的高考成绩跟预期比不是很理想，但好在选择很多，我被兰州交通大学经济管理学院会计系录取，成为一名大学生，也算是一个令人满意的结果。2011年9月，我怀着激动的心情到大学报到，开始了四年的大学生活。上大学前不曾想过，一直未离开过家的人竟然来到了离家三千里之外的西北上大学。虽然距离很远，但爷爷、奶奶、爸爸、妈妈一直都很关心我的大学生活，我永远都是被惦记的幸福孩子。

　　很快，时间来到了大一下学期，我给家里打电话时听爸爸说："等你放假回来，村里就大变样了！"我越听心里越痒痒，一放假抱着好奇的心飞奔回家。豁然看到，此时的小村庄发生了翻天覆地的变化，小桥流水、虫鸣鸟叫、鸟语花香，仿佛置身于优美的画作。我的家乡郭家沟村一跃成为远近闻名的旅游村！

大学毕业后，我留在了县城从事会计工作，尽管只有周末和节假日才有时间回家，但对于生于农村、长于农村的我来说，对这片土地的热爱未曾减退，还在不断增强！现在提到郭家沟，我听到的都是满满的称赞，我很骄傲生长于这个地方，祝愿郭家沟村的未来更上一层楼！

四　张淮宽

我于 2003 年 4 月 5 日降临到这个世界。当我努力回想自己的小学时光，感觉自己就是生而知之的人。自己并没有多大感觉经历过这些事情，有小打小闹的孩子气，更多的是童真。我很感谢出生在这个家庭，一直以来过得都很幸福。

张淮宽与父亲张艳国在工作中

很多人说初中是一个转折点，这时候我交到了一些好朋友，虽然现在各奔东西，但依然还在联系。初中时的我没有什么理想，到了初三准备考高中的时候，我也一直没什么感觉。我妈告诉我一定要考，最后考上了，本来没什么感觉，但是一看到别人没有考上而我考上了，一股傲气不自觉地涌了上来。

高中是我人生的重大转折点，稚气褪去，更像个学子。回家少了，心无旁骛，我开始学习，成绩开始变好，还考了年级第一，傲气自然也就有了。

但是我的英语一直不好，高考到了，其他科目我都很自信，只有英语没有。分数下来时符合我的预期，只是英语有些后悔，惋惜已然是徒劳了。2021 年，我考上兰州财经大学统计学院投资专业。

大学了，我回想这 18 年，开心过、热血过、后悔过、悲伤过，现在都不算什么，已经开启了新的生活。大学确实比高中有意思，本来不熟悉的舍友也因为一些兴趣爱好开始熟悉了起来。

村子给我的印象，温暖、舒适和熟悉。我在春天街道上乱跑，探索过大山，在健身公园里游玩，在水库里打过水漂；在夏天的池塘里捞过荷花，捕获过夜晚的萤火虫，吹过山顶凉爽的微风，感受过大雨的灌溉；在秋天的山坡上收集红红的叶子，漫山遍地地找果子；在冬天的雪地上堆雪人，在河道里滑冰和小伙伴们打雪仗。或许直到现在我也没真正走出过村子的怀抱。

从泥泞的小路到有些许坑洼的马路再到现在通畅的水泥路，从木栅栏上攀岩的葫芦藤到漆黑坚硬的钢铁栏杆，从杂乱无章的树木到整整齐齐的金银花和向日葵，再到现在各式各样的农作物，从破烂的房屋到现在整体如一的青石砖房，无一不在发展，这些都在我的记忆中存留。乡村振兴的实施，改善了人们的生活，小山村成了现在的文化景区，郭家沟一直在进步。

第三节　到访专家、学者

一　郭家沟村的武老师——武杰

武杰，男，1970 年 2 月 14 日出生，研究生学历，乡村旅游资深规划策划师。主要进行特色小镇全案实施路径、乡村振兴产业融合发展模式、县域环城经济带高质量融合发展研究。

二十多年来，武杰扎根农村，从事文旅项目策划与指导，足迹遍布大江南北。他开展乡村旅游规划、落地、培训，完成三百多个乡村规划方案；开展特色小镇调研、规划、实施、运营、指导，每年至少对 30 个镇域经济融合发展进行培训与指导；开展全域旅游全案指导与落地等。主要成果有：天津市郭家沟全村提升改造策划与运营指导、北京挂甲峪村（景区化）规划设计、山东五埠岭伙大门乡村旅游规划设计、广州莲麻酒文化特色小镇全案服务、广州万花园特色小镇规划设计与指导、广州南平静修特色小镇全案服务、广州工匠小镇全案服务、广州黄埔区莲重燕来新乡村示范带规划设计、广东茂名疍家墟与俚街项目落地、广东茂名博贺圩街、横山美食街全案服务、广东茂名矿坑遗址公园全案服务等。

武杰在天津市蓟州区创办了后营寨（众耕）乡村振兴与民宿投资实践基地，具有典型示范性。此外，他还承担了凤二客家文创小镇全案服务并成功举办"首届广州客家山歌文化艺术节"。

针对乡村旅游，武杰开展专题授课，内容包括解读微特色小镇模式的可持续性、农民发展民宿的四大瓶颈、田园综合体微农庄模式推广、精准扶贫项目落地实操、民宿投资人的情怀与收益、特色小镇如何建立有效的组织管理架构、乡村振兴如何激活农创热情、乡村旅游与民俗文化、如何以产业为导向发展特色小镇等。

武杰

武杰工作照

▶ **武杰自述：我与郭家沟村的交流与共进**

2009年秋，我带领南开大学的学生到郭家沟村做社会实践调研，当时村里已经建起十几户农家院。第一印象，这里的生态环境非常好，山水相依、村民朴实，村庄整齐有序。通过几天的调研，我发现村民的旅游接待收入并不高，村民经营农家院的积极性也不够高，大家对未来感到茫然。

当时，我们发现存在这样一些问题：一是农民按照自己的生产、生活标准来建设和经营农家院，服务和设施都很粗放，卫生间一般使用蹲便，卧室设施相对简陋。可以说，农家院很难满足游客的需求。二是缺少对服务人员进行标准化服务的培训，农民不能严格执行食宿卫生标准，服务意识比较薄弱。三是缺少专业的规划设计，乡村景观无序化，盲区很多。四是整个村庄缺少文化点缀，经营活动单一，传统手工作坊已经消失。

2012年，我承担了郭家沟村提升改造的策划任务。团队拿出整村提档升级的设计，对客源进行优化，价格标准由每人每天120元提高到每人每天238元。我们很快发现，让策划落地最大的困难是农民不信任，他们不相信自家的一间房能比城市快捷酒店还贵。

怎么办？第一，要转变农民的观念。我们一入手就是给村民作讲座、搞培训，办了十多次讲座，跟农民面对面交流，尽可能提高他们的思想认识。第二，通过下户勘察设计，拿出一户一策的个性化方案。经过反复沟通，村民从观念上接受了这样改造方案。第三，鼓励农户搞微创业，比如做豆腐、粉条、干果、传统手工等小型产业。第四，鼓励村集体创收，搞定制化产品，打造郭家沟村品牌产品，延伸产业链条。

到 2012 年底，郭家沟旅游精品村在市场上叫响。其后四年，郭家沟成为一房难求的热门旅游村。

形势变化很快，短短几年，周边农家院项目越来越多，同行竞争非常激烈，村整体经营出现下降苗头。2016 年夏天，我带领工作团队再次走进郭家沟村。我们调查发现，小富起来的农民再学习意识不够，农家院服务不能及时更新迭代，导致客源流失、市场萎缩、收益下降。

我接下村领导期待的目光，决定做一个民宿的样板，帮助农民进行再次成长和成熟。我们在村里一片闲置房屋打造出一个适合乡村微度假的概念性民宿——椿舍民宿，后来更名为望山民宿。椿舍实施一院一设计，营造出不同氛围的休闲空间。项目共有 10 个独立的小院、30 个房间，达到一户一品，可以同时容纳七十多人，同时设有独立餐厅、咖啡厅和酒吧，打造一片宽敞的活动场地，满足各种团队活动需求。

我们的想法得到大家的肯定。村民小卢当时跟着我们进行民宿改造，他要把我们的设计理念复制到自家院子。我毫无保留、手把手指导他，结果改造非常成功，当年就收回投资。这就激发起村内包括邻村上百户农民的改造热情。

也有很多趣事。村民们很想知道我们的家居设施是怎么做的，于是来到我们的院子，趁着管家没在，几个农民偷着溜进去，把我们的床拆开了，说是"要看看武老师的床怎么做的"。

我当时想，农民的钱来得不容易，农民投资既要省钱，又要快速回收成本。我们在方案设计时特别重视这两个方面：一是用料考究，尽量就地取材。二是合理利用空间，农民的瓦房比较高，我们打造成局部小跃层，这个房间可以容纳一家三代人，非常受欢迎。很多村民参观后，回家复制了这种户型。

能够得到农民朋友的仿制，这让我们心里很宽慰，感觉自己确实给村民带来新的认知，提高了他们创新经营的积极性。

那一阶段，我帮助村里进行专业化服务的系列培训，检查服务规范的落实情况，细致到手指甲剪没剪、碗怎么端、厨房干净到什么程度，每一个细节都要把控。现在看来，这些系统化的培训有效提高了村民的服务水平。

曾经在这里挥洒过热情,与这里的村民有过密切的交往,我对郭家沟村确实有着很深的情怀,祝福郭家沟村再出发!

共享邻里、共同富裕,郭家沟未来可期!

二 荣誉村民董秀娜

董秀娜,女,1949 年 8 月 8 日生于天津,作家,中国作家协会天津分会会员,中国报告文学学会会员。20 世纪 80 年代开始在报刊发表文章,创作发表作品六百多万字,其中报告文学、散文、短篇小说、诗歌等多次获奖。著有传记文学《商海风流》、报告文学集《相约新世纪》《种豆得瓜》《一步之遥》、散文随笔集《往日》《一步之遥》、故事集《盘山典故传说》及《蓟州风物志》《八仙山》《走进孙各庄满族乡》等。

1969 年,董秀娜毕业于天津市石油学校,被分配进工厂当工人。其间,自学了中国人民大学语言文学函授大学全部课程。20 世纪 80 年代开始,在《十月》《人民日报》《工人日报》《今晚报》《天津日报》《天津工人报》等报刊发表文章,成为多家报刊的通讯员。

1990 年,董秀娜荣获中华全国总工会"全国读书自学积极分子"称号。1991 年,获得"天津市第五届自学成才先进个人"称号。1994 年,获得天津市文学创作特别奖。1995 年、1996 年,被评为《天津日报》十佳撰稿人。报告文学《终于有了家》被评为天津市文化杯报告文学一等奖。散文随笔集《往日》被评为天津市第八届"文化杯"散文一等奖。2005 年,被评为"天津报业集团十佳优秀通讯员"。

1994 年起,董秀娜被《天津工人报》聘为企业文化办公室副主任、编辑、记者。1999 年,任天津工人文学社社委。2000 年,参与创办《劳动者文学》,任编辑,曾在天津市第一工人文化宫、老年大学等单位担任文学写作教师。1996 年、2005 年两次获得"天津市劳动者文学奖"。多年来,董秀娜参与撰写、编辑《津门群星》《劳模特刊》《天津工人文学史》等各种书籍八十余部。在新媒体平台发表游记系列散文百余篇,受到读者广泛关注。

2003 年 2 月 8 日,董秀娜与家人一起荣获郭家沟村荣誉村民称号。2006 年,由《劳动者文学》在郭家沟村举办采风活动和"天津市中老年文学讲习班"。下图是文学讲习班学员与村民张宝刚一家合影。

"天津市中老年文学讲习班"合影（2006 年）

20 年来，董秀娜一家融入这个美丽的山村，与郭家沟村民建立了良好的关系，见证了郭家沟村如何从一个贫困的小山村走上了富裕之路。

三　画家王书平

2020 年秋天，为表现新农村改革开放后的崭新面貌，天津市美协主席王书平、秘书长李耀春带领由 11 位画家组成的"新时代红色文艺轻骑兵小分队"赴蓟州区郭家沟村开展送文化下乡活动。

王书平，1955 年生于山东省陵县。1971 年，年仅 16 岁的王书平以优异成绩被天津美术学院录取，成为班里年纪最小的一名新生。他深为著名画家孙其峰赏识，深得其亲传。1975 年从天津美术学院毕业。

王书平于 2018 年当选中国美术家协会副主席；2021 年，当选中国文学艺术界联合会第十一届全国委员会委员。此外，他还担任全国政协委员，中华海外联谊会理事、中国美术家协会理事、天津市文联副主席、天津市美术家协会主席，担任其他国内外一些艺术团体和书画院的顾问或名誉院长。多年来，他潜心钻研中国传统艺术，执着于追求和发扬中华民族的雄强气度和艺术风采，让清新的生活气息与灵性的笔墨互相交融，创作了一系列富有强烈时代精神和崭新面貌的佳作。

王书平和画家们来到郭家沟村时，首个"中国农民丰收节"让这个美丽的山村洋溢着喜庆气氛。画家们被眼前的景象深深感染，纷纷挥毫泼墨，将丰收的瓜果、山村的新变化和村民的笑脸描绘成一幅幅生动的画作，全部赠送给郭家沟村委会。王书平说："我们到这里开展送文化下乡活动，是向农民群众学习，用画笔描绘改革开放的丰硕成果，表现农民群众的荣誉感、幸福感、获得感。今后我们还要不断深入生活，将艺术作品送到农民群众手中，让人民检验我们的艺术成果。"

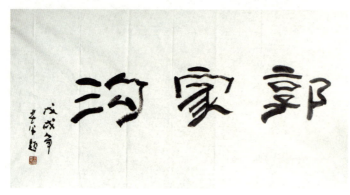

王书平书法作品

第九编　艺文杂录

　　郭家沟村依山傍水，秀美的风光和淳朴的民风，衍生出丰富的民间文化。老龙潭、河北寺、许愿树、水鸽子……众多美丽传说代代相传，反映出村民不同时期的生产生活场景，折射出人们向往幸福生活的精神诉求。长期以来，郭家沟人从未放弃对美好生活的向往和追求。在本地流传的"郭家沟小调"曲调优美平和、歌词劝人向善，充满正能量。在长期的劳动和生活中创造的"郭家沟小调"，创始人是胡文顺，传给胡珍后，又传给胡永生。这些熟悉的词曲，村民们都能哼唱几句，这里把村民胡永生的歌声转化为文字，从一个侧面展示这一优秀传统文化。村民还创作出大量戏曲歌谣、诗歌散文等作品，彰显出多才多艺的郭家沟人的才华。2012年以来，更有多位文人学者有感而发，写下并发表大量歌颂赞美郭家沟新农村新面貌的文学作品。文化郭家沟充满活力、亲和力！

第一章　传说故事

一　福禄葫芦的传说

塞上水乡郭家沟村有一条葫芦长廊，千姿百态的葫芦挤挤挨挨缀满棚架，成为郭家沟一景。就是这小小的葫芦，在郭家沟还有一段有趣的故事呢。

相传，很久以前郭家沟曾住着一位姓郭的总兵，此人是行伍出身，但心地特别善良，平时不论是对待下属还是和村民百姓见面都是一团和气。而且，不论谁因为啥为难的事儿求到他，只要他能做到的肯定是鼎力相助、毫不含糊。

有一年春天，他家屋檐下来了一对燕子搭巢筑窝，他本来就喜欢燕子，故经常在院子里撒些粮食给它们吃，人和燕子相处得非常融洽。夏天时这对燕子又孵出了一窝小燕子，可小燕子刚出窝就碰上了雷雨天气，那只母燕子为保护小燕折断了翅膀，掉在泥水里扑棱半天就是飞不起来。这一幕正好被郭总兵看见了，冒雨跑过去把燕子救了回来，找来最好的红伤药给它治疗受伤的翅膀，燕子没几天就痊愈了。到了深秋，燕子一家飞回了南方，临走时那两只大燕子在院子里盘旋了很久，一副依依难舍的样子。

第二年春天，那对大燕子又飞来了，在院子的一角，俩燕子一边呢喃着一边用爪子刨土，然后从嘴里吐出一粒种子用土埋好。当时他们一家人谁也没有在意俩燕子在干什么。直到十几天以后那里长出一棵绿油油的秧苗来他们才觉得挺奇怪，于是用树枝搭了个架让那秧苗往上爬。那秧苗在郭总兵和家人的精心呵护下很快就爬满了架，并先后开花结出一个个上边小下边大中间带细腰的小葫芦，那形状与八仙中铁拐李的酒葫芦一模一样，谁见了谁喜欢。

这年秋后，燕子飞走没几天，这一带四邻八村就闹起了瘟疫。家家关门闭户，人们都不敢出门儿，但瘟疫仍在蔓延，而且军营中的士兵也开始感染了。郭总兵心急如焚不知如何是好。那天中午，他正坐在总兵府合着眼发愁想主意呢，忽然感觉一阵凉风吹来，就听一个声音对他说："大人，您不用发愁，咱家院子里长的那些葫芦的籽熬汤喝就能驱除瘟疫。"言罢，那风就停了，郭总兵一激灵睁开眼睛，感觉那声音仍在耳边回荡着。于是，他急忙赶回家中从葫芦架上摘下一个葫芦剖开，掏出里面的籽放一锅清水熬成汤，不等晾凉就立刻端到军营中喂给那些染病的士兵。很快，奇迹就出现了，不到两个时辰，那些喝了汤的士兵竟完全好了。郭总兵一见大喜，赶紧命家人把所有葫芦都摘下来取籽熬汤治疗染病的士兵和百姓。人们喝了汤以后果然都好了，一场瘟疫就这么着给制止住了。

从那以后，郭家沟的村民对葫芦就有了一种特殊的偏爱，把它看成是福禄吉祥的化身。直到现在，郭家沟的葫芦依然以其独特的魅力吸引着中外游客，因为它确实与众不同呢。

二　黄天霸怒捣河北寺

早先，郭家沟村东山梁上曾有一座寺院名为河北寺。该寺院建于哪朝哪代无从考究。据老辈人说，想当初这河北寺在蓟州北部山区很有名气，历代住持方丈都是得道高僧，一心向善，普度众生，深得民心，寺里香火不断。

到了清康熙年间，不知何时这寺院里闯进来一个游方和尚，这个和尚长得是膀大腰粗，相貌凶狠且有着一身好功夫，平常人有个十个八个的很难近前。此外，这主儿还是个花花和尚，每日不诵经不拜佛。刚来寺院时，老方丈曾多次苦口婆心劝他改邪归正，皈依佛门。起初他耐着面子还听两句，也在老方丈面前诵诵经、坐坐禅啥的。后来老方丈到外地讲经朝圣离开寺院月余，回来时大吃一惊，只见那寺院里到处垃圾，吃剩下的鸡啃半截儿的狗腿扔得哪儿哪儿都是，更可气的是那贼和尚竟然把前来寺院上香的良家妇女强行扣住，寺里原来那几个年老的和尚因阻止他的恶行竟然被他打伤以后关进了地窖。

老方丈见此气得七窍生烟，浑身发颤，立刻命令他收拾东西滚蛋：那贼和尚哪儿听啊，上前一把抓住老方丈后脖领子就要动武，没想到那老方丈也是习武出身，三拳两脚就化解了他那几套三脚猫的功夫，最后一脚"啪"地把他蹬出去一丈多，顺势又把他踢出了寺院。后来他不服，又先后多次到寺院捣乱，都被老方丈打跑了，直到老方丈圆寂他才卷土重来彻底霸占了寺院。

霸占了河北寺，又没了老方丈的管束，那贼和尚更加有恃无恐，白天没事儿就到四邻八村敛财，人们稍有不顺就动武，轻的腿折胳膊烂，重则一命呜呼。到了晚上，他更加疯狂，带着一帮泼皮无赖，到处抓人抢人，抢来男的给他当奴隶、挖地道，抢来女的顺从者养在寺里陪他玩乐，不从者强奸后杀死然后扔进山沟。对贼和尚的恶行，善良软弱的村民敢怒而不敢言，有条件的干脆远走他乡，穷人搬不起家的只好战战兢兢关门度日，河北寺成了名副其实的黑寺。

为铲除这个黑寺和那贼和尚，地方官府和一些除暴安良的侠士曾先后几次冲进寺院救人，但终因那贼和尚势力太强无功而返。

俗话说，恶有恶报，善有善报，不是不报，时候未到，也是该着那贼和尚作恶到头儿。那日，金镖黄天霸陪同康熙皇帝到民间微服私访路过这一带，所到之处但见家家户户门窗紧闭，路上行人也是个个神色紧张、脚步匆匆，生怕跑慢了就被人抓住似的。好不容易敲开一家门，可那开门老头儿刚拉开一道门缝儿见是生人，随手"啪"又关上了。黄天霸无奈只好去敲另一家，这家开门的是个老太太，打开门见了黄天霸竟一头撞了过来："好你个挨千刀的贼和尚，你还我儿子，还我儿媳妇！"

黄天霸见老人家这个架势一下子蒙了，忙双手扶住老人轻声问："老人家，您这是怎么啦？是不是被人欺负了？"

"你……你……你是谁呀，求求你救救我的儿子和我那可怜的媳妇吧……呜呜……"

老太太一边说一边哭，黄天霸听了半天才听出来，原来就在这天后半夜老太太的儿子和儿媳妇双双都被河北寺的贼和尚抢走了，而且那儿媳妇还怀着孕。

听了老太太的哭诉，黄天霸那肺都快气炸了。黄天霸是谁呀，想当年也是个除暴安良的绿林好汉呢，他最见不得的就是老百姓挨欺负，尤其痛恨抢男霸女的勾当。当即，他也没跟康熙爷请示，就擅自做主带上手下一帮弟兄火速上山直捣河北寺。

远远地，还没到寺门他就听见寺里传出一阵阵女人的惨叫和男人的狞笑，遂一个箭步冲过去一脚踹开寺门。但只见寺院大殿内，本应供奉佛祖的地方，一个满脸横肉的和尚正对一个身怀六甲的弱女子动手动脚强行猥亵。那女子的衣服已经被他一层层扒光，只剩下贴身的肚兜和内裤，大殿房梁上则高悬着一个遍体鳞伤已经昏厥的青年男子。

黄天霸大吼一声："哒！给我住手！"说时迟那时快，随着怒吼他已经猛扑过去一把扭住那贼和尚的后脖颈，脚底下顺势一招秋风扫落叶，那和尚扑通一声面口袋一样重重地就撂在了地上。刚想动弹，黄天霸一只大脚已经踩住和尚一条腿，随手抻起另一条腿，双膀一较劲，就听"咔啪"一声，那和尚瞬间就被劈成了两半儿。再说那帮泼皮无赖，见贼和尚死了，立刻"树倒猢狲散"一下子跑了个精光，有那跑得慢的被黄天霸手下兄弟追上也都结果了。

黄天霸劈了贼和尚，赶紧放下吊在梁上的青年男子，伸手探探鼻息见还有救，遂命手下背出去，和那女子一起送下山，然后把寺院内外搜了个遍，又从地道里救出来十几个青年男子，在一个地窖里还发现了几具女尸。

"这贼和尚，真是太可恶了。"

黄天霸越看越生气，越搜越冒火，等人们都出去并确认寺里彻底没人时，他把寺门关上，在门外堆起干柴点燃，直到噼里啪啦的大火烧塌了大殿只剩一道破房砟子了，他才愤愤地离开，从此河北寺就消失了，只剩下一片残垣断壁。

三　老龙潭传说

蓟州北部山区郭家沟村北有一口自然水井，井水清澈甘甜，且深不见底，有史以来从没干枯过。老辈子人们靠天吃饭的时候，每逢干旱无雨的季节，四邻八村的人都会到这井边祭祀求雨，且往往奏效。那时在人们心目中龙王爷是负责兴雨的，遂把这井称为"老龙潭"，并奉若神明。

其实，说起来这老龙潭还真的有故事呢。

据传当年哪吒闹海时，老龙王为了救太子被哪吒乾坤圈打伤，负痛逃出龙宫，在云端里看见这个地方水丰林密人烟稀少，是个疗伤修养的好场所，遂按下云头变为人形隐入一片山林。想那老龙王毕竟年纪大了，加之平日里养尊处优惯了，哪受得了如此折腾，到树林里以后没走几步就晕倒了。醒来时发现自己躺在一个茅草棚子里，一个须发皆白的老者正坐在身旁为他运气疗伤，外面一个小童则在烧火熬药。老龙王见此忙起身道谢，老者按下他说："兄弟不必多礼，快躺下，治病要紧。"

在老者的内外调治下，老龙王的外伤内病很快就痊愈了。算算出来日子也不少了，他非常惦念龙宫里的事务，更担心被哪吒抽筋剥皮的太子是否还能生还，就有点待不住了，于是就去跟老者辞行。老者说："你的伤病很重，虽然表面上看已经好得差不多了，可要彻底康复还需调养一些时日。"

老龙王犹豫了。

老者见他这样，也不勉强："嗐，我知道老弟有太多的事情要做，不像我们这些凡夫俗子有的是时间。"

"老哥您……"龙王见自己的身份要暴露，脸色"唰"就变了。

"龙王爷在上，请受小民一拜。"老者说着面向龙王跪在地上就要磕头。

"恩公请起，应该磕头谢恩的是我，哪儿有反拜之理？只是我不明白，你咋就看出来我不是人而是龙王呢？"

"呵呵呵……"

老者抚须大笑，然后幽幽地说："那还用看么？是您在昏迷中自己说出来的，那时候您一口一个老龙，又是太子啥的，我们民间哪儿有这称呼？再说您的脉象和穿着打扮也与凡人大不相同啊。"

"哦，原来如此。"老龙王听后也笑了。

既然身份已经明了，老龙王也不再隐讳，遂把哪吒闹海、太子性命堪忧等一应烦恼都道与老者。老者非常同情，一说要分别，两人推心置腹竟有些难舍难分。

临别时，老者为龙王配备了足够的草药和民间名贵补品，但只字不提回报。老龙王感慨不已，可出门时走得匆忙也没带啥宝贝可以馈赠人家，遂紧着问："救人一命，胜造七级浮屠，老哥你有啥需要我帮忙的，尽管言声！"

"这个吗……"老者捻着胡须欲言又止。

老龙王见此，忙问："老哥的事就是我的事，你尽管说吧，就是我办不了还可以请朋友帮忙呢。"

老者听他这么说遂不再犹豫，当即言道："龙王爷您也看到了，我们这山里啥都不缺就是缺水呀，您能把这事儿给解决喽就功德无量啦。"

"哈哈哈……就这点小事儿啊，太容易了，对我来说这不是举手之劳吗？"言罢，他一跺脚，地面上立即现出一口深井，清清泉水喷涌欲出，拘一捧喝下去，甘甜凛冽直沁心脾。老龙王随即又在山中吐了一口唾沫，立时山石飞瀑溪水潺潺。做完这一切，老龙王面向老者深作一揖，道一声后会有期就隐身不见了。

从此，郭家沟一带就是天再旱从来都没断过水，那老龙潭也一直保存至今。

四　棋盘子地里话神猪

蓟州下营镇郭家沟村南有一块地叫棋盘子地，此地块方方正正状似棋盘。在这棋盘地边儿上曾经有两块大青石，高丈余且似有深根，常人很难撼动。就是这块地里，那时候曾先后多次出现过一个奇怪的事情——村里人到地里放猪或赶着猪从这里经过总会多出一头猪来。

最早发现这事儿的是村里一财主家的猪倌。那天他赶着8头小猪崽儿到棋盘子地里放，刚进地猪倌就发现多了一头，而且那猪的个头颜色跟其他8头一模一样。猪倌见多了一头很高兴，就赶着猪就往回走，可刚走出那块地再一数又剩8头了。他感到很奇怪，掉过头又把猪轰进地里，仔细一数又变成9头了，如此往返数次始终不变。后来又有别的猪倌进去试，结果仍然如此，这是怎么回事呢？

说起来，这可是很久以前的事了。有那么一天，村里一个老头儿起大早出门儿拾柴火，见村旁道沟儿里趴着一头小猪，不知被啥东西给咬得血淋淋浑身是伤，疼得直哼哼，站都站不起来了。老人家见了很心疼，就把自己的破褂子脱下来裹上那小猪，小心翼翼地抱回家，又是上药又是喂水喂食地精心照料。小猪很快就好了，欢蹦乱跳特别讨人喜欢。渐渐的，那老人发现，自从把那小猪抱回家以后，家里的米缸、面缸长期满着，咋舀也不见少，穿的、用的包括那钱褡裢里的银子也都长流水儿似的且只多不少。对此，他们一家子都觉得奇怪但谁也不点破。就这么着过了好几年，慢慢儿地村里人也发现这家人的日子是越过越好，可除了种地也没见他们有别的进项，于是就悄悄地议论，说自从老头儿捡回一头小猪就发了。真是说者无心，听者有意，谁也没想到村民的议论猜测竟然被一个外地盗贼听见了，夜里偷偷摸摸钻进院子抱走了小猪。

第二天，老头儿早晨起来不见了小猪，急得够呛，一家人四处寻找也没找着，遂断定是自己家宅子风水不好压不住福，于是举家搬迁到了山外。

再说那头小猪，原本是财神的手下，因犯错误被贬下界错投猪胎，偏偏那老母猪性子野专门啃猪崽，幸亏他跑得快才得以逃生又被老人救下，为了报恩，经常施法术帮助恩人。那日被盗贼打昏装进麻袋背出村子后，不知过了多长时间才苏醒过来，略施小计逃出贼手后却找再也不到回恩人家的路，遂隐身在两块大青石里面，见有放猪的到跟前就混进猪群玩儿一会儿，一边到外面透透风一边寻找恩人，可始终没能如愿。你想，那一家子早搬走了，上哪儿找去。就这么着才有了棋盘子地放猪，一进地猪群里就多一头猪的新鲜事儿。

五　义龟

早先，郭家沟这个地方本是一道大山沟，没有几户人家。每年到了雨季山上的水都从这山沟里流出去，有时遇到山洪，沟里波涛滚滚要持续很长时间，因此人们都不愿意在这儿居住。

有几年，蓟州山区一带连续干旱，田地龟裂、河水断流。本来就靠天吃饭的村民打不来粮食再没有水，日子更加艰难，有点儿本事的纷纷拉家带口远走他乡，剩下没能耐或年纪大、腿脚不灵活的只能在家等死了。就在这时候，有一天中午，从山里来了个要饭的干巴老头。只见他弯腰驼背，身高不过四尺，刀条脸儿尖脑瓜顶，头上顶着几根白毛，两只小圆眼儿连眼眉都没有，让人看一眼就想笑。可他要饭还挺要儿样，进了门啥都不叫，甚至一句客套话都没有，伸手就要吃的，给了吃的还不中，还得要酒喝。这不是找乐吗？人们连自己吃顿饭都不定咋噻牙花子呢，哪儿有富余的打发要饭的，更甭说喝酒了。结果这个老头走东庄串西村，不知进了多少门儿也没要到吃喝，到郭家沟村头上他已经饿得浑身哆嗦，走路双腿爱抖，话都说不出来了。刚好这时村里一个后生赶着毛驴到山外边驮水回来，见这老头儿挺可怜的，就把他背回了家。

后生的父母也都是好心眼儿的人，见这要饭的实在是饿得够呛了，就拿出家里仅有的一升小米做了一盆不掺野菜的净米饭，又翻出准备过年的几小块干肉炖熟了，一齐端给老头儿。可那老头儿有饭有菜并不知足，还是缠着要酒喝，看样子好像这酒不喝到嘴儿就活不了似的。也是遇到这家人好性儿，那对老夫妇真的把儿子打发出去给他买回了一小葫芦酒。

见酒来了，那要饭老头儿也不客气，接过来就咕咚灌了一大口，接着就一口酒一口肉大口扒拉起来，看得那一家三口直着眼光咽唾沫了。等那要饭的酒足饭饱腆胸拔肚离开饭桌子，一家人这才回过神儿来，继续端碗吃饭。这时他们惊奇地发现，明明眼看着那老头儿又吃又喝的，可饭桌上的饭菜不但没少好像还多了，晃晃酒葫芦也是满满的。

一家人相视一笑：神了。

晚上，这家人又是好酒好菜伺候，吃饱喝足以后，要饭老头儿又让他们给准备一大盆净水，然后幽幽地说："今儿夜里我就在你们家住下了，但你们千万记住喽，外面有多大的响动也不要出去。"

有了中午那神秘的一幕，这家人早就把老头儿视若神仙了，哪儿敢不听啊，遂连连点头，紧着给老头备好一大盆净水以后就关门睡觉了。

半夜时分，后生被外面哗哗的水声惊醒了，舔开窗户纸往外一看，惊得哇地张大了嘴差点儿叫出声，一想老头的嘱咐，忍了半天才忍住。原来，窗根儿底下一只锅盖大小的乌龟正在盆子里哗啦哗啦洗澡呢。他不敢再看，遂轻轻地躺下，但也不敢睡觉了，就竖起耳朵听着。不一会儿，就听山那边传来轰隆隆的响声，随后就是翻江倒海般的水响，忽忽悠悠，整个房子都要漂起来似的，就这么一直折腾到天亮，听听外面风平浪静没啥响动了，一家三口这才敢开门出去。

《奇山秀水魅力下营》书影

到外面一看，可不得了啦，仅一夜工夫，原来的大山沟基本平了，村北头凭空隆起一座圆圆的山包，就像一只巨龟头东脚西横卧在那儿，正好挡住暴发的山洪。此时，他们这一家才恍然大悟，是那乌龟舍命救助了全村人。也就是从那时候起，这里没有了山洪泛滥，郭家沟才开始人丁兴旺，逐渐从几户人家发展成一个不算小的村庄，直到今天。

（以上五篇来源：《奇山秀水·魅力下营》，大众文艺出版社，2013年，第33—50页，作者谷智生）

六　郭把总与水鸽子

郭家沟村南面的溪水边，有一个不大的水坑，不管是什么季节，也不管年景如何，这个坑里永远有水。村里人说，这个水坑里曾经有一对"水鸽子"，羽毛就像鸳鸯鸟一样漂亮。不同的是，"水鸽子"在水面上、水底下都能生活。只是后来这些"水鸽子"消失不见了。

那时，村里人都知道村南这个小水坑，放羊的、放牛的、放猪的人便常常带着牲口去水坑边饮水。有个小男娃名叫狗蛋，他家有4头小猪，狗蛋的任务就是带着小猪去吃猪草。

放猪是很快乐的事，狗蛋连蹦带跳，从西坡到东坡赶着小猪疯跑。小猪们自然更高兴，虽然有点累，但总比关在猪圈里强多了。这一天，狗蛋带着他的小猪们来到水坑边，他想让小猪喝饱了水再上山。小猪喝水，狗蛋就躺在草地里歇息。等他站起来看小猪时，不对啊！这么多了一头？

狗蛋数了又数，小猪不是4头，而是5头。多出来的是谁家的小猪呢？狗蛋大声喊："谁家的小猪跑出来啦？"

郭家沟村本来就人少，这会儿大人们都在地里干活，谁也没听见狗蛋的喊声。狗蛋见没人应声，就想赶着自己的小猪上山了。谁知，小猪刚一离开水坑边，就又变成了4头。多出来的那一只在哪里呢？狗蛋找啊找啊，哪里也没有找见。

狗蛋回到家，把这件奇怪的事情告诉了他爷爷。爷爷听了哈哈大笑，摸着狗蛋的脑门说："我家狗蛋是不是发烧啦？咋大白天的就说胡话啊……"

狗蛋生气了，就去找他的小伙伴铁柱。铁柱给家里放羊，也是每天上山。铁柱听了狗蛋的话，决定第二天亲自去水坑边看个究竟。

第二天，铁柱赶着自家的8只羊开到水坑边喝水。不料，奇怪的事情果然发生了，铁柱一数，8只羊变成了9只，而当羊离开水坑的时候，又变成了8只。

狗蛋和铁柱你看看我，我看看你。

铁柱说："是不是水坑里有啥妖怪？"

狗蛋说："咱们下去看看就知道了！"

铁柱和狗蛋都会游泳，也知道水坑不深，于是把他们的羊和猪拴好，脱了精光，跳下了水坑。

还真让铁柱和狗蛋说着啦，水坑里还真有东西！不过不是啥妖怪，而是两只鸟。这两只鸟个子很小，就像鸽子一样，但身上的羽毛五颜六色，非常漂亮，闪闪发光。更奇怪的是，两只鸟就卧在水底，也不用上来呼吸，见到铁柱和狗蛋也不惊慌。

狗蛋和铁柱匆忙上来，把猪和羊赶上，急急忙忙就往村里跑，直跑得 4 头小猪和 8 只山羊都气喘吁吁。他们把看见"水鸽子"的新鲜事赶紧告诉了大人们。由于两个孩子亲眼所见，村里人都信了他们的话。从此，水坑边热闹起来。放羊的、放牛的、放猪的都来凑热闹，看着一只变两只，又变回一只的"魔术"。

从此，郭家沟有两只神奇"水鸽子"的事情传得越来越远，传到了白滩子村、下营村，刘庄子村……

那时，郭把总的家还很兴盛，常常有马兰峪大衙门里与他一起共事的同僚来此聚会。郭把总自然要把"水鸽子"的事情跟大家说，没人不惊奇。大家都说郭把总选了个神奇之地，将来子孙万代一定是福如东海、寿比南山。

真是说者无意，听者有心。没想到这件事被一个人知道了。

那人叫啥？住在哪里？村民谁也不知，只看见每天太阳从东坡升起时，他已经在水坑边了。直到太阳从西坡落下去，倦鸟归林，他仍然在水坑边上。村民中传说那人是"半仙之体"，谁也不敢打扰他。

七天之后，他不来水坑边了，而且，从此在下营一带也再没有看见他的身影。同时，水坑里的那对"水鸽子"也不见了踪影。狗蛋和铁柱照常放猪、放羊，猪和羊也照常来水坑边喝水，但是奇怪的事情再也没有发生，几只就是几只，再也不会多出一只了。

那人弄走"水鸽子"的事也惊动了郭把总，遵化大衙门也曾经就此事进行彻查。只是他和水鸽子都消失得无影无踪。

"水鸽子"虽然不见了，但那个永远有水的水坑却在郭家沟留下来。1972 年，蓟县遭遇大旱，很多村都没有水，只有郭家沟村有水，还能浇地。据说，青山岭村的人都下山来，到这个水坑里挑水。在那个灾难的年月，这个永不干涸的小水坑就成了人们的救命水，来这里挑水的人无不感谢那两只消失的"水鸽子"。

七 许愿树的故事

在郭家沟村南，有一棵老核桃树。树干需要两个人手拉手才能合围。这棵老核桃树究竟有多大的年龄了？谁也说不清。但大家都知道，这棵老核桃树非常神奇，它能帮助人们实现心中愿望。

这个故事发生在二百多年前。下营镇附近一个小村子住着一户姓王的人家，祖上曾经跟随着戚继光镇守黄崖关长城，家境殷实。王家虽然衣食无忧，但人丁并不兴旺，三门独守一个儿郎。

小伙子名叫王山，模样英俊、为人厚道，加上王家的家境富裕，王山十七八岁的时候，媒婆就踢破了王家的门槛。王家千挑万选，选中了附近郭家沟村的一个姑娘。姑娘姓郭，年方二八，身材苗条，模样俊俏。不仅如此，姑娘的先人曾经是把总，管着几百号人马，与王家可谓是"门当户对"。

这一天，王家择吉日大办喜事。一大早就开始流水席，八大碟、八大碗，全村人都来贺喜。郭姑娘穿红挂喜，花轿上门，鼓乐齐鸣，好不热闹。

话说王山和郭姑娘小两口恩恩爱爱地过日子，王家也盼着添丁进口。可是，一晃三年过去了，儿媳妇的肚子没有一点动静，王家老人不免着急上火，可又不好表现出来。郭姑娘知道公公婆婆的心思，心里也不免掀起波澜："夫家三代单传，总不能在我这里断了香火。"急火攻心，精神不爽，郭姑娘硬是吃不下、睡不着，不久就忧郁成疾。

郭家沟村距离下营村不过七八里的路程，郭姑娘生病的消息很快传到了郭家沟。村里老老小小听说了这件事，都跟着着急上火。

眼看郭姑娘的身体不见好转，王家便把她送回到了郭家沟娘家。娘家妈看到女儿日渐消瘦，心中难过，不禁泪水涟涟。爹爹急忙套上马车，到马兰峪去请郎中给女儿看病。但是，虽然服药多日，女儿的病没有丝毫好转的迹象，急坏了郭家人。

这一日傍晚，一家人正在闷闷不乐，听见有人敲门。来人是德高望重的郭三爷。郭三爷走进上房，端坐在太师椅上，说明来意，正是为了郭姑娘生病的事情而来。他说，能救郭姑娘出水火的只有村里小溪边的那棵核桃树了。接着，郭三爷告诉郭姑娘一家要如何去做。

转天清晨，太阳刚刚从东山坡升起，郭姑娘的爹娘就带着女儿来到了核桃树下。她爹从一个篮子里拿出几样吃食，摆放在核桃树前的石板上，她娘拉着女儿一起跪倒在核桃树前，哭着说："大树神仙，我知道你很神奇，求你救救我的孩子吧！"

说来奇怪，刚才还无风的山沟里忽然吹来一阵风，核桃树的枝条在风中不停地摇动，树叶沙沙响，就像一位长者在说话。郭姑娘止住了眼泪，坐下来，听核桃树说话。

核桃树说："小姑娘，不要着急。心平气和，随遇而安。"

郭姑娘问："树爷爷，您说我该怎么办？"

核桃树说："一心向善，百福自临。"

这句话说完，风停了，树叶不动了，核桃树闭上了眼睛，好像睡着了一样。

"一心向善，百福自临！"核桃树的话就像一根银针，拨动了郭姑娘的心弦，她感到豁然开朗。

核桃树下有一口水井，常年有水，永不枯竭。姑娘按照郭三爷的嘱咐，摇动辘轳，打上一瓢清凉的井水喝下去，顿觉全身清爽，精神倍增。姑娘回到家，把核桃树的话告诉了全家人。王家、郭家两家人本来都是善良人，从此更加帮助别人，做了很多的善事。"一心向善，百福自临"成了王、郭两家的"家训"。

话说郭姑娘回到婆家，身体渐渐恢复，脸色红润，心情愉快，跟着婆婆一起操持家务，王家人恢复了平静的日子。秋天来了，郭姑娘又来到核桃树下。忽然，核桃树的一根枝条在她的眼前晃动了一下，上面长着一个大大的核桃。郭姑娘非常奇怪，在这一带山区，"白露节气打核桃"，可现在离着白露节气还有一个多月呢，这个核桃真的成熟了吗？

郭姑娘正想着，大核桃已经落到了她的手上，并且自动脱掉了外层的绿皮外衣，"卡啦"一声爆裂开来，露出了两片雪白的核桃仁。姑娘拿起核桃仁吃下去。天啊！这是一种从来没有过的甘甜清香沁入心脾，顿觉神清气爽，酣畅淋漓。郭姑娘从核桃树旁边的水井里打上来清凉的水，喝下去，不知不觉在核桃树下的石板上睡着了。

睡着了的郭姑娘做了一个美丽的梦。一个又白又胖的小男孩跑进了她的怀抱，那个小脸蛋就像她刚刚吃下的核桃仁一样又白又嫩。郭姑娘笑醒了，核桃树摇动着枝条，好像正在给她鼓掌。

说来奇怪，不久，郭姑娘真的怀孕了，王家、郭家人欣喜若狂，全村人都替他们高兴。9个月后，郭姑娘生下一对双胞胎，是两个核桃仁一样又白又胖的小男孩。两年后，又有一个美丽的小姑娘降临到王家。再后来，王家枝繁叶茂，人丁兴旺，已经成为当地的旺族。从此，这棵核桃树成了当地人们的许愿树，至今二百多年，依然枝繁叶茂，果实累累。

（以上两篇作者董秀娜，未刊发）

第二章　郭家沟小调

一　劝姑娘

开出先唱劝爱诗文，

劝上一劝种福的人。

劝一劝，种福的人，

要养姑娘处处操心，

姑娘十五长大成人，

爹妈绣房做针线啦，

人群里，学诗文。

十七八岁也就过门，

出门子做媳妇不着在家里，

锅台上得有点规矩。

不要偷着你吃口东西，

爹妈便知要生气啦，

可忍耐，别嘈嚷，

见天带挂气囊囊。

指着鸡狗骂顿黄桑，

只图眼前解得一小会儿恨，

空中暗，有神佛，

管保你疔疮灾难多，

下辈子托生一个花子老婆。

（胡永生）

二　王员外休妻

西洋府到洛阳四十五里呀，

集兴镇王员外米面成粮。

有金银有财宝记多不少，

桑木树果木园树木成行。

往亮门三提水磨砖到顶，

有一对拴马石安在楼旁，

在洛阳城不数一也得数二。

西洋府李员外请他吃酒，

他的儿来斟酒能说会道。

酒不吃饭不用忙回家转，

在上房看见了张素芳急忙落座，

叫一声小娘子你听我说个端详。

张素珍你三十九不能生养，

王员外我整四十枉活一场，

又无儿又无女怎抢刚强。

我有心把你休回娘家去，

我托红媒下彩礼另来一房。

张素珍听此言满眼流泪，

叫一声员外爷你落座一旁。

不生儿不养女不管你我，

不生儿不养女你行事无良。

你在外面修桥补路，

我在家里轧草喂羊。

你在南洼去种地，

我小奴家送饭烧水，

跑坏了锦绣鞋好几双。

哭得那员外爷心肠好软，

员外爷对天堂大声鸣誓，

我再说休你一个字，

管保舌尖上长个疔疮。

这件事传到了泰山玉皇，

玉皇爷管保他门上送子。

员外爷在外边修桥补路，

家里边生下一个白小儿郎。

这就是王员外休妻一个小段，

往下歇歇脚喘喘气也是不忙。

（胡永生）

三　小白菜

小白菜，叶叶黄，

敌英四岁死了娘。

有心跟着爹爹过，

又怕爹爹娶后娘。

娶了后娘三年整，

有了弟弟比我强。

弟弟上学我耪地，

弟弟吃面我喝汤。

端起碗来泪汪汪，

后娘问我哭什么，

我说碗底烫得慌。

河里开花河里落，

我想亲娘谁知道？

亲娘想我一阵风，

我想亲娘在梦中。

（胡永生）

【专访】郭家沟小调传承人：胡永生

胡永生，男，1956 年 8 月 24 日生于郭家沟村。父亲胡荣元、母亲王翠兰，家里有 5 个孩子，胡永生排行老四，上有三个姐姐、下有一个弟弟。

胡永生7岁时上学，上到四年级时，只能辍学，十几岁开始给生产队放羊。

虽然生活艰苦，但胡永生的音乐天赋却是与生俱来。他听父亲说过，大爷胡荣喜年轻的时候喜欢唱歌，经常唱的是村里流行的小调。父亲也喜欢唱曲，乡亲们做活累了，父亲就给大家唱一段。生产队开会之前，父亲经常给乡亲们唱歌。胡永生虽然只上了4年小学，但学校里的"唱歌课"影响了他的一生。那时，张会君老师教孩子们唱歌、唱样板戏，美妙的歌声使胡永生着迷。后来，他千方百计买了一个"电匣子"，跟着学样板戏，《沙家浜》《红灯记》《智取威虎山》《奇袭白虎团》《杜鹃山》……样样学得惟妙惟肖。

胡永生7岁的时候，开始跟着放羊老汉胡珍学唱小调。每天放学，他都背上一个柴火篓子，去追赶放羊的胡珍。他一边听胡珍唱小调，一边偷着练习，很快就能模仿着唱出来。胡珍非常高兴，一句一句地教给他。傍晚，胡珍赶羊回圈，胡永生还要拣满一篓子柴火才能回家，否则要挨母亲的骂。

胡珍放羊哪个山头都去，胡永生就追着他，一老一小的歌声在郭家沟一带的山谷里回荡。

胡珍老人身体硬朗，六十岁开始放牛放羊，七十多岁还在放羊，他的小调传自父亲胡文顺。只是胡珍从不主动教人唱曲，胡永生成为老人唯一的"真传弟子"。虽然没有一个属于他的舞台，但胡永生生活在自己歌声的世界里。他高兴了就唱，不高兴也唱，想唱就唱。村里人都知道：胡永生会唱歌！

放羊人胡珍教儿童胡永生唱小调 董梦瑶画

如今，胡永生除了唱胡珍传给他的郭家沟小调以外，还自学了京东大鼓、唱影（皮影戏）等唱段。这些曲目多与郭家沟小调一样、有故事、有情节、有趣味，随着音乐的节奏，山区人民的生活画面展现在人们面前。

胡永生近照

胡永生与写作团队合影

第三章　戏曲歌谣

第一节　戏　曲

一　京东大鼓《话村史》

万里无云天空蓝，风和日丽空气鲜。神清气爽心情好，闲谈无事聊聊天。

今天不讲新鲜事，妖魔鬼怪扔一边。现在过去来比较，把我们村发展谈一谈。

我们村本是清廷建，只听说源自郭把总带来了家眷建庄园。

只有农民，没有官；租土地，种人田；吃野菜，饮山泉；工具就是二人累，早起晚睡把腰弯。春夏秋冬难换季，寒冬腊月单衣穿；三伏难把棉袄换，虱子跳蚤把病传；得了疾病难治愈，缺医少药没有钱；不讲科学靠迷信，牛鬼蛇神闹翻天；眼看病死就拉倒，埋在坑里完了事。

建国之前没大路，出门往返走河滩；没有车辆和驴马，背上扛着扁担担；亲戚朋友不来往，想娶媳妇难上难；近亲结婚害处大，生出的孩子不健全。

那年来了日本鬼，烧杀抢掠更凶残；男女老少不放过，毁家并村野兽般；泼辣水，抽皮鞭；烙铁烫，又烧烟；各种酷刑都用遍，有的还用刺刀串。

自从来了共产党，一声春雷晴了天。八路军打跑小日本，推倒了封建三座山；分得房子分得地，一家老少又团圆；生活渐渐有好转，娶上了媳妇睡觉甜。

成立了中华人民共和国，建立了各级新政权，无产阶级来专政，毛泽东思想做指南；祖国建设"大跃进"，赶超英美快马加鞭；高级社改成人民公社，多快好省克服困难。

号召全国学大寨，遵化县有个王国藩，三条驴腿闹革命，青山板上种粮翻几番，以粮为纲夺高产，兴修水利造粮田。

七六年大地震，房倒屋塌喊苍天；一方有难八方援，各行各业总动员；抢救生命和财产，齐心协力建家园；多亏中央领导好，群众生活安排妥，恢复建设再向前。

邓小平主持工作换了天，四个坚持为原则，理论要把实际联，提出了中国特色社会主义，错误的思想玩了完。农村政策大改变，农民种地大包干，生活解决了温和饱，逐项减轻农民的负担。

习近平当选总书记，领导核心意志坚，提出建设中国特色社会主义新阶段，从严治党是常年。

惩腐败、整贪官，清除那无担当无作为庸庸碌碌的不合格党员。坚持党的绝对领导，政治工作摆在前，不忘初心牢记使命，全面小康就在眼前。

形势大好，阳光灿烂，旅游事业又上了一层天。我村几十户农家乐，迎来了财神送来了钱，物质生活都改善，人均收入几万元。

青年男女穿着美，名牌时尚不差钱，出门都把轿车坐，家家全有驾驶员，医学技术发展快，延年益寿跨百年。

精神文明更重要，提高素质不空谈，有广播有专栏，来把上级指示传。好人好事树典范，歪风邪气不见天，人人都读弟子规，妻贤子孝社会安。

服从中央保一致，总书记教导记心间。为了复兴中国梦，努力奋斗克难艰。共产党员做模范，带动村民建家园。

不忘初心牢记使命，全面小康万万年。

（张志刚）

二 三句半《来把政策讲》

锣鼓喧天喜气来，男女老少乐开怀，

我们四位来表演，三句半！

十九大会议精神好，党的政策无价宝，

全党全民都拥护，可靠！

党对农民多关心，优惠政策到农村，

土地延包三十年，放心！

中央提出新目标，小康社会早来到，

改革发展又创新，重要！

我国形势一片好，全靠共产党来领导，

习近平主持党中央，更好！

从严治党无阶级，建好班子很关键，

纯净组织查腐败，严办！

共产党是先锋队，庸俗平常无作为，

不负责任没担当，劝退！

政治工作是灵魂，经济工作靠指引，

各行各业有航向，遵循！

国防科学与日新，卫星上天能载人，

人民军队更强大，有劲！

十九大精神真伟大，快速建设现代化，

为了复兴中国梦，出发！

新出的汽车无人驾，天上的飞机小变大，

火车轮船都提速，发达！

物质生活逐渐好，精神文明也重要，

全民素质要转变，提高！

文化生活不可少，封建迷信别搞了，

移风易俗新事办，节约！

青山就是财宝山，绿水胜过米粮源，

花红柳绿风景好，美观！

改善村貌美村容，环境治理大事情，

饮食用水要干净，卫生！

大街小巷常打扫，各种垃圾别乱扔，

消灭所有污染源，没病！

孝敬双亲家和睦，亲戚朋友来相助，

抓住机遇持勤俭，致富！

艺术不精文化浅，演的不好真现眼，

请求行家和观众，指点！

（张志刚）

三 快板《浅学〈弟子规〉》

打个板走上来，各位观众把头抬。

板不响手艺差，初学乍练别笑话。

今天不把别的表，我把学习来汇报。

《弟子规》我天天学，粗浅的认识不足道。

父母呼立刻应，即时去完成父母命。

父母教训须敬听，父母的责斥要顺承。

春夏秋冬气候变，父母的生活要妥行。

离家外出要告禀，回来马上去复命。

居住有常要固定，爱岗敬业定成功。

事情虽小勿擅为，背着父母子道亏。

物件虽小别私藏，父母发现定心伤。

父母所好立刻办，父母厌恶处理掉。

子女有病父母忧，缺了德性父母羞。

父母爱我孝容易，父母厌烦孝更贤。

父母有过莫责怪，和颜悦色讲明白。

假如父母不接受，挨了打骂别抱怨。

父母疾病挂心间，小心照顾别心烦。

老人在世多行孝，何用死了哭又叫。

移风易俗从简办，封建迷信不可要。

兄弟和睦父母乐，手足相煎错又错。

财物虽轻莫相争，你谦我让必和平。

饮食坐走长者先，长者呼人即代叫。

人若不在己即到，敬老爱幼品德高。

招呼尊长勿呼名，尊长面前别显能。

路遇尊长莫失礼，长先己后要有序。

无论坐车和做客，先长后幼要让座。

老人问话视勿移，东张西望礼不宜。

早起晚睡要勤劳，只争朝夕抓时机。

讲究卫生爱身体，日常生活要有序。

衣冠整洁勤洗澡，不可乱放致污秽。

衣服穿戴要整洁，循分称家莫置华。

对饮食勿拣择，吃饱吃好勿过则。

少年男女勿饮酒，误了事情又出丑。

行动坐卧要端正，不可任意无正形。

执虚器如执盈，不得倒置或乱扔。
事勿忙忙多错，是难是易想好了做。
斗闹场绝勿近，邪僻之事绝勿问。
走邻串户问谁存，不能愣闯先敲门。
主问是谁报明名，吾我之答是含混。
求人用物需人准，偷拿硬抢非好人。
说话做事讲诚信，吹牛撒谎糊弄人。
奸巧污秽下流语，市井习气不理喻。
耳闻消息莫当真，不调查没有发言权。
别人求事勿轻诺，违规违法不可做。
说话吐字要清楚，含混连字多模糊。
你说长我道短，非己之事莫乱管。
人做善事即思齐，努力学习补差距。
别人有恶自己省，有则改之无加警。
德学才艺不如人，虚心学习当自励。
衣食住行不如人，不可妒怨来攀比。
闻过努闻誉乐，狐朋狗友来做客。
闻誉恐闻过欣，德才名士来走亲。
无心做错有悔改，有意做坏就是恶。
凡是人皆需爱，品德高尚崇拜。
才高远大人所服，不用吹牛说大话。
自有技能勿自私，别人有能勿轻视，
挖苦讽刺更不要。
莫攀富别嫌贫，喜新厌故加虚假，
亲朋好友不来临。
别人做事勿打扰，别人不安勿话扰。
扬人善事即是善，晓谕众人都行善。
与宜多取宜少，人情来往贵分晓。
加人之过先问己，己若不欲即止己。
别人恩惠不可忘，怨恨不能记心上。

自身品行要端正，对下兹宽别蛮横。

强势压人心不然，以理服人方无言。

同是人类不齐，普俗广众仁者稀。

仁者品高多敬畏，刚正不阿言不讳。

结交仁者无限好，小人近了百事错。

尔若有闲要学文，增强品行会做人。

不学无术难作为，有学有干做事妥。

读书学习要认真，不明之处就人问。

书卷整齐笔砚正，房室清洁心意静。

不看邪书修心志，阳光坦荡去做事。

人人学好《弟子规》，创立精神文明好社会。

说到此处算以档，听着如意快鼓掌。

（张志刚）

四　数来宝《郭家沟村民的幸福生活》

其一

共产党誉中外，习总书记是统帅。

遵循马列继思想，创建社会主义新时代。

二十年代现小康，严格整党惩腐败。

不姑息不养奸，党规法律碰不得。

坚持学习别掉队，政治摆在第一位。

生活好别折腾，身体健康最重要。

讲究卫生防疾病，艺术生活要爱好。

下象棋打扑克，也可台球乒乓玩。

锻炼身体降血糖，富贵之病不可要。

奉劝大家听我哨，活到百岁不显老。

其二

打个板往前跑，今天我唱段数来宝。

一边走一边看，把塞上水乡转了转。

位置好又方便，就在马营口路边，

火车汽车有专线，不用飞机和轮船。

农家院小老板，个个热情堆笑脸。

既热情又海涵，问寒问暖问困难。

尊老爱幼有礼貌，饭菜及时香又鲜。

有炖菜有凉拌，熟食炒菜柴鸡蛋。

烤全羊烤鱼片，骨肉相连羊肉串，价格公平需另标。

山野菜，小杂料，做得精，味道鲜，

适合中老年龄段，回味悠长不遗憾。

农家院很卫生，清扫客房和院落，厨房餐厅明亮亮。

卫生间有凉水，有热水，洗洗涮涮都方便。

客房舒适条件好，还有独立卫生间。

有电视，有空调，茶壶茶碗预备好。

有坐便，洗手盆，热水淋浴来洗澡。

无线网络随意用，还有象棋和扑克，另设电子麻将桌。

结账合理又大方，欢迎多次来做客。

农家院且不表，再把全景说一说。

全境三千米，有平地，有山坡，贯穿南北一条河。

村公路平又宽，人来车往似穿梭。

小轿车、摩托车、电动车、观景车，多人自行车，

儿童车，三轮车，轮椅车，还有百人大客车。

这些车放一放，沿途美景真叫棒。

各种花木数不清，草本木本水里生旱地种。

当年二年多年生，波斯菊、荷兰菊、杭白菊、

庭院栽植各种菊。

吊钟柳，假龙头 ①，还有鸢尾和猫尾花。

荷花、睡莲、千屈菜 ②，开得鲜艳又美丽。

各种草我来表。

---

① 别名随意草、如意草、芝麻花。

② 别名水枝柳、水柳、对叶莲。

水炮楼、狼尾巴草①、铁苇、万根透水草,

小河两边都栽植,每到春夏风景好。

金银花,栽满村儿,花开时节更喜人儿。

可做茶,可入药,消炎止痛百病消。

又鲜艳,又卖钱,绝好一道风景线。

说完了花草再说河,要说河,河更美。

一条溪水贯南北,一年四季长流水。

河边栽满杨柳树,枝繁叶茂喜人绿。

树底下,林荫道,游人散步有说笑。

有老人,有少年,有的还把孩子抱。

有的说,有的唱,拿着手机来照相。

树上鸟儿把歌唱,河中蛙鸣一声声。

游完河道,上山坡,步步升高盘山道。

道边有花还有果,核桃栗子大苹果。

桃李杏柿各种梨,榛子山葡萄,树根草丛采蘑菇。

常来游玩多享受,天上神仙不如我。

（张志刚）

第二节　民间歌谣

一　孝悌忠信礼义廉耻

孝

乌鸦叫,乌鸦叫,乌鸦一叫人人恼。请您且别恼,试看老鸦之慈,小鸦之孝,只怕您之为人,还不如此乌鸟。

悌

哥哥大,弟弟小,凡事总以跟着好,长幼有序留遗教。宜随行,莫前跑,须知道,超过兄长前头就为不恭了。

① 别名血经草、狼尾花、红丝麻、青桩莲、鹭鸶连。根状茎亦单独入药。夏季采全草,秋季挖根状茎,晒干。

忠

好心眼，待自己，遇事就想占便宜。得到便宜总心喜，全不料，你不忠于人，谁肯忠于你，反倒吃大亏，结果没人理。

信

说了不算，订了不办，窃喜人人受骗。可知道能说善辩的苏季子，对于腰斩头断，即便未尽然，也必要落得个没人以青眼相看。

礼

公共之物，任意摧残，公共之地，随便吐痰，不讲公德，最讨人嫌。所以圣人云："非礼勿视，勿听，勿动，勿言。"这是家庭，学校、社会教育的示范，习惯便成了自然。

义

何必读游侠传，也不用人慈善团，只要见义勇为，一往直前，武不怕死，文不爱钱。须记取"临财毋苟得，临难毋苟免"两句箴言。

廉

见钱眼红，出款心疼，还算不了大的毛病。最可怕的是贪赃枉法，残暴行凶。甭看当时侥幸，漏免官刑，欠下了冤孽债，总得偿清，早晚要报应。

耻

耻之于人关系大矣。那些不肖子弟，对于礼教大防，统统睥睨，无论受了什么刺激，总是不往心里去，似这等没脸没皮，那能不被社会一般人所唾弃。

二 四正四邪

金鸡一叫天将明，猫捉耗子是本能。
养牛养马耕种地，蜂儿虫小能营生。
忙人呆着必有病，懒汉干活必头痛。
光棍赌嫖穷得快，老财吃喝吸穷人。
人不走正路还不如畜生。

三 小狗汪汪叫

小狗汪汪叫，亲家来到了。
穿着大花鞋，披着大红袄。
刚想通通头，裤子又掉了。

啰嗦啰嗦好啰嗦,粳米干饭炒倭瓜。

四 抗日歌谣

大炮连声响,鬼子们不会长,抗日的胜利就在眼头上;

一劝我爹娘,听我把话讲,我去当兵你们不要泪汪汪;

二劝我的哥,听我把话说,我去当兵你好好把活作;

三劝我的嫂,听我把话表,八路军来了用什么赶快找;

四劝我的妹,比我小两岁,赶快参加妇女救国会;

五劝我的妻,听我把话提,我去当兵你不要泪涕涕;

六劝保甲长,听我把话讲,鬼子们来不要送鸡羊;

七骂汪精卫,他是个老汉奸,过不了几天就得上西天。

五 八路军好

八路好,

八路强,

八路军打仗为老乡,

日本鬼子欺压咱老百姓,

还得咱们团结起来赶东洋。

第三节 歌 曲

一 美丽的郭家沟

群山叠翠,溪水长流,花开遍野郭家沟。

青砖碧瓦,古巷门楼,农家小院郭家沟。

郭家沟美不胜收,郭家沟宾朋自留。

果园采摘,花间漫步,溪边小钓郭家沟。

蓝天白云,明月映湖,休闲养生郭家沟。

郭家沟美不胜收,郭家沟宾朋自留。

憨憨实实的老哥,泼辣辣的嫂,热情好客郭家沟。

热腾腾的饭,香喷喷的酒,游人忘返郭家沟。

郭家沟美不胜收，郭家沟宾朋自留。

美丽的郭家沟！

（汪东悦作词作曲）

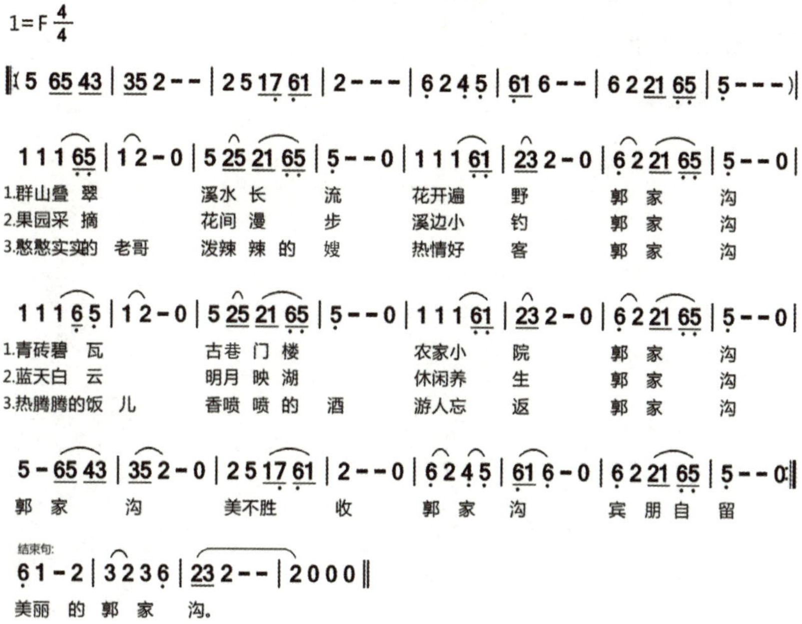

歌曲《美丽的郭家沟》

二 放牧歌

太阳那个一出哇，照四方；老汉我的心里呦，暖洋洋。

赶着羊儿把山上哎，心里头藏着事一桩。

想起了我的童年也是把羊放，十岁的孩子离开了爹和娘啊。

也不知东家对我怎么就这样狠，饭不管饱，饿得我心发慌。

杂活都是我来干，干得不对我就遭了殃。

轻者骂来重者打呀，不给饭吃最平常。

我眼泪流干无极奈，只因为家里穷的叮当响。

晚上睡觉做个好梦，翻山越岭回了家乡。

爹娘哭着把我劝，我泪湿了炕枕头。

做了好梦不愿醒，如遇恶梦嫌夜长。

我只当没了出头日，谁承想新中国换了天。

八路军打跑了日本鬼，老蒋也往台湾跑。

分了房子，分了地呦，娶媳妇生孩子一大帮。

共产党的政策人民都得好，

解决了温饱又要创小康啊。

啊哈啊，我也奔小康。

　　　　　　（张志刚）

第四章 诗歌散文

第一节 诗 歌

一 蓟州郭家沟

青山绿水彩云间，深谷平湖照日天。

碧瓦灰砖投树影，丹枫红叶挂墙帘。

盘台梨木餐秀色，漫步黄崖镇巨关。

此处桃源非魏晋，引来盛世霞客欢。

（王海福）

二 我的家乡

津蓟营郭好庄园，来到村里有奇缘。

百花开放多鲜艳，有山有水碧果园。

道路不宽很平坦，林间小道盘山上。

一条溪水向前流，河道曲曲又弯弯。

水中有鱼还有虾，青蛙求偶花草间。

一年四季长流水，更古以来永未干。

（胡青）

三 郭家沟颂

郭家沟，誉塞上水乡，乃蓟北家居。倚长城，挽碧水，畈千顷，果万株，青山落照，胜趣天成。

聚众智，念山水经书以乐农事，兴旅游业志在富民。留旧续新，补风增俗。清流理水，叠石修屋，朝夕从事，一载告成。古塞展江南画卷，新屋显北国风韵，遂志美于石。

（王林）

四　邀　客

中华有个郭家沟，信息可在网上搜。

预知此处何所贵，莫惜劳顿来此游。

（张志刚）

五　留　尊

千里宾朋至，来者多名士。

青山配绿水，劝君住几日。

（张志刚）

六　我　家

一条小河三面山，头顶银盆水色兰。

闲暇信步循溪岸，耳闻百鸟啸生喧。

山鸡野兔满山跑，水中肥鱼惹人馋。

柏油公路贯南北，车流往返不住闲。

村庄位置选的好，民俗建筑仿古年。

要问此地何所处，郭家沟村天下传。

君若有幸来光顾，健康无病不老仙。

（张志刚）

七　山野情书：郭家沟村抒怀（节选）

早春，我迫不及待地走近你，

你正在和花儿赛跑。

杏花染了山腰，

桃花红了树梢，

梨花白了山野，

樱花绽放了小村的街道，

垂柳沿着村边的小溪奔跑……

你比花儿更快，

你和光阴赛跑。

你已经从贫困中挣脱出来，

在小康的路上奔跑。

我看见你从穷山沟里站起，

成为中国最美乡村的代表。

当太阳落山，星星点亮，

你披着月光的薄纱，

我摘一粒山野葡萄，品尝夏天的味道。

我倾听着你的述说，

如同翻开史书的一角。

四百多年前，中国还是明朝，

威震四方的将军戚继光，

镇守蓟州长城 16 年。

其中一位英雄，爱上了一条永不干涸的潺潺溪水，

把他的子孙留在了这里，

从此这个没有名字的山沟便以他的姓命名——郭家沟。

八十多年前，日本侵略者让这里变成地狱，

烧杀抢掠，无恶不作，

粮食被抢走，房屋被焚烧。

在妖孽横行的焦土里，

共产党的红色种子生根发芽，

领导着人民抗击日寇不屈不挠。

爷爷加入共产党，

叔叔参加八路军，

奶奶做军鞋，爸爸送情报。

烈士的鲜血染红了山包。

七十多年前，红旗飘飘，

虽然当家做主人，

贫穷却像一件脱不掉的破棉袄，

青山绿水汪自多，

幸福美景只能梦里见到。

谁能想到 80 年代新机遇，

春风吹进深山里，

青山绿水就是金山银山，

山水这个宝贝就在农民手里。

年年在爬山，发展不停息。

冲刺"国家 4A 级旅游景区"，胜利在即。

啊！我要对你说：

村边那条永不干涸的小溪作证，我是多么爱你！

（董秀娜　天津市"喜迎二十大 谱写新华章"征文）

八　住郭家沟农家院有感

回想往事忆蹉跎，故乡踪迹梦境托。

居巷依稀识旧貌，农桑欣然见新落。

家和业兴人振作，院美景优乐生活。

真情相待满斟酒，好客之名远传播。

（李津生）

第二节　散　文

一　郭家沟的水

踏进天津蓟州下营镇的郭家沟，聆听汩汩泉水，欣赏田园风光，心随溪水漂远，思绪把美景拉近。

小村福地天成。狭长的小村，迤逦在盆地的中央，地势最高的北面是郭家沟水库，高高的大坝横亘东西，青山环抱碧水，相亲相依，水波荡漾，舟船点点，欢歌笑语，溢满激情，飘荡在芬芳的夏季。东西两旁翠岭绵延，把小村静静地护在其中。

小村三面环山，南面敞开，如一把交椅，稳稳地停靠在燕山深处，坐拥山水；又如一只巨大的簸箕，盛金放银，小村簸出的是糠秕，收获的是沉甸甸的幸福。

走在小村平坦的水泥路上，足音和着心音，穿梭在悠长的葫芦长廊中，惊奇的眼神拴住葫芦、南瓜、爬山虎、猕猴桃等植物一起攀爬，外面阳光妩媚，廊内绿荫萋萋；那些葫芦花尽情绽放，渲染着夏日的炽热，金色的南瓜垂挂在硕大的叶片下，彰显成熟的诱惑；绿源径深，编织梦想，让一个个美丽的意念得到淋漓尽致地展现升华。

这个只有 42 户、168 口人的小村转变传统观念，利用自己得天独厚的环境优势，打起了旅游牌，他们将村边曲折的小溪、满山遍野的果树进行改造，他们把传统农业向观光农业转型，走上了生态旅游故事的道路。如今，形成了溪水潺潺、荷花盛开、鱼虾满塘、果树飘香、花美田肥的美好景象。

《蓟州故事》书影

走在村里，路边鲜花吐艳，勤劳智慧纯朴的郭家沟人把山中野生的花朵移植过来，把崇尚自然的美栽植进心里。你看，一簇簇的金银花生长在荆条编织的花盆中伸展腰肢；亭亭玉立的黄花撑开笑脸，灿烂如霞；玫瑰娇艳欲滴，含情脉脉的明眸善睐；黄葡萄绿叶藏黄花，静静地散发着芬芳。

精致的采摘园、八卦蔬菜园、别致的葡萄架、百年的古井、转动的水车，呈现出一幅江南水乡画卷，那是郭家沟人的浓墨重彩，在大自然这块巨大的画布上描绘蓝图美景。

人在路上走，尽情地听，尽情地看。哗哗的流水声在耳畔鸣唱，泉水就在路边，却又一时找不到她的踪影，她隐藏在青草和林间，伴随着一路欢歌。小村中流滴泉水更显生动，鲜活。泉水是山的情人，不离不弃，青山有泉水的陪伴才显生机，才显精神；泉水有青山的呵护，才会多情，婉转缠绵。

在上游的荷花溪里生长着水芹、香蒲、芦苇等水草，溪边的田地里疯长着玉米、谷子、大豆、白薯等作物。观光采摘园里甜杏、油桃缀满枝头，成熟的果子散发着诱人的清香，李子已经微微泛紫，成熟待摘，成片的脆枣林散发着淡淡的枣花香味。顺溪而下，景致越来越好，小桥流水，睡莲满溪，杨柳舒枝，婆娑妩媚。徜徉在如诗如画的美景中，心也透明起来，真想做一株水草，幸福地在水底招摇，和水中的青荇一起忘情地舞蹈。

（来源：《蓟州故事》，团结出版社，2018 年，第 445—447 页，作者于海游）

二 天堂小镇

小镇是我的天堂。

小镇很小，小到只有我叫它小镇，而别的人不过叫它小村。生活在小镇上的只有四十户人家，总共才有一百多人，其中还包括了在外边上学的、打工的和做营生的。因此，小镇就变得更小，小到了你行走在它的街道上几乎见不到人。

我与小镇的缘分从天而降。那年，天不下雨，小镇人刚刚栽上的上万株栗树小苗因为缺水都低了头。在县城干部们的引领下，我第一次见到了小镇的人们。于是，一种似乎早就相识的感觉袭上心头，奇怪我怎么这么多年才找到了梦中的小镇？似乎我早就该认识这条通往小镇的山路了。

水泵带着水、带着我们的期盼浇灌了山上栗树的小苗。从天而降的缘分从此将我和小镇紧紧地连在一起。后来，小镇容纳了我，我的小院成为小镇第四十一个成员。从此，小镇便成为我的天堂。

只要略有闲暇，我便抛下城市朝小镇跑来，尽管有时并不是旅游的季节。就是三个小时的工夫，什么都变了样。摩肩接踵的高楼大厦变成了眼前错落山间的小屋，灯红酒绿的街市变成了远处连绵起伏的群山，姹紫嫣红的都市夜空变成了宝石蓝色晶莹闪烁的星空。

耳边一下子静下来，心也一下子静下来。汽车的喧嚣就像昨天的记忆。空气中的污浊刹那间踪影皆无。一心只想打破小镇的沉静，对小镇大声说：小镇，你好！

小镇的明天从今晚开始。脸色红红的少妇领着她的小孩子进来了，小女孩的手中一定有一把刚采来的野花。随着花儿在水杯中落下，一股田野的清香便舒展开来。小女孩说起哪个山坡的花都了如指掌，她以为城里来的阿姨是因为花香才来到小镇的。已经换上了见客衣裳的女主人们将摘了新鲜的蔬菜和水果放在了我家小院的门前，一定要你尝鲜。用手擦擦就迫不及待地吃起来，而在城里这是要用洗洁净精洗了多遍过才敢入口的东西。小镇里才有真正的"绿色"。抽着旱烟的老人进门的时候并不在意腿脚上还沾着地里的泥土便蹲在角落。说着、笑着，像城里来了他家的亲戚。

年轻的人们更关心的是小镇外面的世界。端起用山泉酿出的酒，一边喝一边海阔天空。他们那的带山野味道的嗓音在"麦克"的帮助下与"VCD"合上了节拍……于是，小镇热闹起来。位于山上的小镇把笑声和歌声送到了九霄云外。

小镇还没有一盏路灯。天上的星星便变得雪亮雪亮。夜晚的小镇空气是甜的，只要吸一口就会满腹留香。我的门灯照着我们歪斜的身影。头上的银河越来越宽、越来越亮，渐渐变成了小镇的一条街市。

我醉了。我被我的天堂陶醉。醉了的我进入小镇的梦乡。窗外寂静的山林里偶尔有秋虫在呢哝。邻里的公鸡三遍鸣叫也无法将醉了的我从梦中唤醒。只有清晨的鸟儿停在了小院中果树树梢的时候，只有不知名的鸟儿一起唱歌的时候，我才会忽然醒来，从梦中的小镇回到真实的小镇……

窗外，村姑已经摘回了带着露水的玫瑰花，经过晾晒的玫瑰是能够卖个好价钱的。山坡的梯田里有一头黑色的毛驴，耐心地陪着在自家田里劳作的老汉。菜园里，有个人影在晃动，那时正在摘鲜菜的女人。三三两两的小孩子们相约到山外上学去，因为小，小镇甚至没有学校。一会儿，孩子们便与他们的嬉闹声一起走远了，像飘走了一团彩云。

小镇的炊烟袅袅升起，在山间缭绕，像一片相连的云朵。玉米粥沸腾着，灶膛的火发出呼呼的声响，不一会儿，便有一种只有小镇才有的醇香在小镇的晨雾里飘扬。由于四周的山将小镇包围着，这香味便会久久不愿意散去。

一天的劳作从太阳上山的那一刻开始。男人下地去了，黝黑的脸膛淌着汗珠。女人便拿上了手中的针线聚在一起，七彩的绣线在粗布上描绘出她们心里有小镇特色的花朵。

离开小镇的时候总喜欢回过头去看它，小镇便影影绰绰地在山的那边躲闪，浓浓的绿色早已经将小镇包围，送到了我的天堂。

（来源：《往日》，天津社会科学院出版社，2005 年，第 348—351 页，作者董秀娜）

三　多彩郭家沟

依偎在群山环抱中的郭家沟村，周边山峦叠嶂、清泉争涌，潺潺溪流、积水成潭、深深浅浅、碧波成群。山风习习、满目青翠，蔬果野花、时明时暗，各自烂漫、莫不知名……错落有致的青砖碧瓦四合院就掩映在这样一种悠然的宁静中。

2000 年，郭家沟新任党支部书记胡金领看到本村的山水花木还在寂寞逍遥，就开始了"瞎折腾"，请专家论证，明确了"挖掘水资源、突出水主题、做足水文章、打造塞上水乡、诗画田园"的发展定位和生态旅游思路。按照"政府引导、部门参与、高端规划、市场运作"的模式，开始了一系列改造工程，立足自然地理环境、历史人文传承以及经济社会现状，保护优美的原生态肌理，注重山区传统建筑元素，体现"留住田园、留住记忆、留住乡土、留住游客"的理念，在原来村庄的规模和形状上保持不变，注重人工建筑与自然风貌融为一体，确保体现富庶、乡土和文明的美丽乡村形象的前提下，巧妙地将原来红瓦红砖的民居换成了青砖青瓦，延续了传统建筑特色；实施山体溪流、里巷街道包装改造提升，完善污水处理、垃圾处理系统。规划设计了入口观光、野趣观赏、乡宿度假、文化观赏、大坝娱乐和农田展示六大板块功能区。修建拦水坝，铺设观光路，垒挡墙，建古井茶园；村内里巷翻修后配套安装了路灯，栽植了花卉苗木。

他们还在村庄入口两侧建设绿色长廊，沿村边小溪栽植了各种花草树木，山上山下郁郁葱葱，四季花果满枝，绕村而过的小溪一年四季流淌着清泉，处处洋溢着诗情画意。波光粼粼的湖水倒映着清秀的山影，采摘园、葡萄架、百年古井、水车、花丛，俨然一幅江南水乡画卷。

时间就像村边的溪水在悄悄地流淌，就在这悄悄地流淌中，郭家沟人的意识也在不断更新，他们要把郭家沟打造成"京津地区最具北方民居特色的水乡旅游目的地"。对自然形成的瀑潭景观本着源于自然、高于自然的理念进行改造，通过开挖、筑坝、治漏、装饰、补水等艺术性的建设，使自然的水或宏大、或磅礴、或婉约、或妩媚，姿态万千、撩人心魄。对观光游览车、游客服务中心、星级厕所、公路、观景步道进行更新和改造。开发建设中国金银花科技博览园，陆续打造金银花主题公园、金银花品种展示园、金银花盆景园、金银花迷宫等一系列主题景点，丰富了旅游产品，放大了产业叠加效应。

天然、恬静、安逸的郭家沟，头顶是湛蓝的天空，四周是翠绿的山色，脚下是汩汩溪流，耳边是蛙唱虫鸣……这是郭家沟人用梦想和汗水描绘出的一幅多彩画卷。

来吧，朋友。走进郭家沟，走进农家院，推开一扇窗，凭栏听风、掬水映月，看蜂飞蝶舞、赏柳绿花红。胜日寻芳，看水光潋滟；微雨踏莎，品山色空濛……

（来源：《天津日报》，2015 年 12 月 10 日第 16 版，作者杨伯良）

四　山的性格，水的品质

——郭家沟那一群感动着我的人们

认识了郭家沟，就认识了一片唯美世外田园；

走进了郭家沟，就走进了一幅淡彩山水画卷；

离开了郭家沟,还留着丝丝缕缕割舍不掉的依恋……

浸身于郭家沟的一路花香,徜徉在郭家沟的葫芦长廊,感受郭家沟的水边神韵,欣赏着郭家沟遍野翠柏、漫山栗橡。郭家沟荷花溪里正是睡莲盛开的时候,鱼儿嬉戏、蝶争粉蕊;菜园边古井流波,茶香远扬;村落旁绿树亭亭,瓜果飘香。青山绿水已含意,郭家沟人更有情。

来过郭家沟,认识了这样一群人:他们有着山一样的性格,刚毅、坚韧、粗犷、顽强;他们有着水一样的品质,朴质、淳厚、宽广、坦诚。他们正在用自己的勤劳建设着美丽的家园,他们正在用集体的智慧把郭家沟开发成一个全国闻名的生态旅游区。

胡金领,这个有着山的名字的中年汉子,他把自己青春的年华都献给了郭家沟这方土地。人们还记得十年前的郭家沟,虽然离村外的大路只有五里,可这短短的五里路却崎岖难行,阻断了村里人和村外的沟通。也因此,村民生活极度贫困,上交农业税都要四处借钱。2000 年,胡金领当选为村委会主任,2003 年他又当选为村党支部书记。面对乡亲们充满期待的眼神,那时还刚刚 30 岁的胡金领发誓要让大伙脱掉贫困的帽子,过上温饱的生活。上任以后,他和村里两委班子通过考察周边地区的发展,初步定下了发展特色农业、走旅游富民的道路。要想富,先修路,可是穷得叮当响的村民们哪里拿得出修路用的几十万元钱?是胡金领率领村干部,走东跑西,千方百计筹措到了修路用的买料钱。可是人工费从哪里出?看到干部们切切实实在为大伙干实事,村民们都感动了,有人出人有力出力,义务修路,不要一分钱报酬。在大家的共同努力下,路修起来了,农家旅店办起来了,远方的客人来了……乡亲们初步尝到了旅游致富的甜头。

胡金领没有就此停步,因为他知道,没有自己的特色就不能长期留住客源。他们根据本村的特点,首先提升了农家院,又充分利用本村独特的水资源,精心建造了一条绵延两千多米的荷花溪,溪边路上又建起了浓荫遮蔽的绿色长廊,重修了传统的古井、石碾、石磨和水车,设计了精品蔬菜园,把一个北方深山沟里的小村,打造成了远近闻名的"塞外水乡"!

从上任到现在,胡金领带领乡亲们奋斗了十年,十年中他把一个年人均收入不足千元的小村,发展成一个专业旅游村,户年均收入达到五六万元。

可是这十年中,他总是把自己家里的事放在了最后。家里承包的荒山,一直是七十多岁高龄的父母在管理,家里的农家院都是妻子在忙乎。人生中能有几个十年呢?更何况是 30 岁到 40 岁的黄金年华!可是他一点儿也不后悔,他说:"我当了十年书记,搞起了村里的旅游与农家院,初步改变了过去贫穷落后的郭家沟。如果我再当十年书记,我定让郭家沟走进全新的世界……"他还说："我在换届选举的时候跟大伙说了，只要有人能比我做得好，能让乡亲们过上更好的生活，我心甘情愿支持他做书记！"我们问他："你做书记这么多年，没想过让家里得到什么吗？"他说："我要是那样还不如不干这个书记，专心专意做好自己家里的事呢……"说这句话的时候，他的眼里没有掩饰，没有虚伪，满是真诚和坚定。在现在农村干部贿选贪污丑闻时常曝光的今天，他的作为和胸怀该让多少人汗颜！

张金波，郭家沟的两位副书记之一，他和另一位副书记都是胡金领书记的得力助手和好兄弟。我们采访的过程中他一直是我们的向导。他热心地为我们介绍着郭家沟的各处景点，还有郭家沟的今昔巨变，言语中掩饰不住内心的自豪，为郭家沟的经济发展，也为村里有一位一心为民的好书记！这位质朴的农家汉子，他的热忱、他的不辞辛苦都让我们深深地感动。

时年 77 岁的胡云仿老人，是胡金领书记的老父亲。当年儿子当选为郭家沟村的领头人的时候，他并不高兴，因为他知道，要领着全村人拔掉穷根，绝不是一件容易的事。可是当他看到儿子的决心和行动时，他选择了默默地支持。他和老伴包下了 40 亩山坡果园里所有的活儿，从当年的栽树、浇水，到现在的剪枝打药采摘，啥也不让儿子操心，就是为了让儿子一心一意抓好村里的事儿，做好村民致富的带头人。

如今，老人的果园已经初见效益，一千多棵栗子树现在年产上千斤，梨树、杏树也开始挂果儿，年产几百斤……听着老人自豪的讲述，看看他已经斑白的头发，我们心里一次又一次地感动，这可是近八十岁的老人啊！他的精神劲儿，他的硬朗的身子骨儿又让我们心生羡慕，这大概也是上天对这位深明大义的老人的特别眷顾吧。

因为我的大意，参观采访的路上遗失了照相机的遮光罩。采访间隙休息时，我顺着原路返回了曾经参观过的农家院小木屋。农家院的主人热心地引领我到处寻找，关切地询问细情，虽然最终没有找到那个遮光罩，可是农家院主人那种真诚却深深留在了我的心里。

胡青老人、张印老人、张玉文老人……与一位位老人促膝交谈，我们一阵阵心生赞叹，他们虽然都已六七十岁高龄，可是依然不辍田间劳作，他们对生活充满了乐观，他们对未来充满了信心。

因为郭家沟有着得天独厚的自然环境，这里的老人大多长寿，活到八九十岁是很常见的事。现在，随着生活水平的提高、环境的改善，长寿老人更是随处可见。

郭家沟绿色长廊中有一种特产是葫芦，葫芦在中国的传统文化中是"福、禄、寿"的象征。这各式各样、大大小小的葫芦，与村中的长寿老人一起，成了郭家沟的宝。他们为郭家沟增着色、添着光，展示着郭家沟骄傲的过去，预示着幸福美好的未来……

（作者侯子华，未刊发）

五　千米长廊蕴乡情

从马营公路顺着明显的路标向北一拐，车就驶进了远近驰名的塞北水乡郭家沟。出人意料的是，迎接人们的，不是山里农家的青砖碧瓦，也不是人们常见的景点展示，而是一道漫长悠远的绿篱长廊。不需任何提示，车在长廊中行驶，不自觉地就会放慢了速度，因为这个长廊里形形色色的植物，已经足以引起每个的极大兴趣，令每个人的目光充满了好奇与惊异。

整个长廊足有一千多米，全部用角钢作为筋骨，圆钢作为撑心，高4—6米，宽4.5米。多种绿色植物攀援其上，把一条通往村庄的柏油路覆盖得荫郁葱茏，加之植物结出的花与果实，更让人目不暇接。植物品种有葫芦、南瓜、丝瓜、葛藤、凌霄、爬山虎、金银花、野生猕猴桃等。不要以为这只是土生土长的一些普通植物，其实每一个品种，都经历了主人的精心挑选，有的甚至取自万里之外的远景他乡。

单说那葫芦吧。郭家沟人好像对葫芦怀有特殊的感情，因为它在长廊中占有最大的比重。葫芦又称"匏"、蒲瓜，是一年生草本植物，生长期90—140天不等。它根系强大，适于做嫁接砧木，茎蔓茂盛，绿化效果好，果实耐保存，可达数百年，这是一年生植物中独有的。因其"葫芦"的谐音"福禄"，又因其形态优美、籽粒众多，自古以来人们就把它视为多福多禄、多子多寿的吉祥之物。2006年初建千米长廊时，郭家沟人走遍京、津、晋、冀、鲁，行程近万里走访专家寻求种子，学习研究相关知识，掌握栽培管理技术和发掘其经济价值的途径。如今，我们在长廊可以看到的葫芦就有圆葫芦（大瓢、中小瓢及苹果葫芦）、长葫芦（瓠子及冬瓜葫芦）、长柄葫芦（油锤、鹤首）、亚腰葫芦（双肚细腰，是观赏类葫芦的代表），另外还有一些南方的南瓜变异后，外皮厚硬和葫芦近似的品种如"疙瘩""瓜皮"等。这些果实高者可达数尺，小者仅有寸许，形态各异，令人玩味不已。

长廊之外，西边是郭家沟最著名的盛景莲花溪，东侧则是各种花木。村里人自豪地告诉我们，今年秋后，他们将从北京引进一种冬季也不必土埋防冻的葡萄，为这千米长廊增添新的景观。

长廊，彰显的是郭家沟人对来客的敬意；长廊，彰显的是郭家沟人的智慧；长廊，彰显的是郭家沟人的厚重；长廊，彰显的是郭家沟人的对未来生活的信心。

（作者杨少良，未刊发）

六　塞上水乡郭家沟

群山如黛、波光粼粼的湖水倒映着古老的长城，一条弯曲清澈的小溪绕村而过，千米绿色长廊藤蔓缠绕、葱郁的采摘园、静谧的垂钓园、芬芳的荷花溪、百年的古井、转动的水车，青砖红瓦，绿树掩映。小桥、流水、人家，江南水乡天然画卷。这就是素有"塞上水乡"美誉的郭家沟村。

郭家沟村位于蓟州下营镇东部，村北是"天津之巅"九山顶和库容205万立方米的郭家沟水库。依山傍水，溪流绕村，风景秀丽，物美泉甜，民风淳朴。山上松柏郁郁葱葱，山下的果树花果满枝。这个美丽的小山村共42户、168口人，耕地、林地936亩。1500米的蜿蜒小溪一年四季流淌着清泉，为小山村增添了画意诗情。

近几年来，村支书、主任胡金领带领村民，转变观念，齐心协力，发挥水优势，突出水主题，建设"塞上水乡"旅游专业村。从2006年起，逐步加大村容村貌整治力度，修整街道，栽植各种花卉、苗木；成立保洁队伍，保证村里垃圾日产日清。开发旅游资源，突出"塞上水乡"特色，搭建棚架，栽植葫芦、丝瓜、爬山虎，建千米绿色长廊；建占地185亩无公害蔬菜采摘园、小杂粮和果品采摘园。

到处绿意盎然，郁郁葱葱，荷花溪弯弯曲曲绕村而行，水面上粉红与白色相间的荷花亭亭玉立，金色的阳光洒在莲塘上，格外清新，清香飘来，沁人心脾，荷花盛开，娇艳迎人，荷香扑鼻，风韵妩媚，令人陶醉。入夜，这里又是朱自清笔下《荷塘月色》的一番美景。美丽的郭家沟，宁静的世外桃源。休闲垂钓园、观光亭、水车辘轳、戏水浅滩、观光小路……呈现出江南水乡才有的杨柳依依、荷花盛开、鱼虾戏水、水边漫步的秀美风光。景色美不胜收，游人流连忘返，一步一景，犹在画中。

郭家沟人充分依托自己固有的自然环境优势，发展生态农业，大搞农家旅店，用商业的眼光审视生态，用发展的眼光经营生态，将郭家沟建设成了山村风貌凸显，生态特色鲜明，人居环境最佳的旅游专业村。让游客吃在村里、住在农家，亲近自然山水，参与农事活动、体验农家生活。目前，全村建起几十户旅游农家院。农家院的服务项目主要有：住宿、餐饮、果品采摘、烧烤、烤全羊、扑克牌、麻将、卡拉OK、登山、踩水车、篝火晚会等。客房内电视、空调、热水器等设施齐全，客房设计古朴典雅，具有江南水乡特色。饭菜主要有山野菜、黄瓜拉皮、拌凉粉儿，蘑菇炖小鸡、粉条炖肉、炒柴鸡蛋、熘饹炸、菜团子、大蒸饺、小米粥、鸡蛋汤等。农家院的亲情化服务、宾馆化管理，带给游人不一样的感受。前来郭家沟旅游的游客有相当一部分已从原来的观光游转变为休闲度假游。双休日到郭家沟成为周边城市居民的一种时尚。

　　塞上水乡葫芦福禄全展示柜上，一个个形态各异的葫芦，加上烙化老师的精雕细琢，煞是好看，很有观赏和收藏价值。各式各样，大大小小的工艺葫芦整齐排列，哨兵样等待检阅，佛手、苹果、葫芦、疙瘩、冬瓜等象形葫芦惟妙惟"笑"，"楚楚"动人，使人不由得惊叹大自然之神功妙笔。

　　环境幽雅、景色宜人，群众精神面貌焕然一新，呈现出一片欣欣向荣的社会主义新农村的和谐景象。走在大街上，老人、小孩脸上洋溢着笑容，昔日杂草丛生狭窄不平的山路不见了，展现在眼前的是绿树鲜花映衬下的宽阔的柏油路；映入眼帘的是一幢幢宽敞明亮的新居和平整的水泥街道。人们在闲暇之余在村健身娱乐场内锻炼身体，或是在村内绿色长廊休闲纳凉，时时传来人们的欢歌笑语声。一个环境优美、秩序井然、文明、富裕的塞上水乡风情特色的旅游专业村初见雏形。

　　这里没有喧嚣和浮躁，这里是具有塞上水乡风情特色的旅游专业村。

（作者王旭建，未刊发）

第十编 专 记

"村BA"落地郭家沟 绘就乡村发展新画卷

2023年8月2日到8月6日，全国和美乡村篮球大赛（村BA）东北赛区的比赛在天津市蓟州区下营镇郭家沟村举行。来自北京、天津、河北、辽宁、吉林、黑龙江、江苏、山东等8省市的16支代表队在循环赛、淘汰赛、16强战、8强战、4强战、半决赛、决赛等比赛中展开了激烈的角逐。经过5天、24场比赛，最终，山东省淄博队、山东省聊城队两支球队胜出，入围全国总决赛。比赛现场吸引了数千名游客和来自蓟州区的农民前来观战。

本次比赛是由中国农业农村部社会事业促进司、国家体育总局群众体育司指导；中国农民体育协会、中华全国体育总会群体部主办；天津市农业农村委、天津市体育局、蓟州人民政府承办。蓟州区下营镇郭家沟村获得特殊贡献奖。青山绿水的郭家沟村以秀美的景色火爆出圈。

一 一场堪比"NBA"的民间篮球赛

2023年8月2日19点30分，全国和美乡村篮球大赛（村BA）东北赛区比赛开幕式在天津市蓟州区下营镇郭家沟村举行。郭家沟村党支部书记、村委会主任胡金领代表郭家沟村民欢迎运动员、裁判员的到来，并宣布："全国和美乡村篮球大赛（村BA）东北赛区比赛开始！"

著名篮球运动员郑海霞为首场比赛开球。首场北京大华山镇队对战天津渔阳镇队，点燃了仲夏激情夜。此时的郭家沟村，球场上亮如白昼，观众席欢声雷动。天津代表队的球员、蓟州人王浩十分激动："这些年，百姓生活越来越好，我和伙伴们才有更多时间和精力来打篮球，丰富自己业余精神文化生活。能够在家门口参加'村BA'，我感到非常自豪。"

随着数十家媒体和无数自媒体的报道，郭家沟村BA火爆网络，迅速传播到全国各地。开幕式、闭幕式一票难求。村里大街小巷停满了各种汽车，街头巷尾，到处可见"大高个"行走。8省市16支球队运动员、裁判员等五百多人住在郭家沟村，村民热情地接待远道来客。

赛场激动人心的场面让观众热血沸腾。来自本地以及外省市的观众们，挥舞着彩旗，热情满满，呐喊声震耳欲聋。在2003年8月6日闭幕式上，郭家沟村获得了"特殊贡献奖"。

二　郭家沟速度

比赛圆满结束，村支书胡金领终于可以松口气了。他把承办村 BA 东北赛区赛场任务带回村的时候，已经是 7 月中旬，离开赛只有二十多天，要建起两个专业化的篮球场以及主席台和观众看台，任务异常艰巨。但是，郭家沟人是敢于克服困难、抓住机遇的，关键时刻不会"掉链子"。

篮球场建设

郭家沟村地处小山沟中，地形高低错落，经过考察，筹备组最后确定在村中心地块建造篮球比赛场地。

说干就干，三台挖土机随即进场，把石头地推平。每天夜里都要挑灯夜战，甚至夜以继日，下小雨也不停工。那段时间，村干部胡金领、张艳国、王凤国等几乎没有睡

篮球场俯瞰图

过"囫囵觉"，有时就在办公室凑合休息。支部委员贾紫璇与下营镇派来的"援兵"坚守在村委会，协调解决临时出现的问题。

整出平地后，水泥浇筑出篮球场，建造起主席台和东、西、北三面的 5 个观众看台，灯光设置、安装超大屏幕……如同变魔术一样，郭家沟村每天都发生着巨大的变化，直到装上了 4 个智能篮球架……

一个现代化的篮球场在山沟里拔地而起，达到了可以进行高规格比赛的水平。"郭家沟速度"震惊了所有人。

村 BA 广场

三 郭家沟形象

篮球运动员们在球场上激烈角逐，共燃夏日激情；村里小桥流水、绿树成荫，盛开的花海和嬉戏的天鹅让人目不暇接，青砖灰瓦民居依山错落相间……

郭家沟村，这个曾是"年轻人都外出打工，外村姑娘不愿嫁进来"的山村。2012 年，郭家沟村成为蓟州区乡村旅游精品村，对村庄、民居、环境、景观进行改造提升，开启集约管理、抱团发展和振兴之路。

郭家沟村党支部书记胡金领致辞

2022 年，引进外来投资，对村庄进行景区化打造，文旅产业集聚发展，迎来"二次蝶变"，如今已经变成了人均年收入 8.5 万元的国家 4A 级旅游景区。

一场"村 BA"，向运动员、观众、社会展现出山里人的真诚与豪情！良好的生态环境，勤劳善良的村民，一流的政务环境，印证了郭家沟村是天津市乡村旅游的一张亮丽名片。

比赛中

新闻报道

村BA开幕式

大事记

▶ **清康熙三十八年（1699）**

十一月二十日，康熙谒陵毕，返京，阅览青山岭等地，并驻跸下营。

清中期，黄崖关长城守将郭把总一家定居郭家沟。

▶ **清光绪二十六年（1900）**

9 月，德军侵扰青山岭一带。

▶ **1913 年**

蓟州改蓟县，属顺天府。

▶ **1933 年**

长城抗战爆发，郭家沟村民积极支援抗战。

▶ **1938 年**

夏，胡林加入中国共产党。

▶ **1939 年**

夏，中共党组织恢复下营一带村庄党组织。

▶ **1940 年**

4 月 15 日，成立蓟平密联合县，开创了盘山抗日根据地。

▶ **1941 年**

6 月，日军对包括郭家沟村在内的蓟县地区进行了一个月的"扫荡""清剿"。

11 月，日军向包括郭家沟村在内的冀东根据地开始"扫荡"。

是年，郭家沟村一带村庄伤寒病流行。

▶ **1942 年**

4 月，日军大举对包括郭家沟村在内的冀东根据地第四次"大扫荡"。

▶ **1945 年**

8 月，日本投降。

9 月，蓟县全境解放。

▶ **1946 年**

5 月,恢复蓟县建制,蓟县隶属冀东区行署第十五专署。

9 月,国民党军队进攻蓟县、兴隆之间的地区,冀东解放区军民普遍展开游击战争,击退蒋军,郭家沟村多人参加游击战。

▶ **1947 年**

5 月,王佐发参加中国人民解放军,到蓟县县大队二连接受新兵训练。1951 年 2 月,王佐发随同部队奔赴朝鲜战场。1953 年 2 月加入中国共产党,8 月回国。1955 年 3 月,复员回到郭家沟村。

6 月,中国人民解放军于 16 日、17 日解放蓟县。

▶ **1948 年**

5 月,胡俊参加中国人民解放军十三团,战士,10 月,在玉田县战役牺牲。1959 年 6 月 12 日,中央人民政府批准胡俊为烈士。1983 年 7 月 21 日,蓟县人民政府向胡俊家属颁发《烈士证》。

是年,郭家沟村开展土地平分工作。

▶ **1949 年**

3 月,郭家沟村妇女开始改变旧观念,积极参加农业、副业生产。

10 月 1 日,郭家沟村民开展庆祝中华人民共和国成立活动。

是年冬,郭家沟村民开展冬学和扫除文盲工作。

▶ **1950 年**

郭家沟村隶属河北省通县专区。

▶ **1951 年**

3 月,蓟县开展镇压反革命运动。

▶ **1953 年**

下营乡成立。

▶ **1957 年**

5 月,郭家沟村民响应"无闲地"运动,大力开荒。

▶ **1958 年**

春至夏,郭家沟村人参加下营乡人民修筑万米环山渠、州河灌区、泃河灌区大型引水工程。

5 月,郭家沟村民开展夏季扑灭蚊蝇活动。

12月，成立下营人民公社。

是年，郭家沟村改为隶属河北省唐山专区。

▶ **1962 年**

郭家沟村由自然村变更为行政村。

▶ **1973 年**

9月，蓟县由河北省划归天津市。

是年，7名知识青年下乡到郭家沟村。

▶ **1974 年**

8月，郭家沟村民兵连长张印参加由县武装部组织的集训。

是年，郭家沟村办电，开始逐渐通电。

▶ **1975 年**

10月，"重新安排下营山河"的重点工程郭家沟村水库动工。

12月22日，《天津日报》以《市知识青年上山下乡办公室召开座谈会坚持知识青年上山下乡的正确方向》为题，报道知识青年在郭家沟村大队插队的事迹。

▶ **1976 年**

9月，下营公社组织几千名社员开赴大沙河，为修建郭家沟水库备石料28000方。1978年底，郭家沟水库基本竣工。1979年底，郭家沟水库完全建成。

10月17日，《天津日报》发表报道《蓟县下营公社联系实际深入揭批"四人帮""三反一砍"的罪行》，称郭家沟村大队干部、群众排除干扰，真心实意学大寨，大搞农田基本建设。

▶ **1977 年**

8月18日，《天津日报》发表报道《沸腾的水库工地：记蓟县下营公社郭家沟水库工地》。

是年，因修建郭家沟水库，原居住在青山岭村的张家33口人搬迁到郭家沟村。

▶ **1983 年**

6月，撤销郭家沟生产大队，改为村，设党支部、村民委员会和农业生产合作社。

是年，下营公社改为下营乡。

▶ **1984 年**

9月，张玉萍考取南开大学。

是年，蓟县大力发展养鸡业，郭家沟村养鸡户增多。

▶ **1985 年**

9 月 19 日,《天津日报》以《山村女教师》为题,报道郭家沟村小学山村女教师杨杰事迹。

12 月,郭家沟村通电话。

▶ **1986 年**

是年,郭家沟村小面积试栽猕猴桃,长势较好。

▶ **1990 年**

1 月 10 日,下营撤乡并镇。

▶ **2000 年**

10 月,成立下营镇旅游总公司、下营镇旅游管理办公室。

是年,郭家沟村人均年收入 2670 元,低于镇平均水平 489 元。

是年,张福刚任村党支部书记,胡金领当选村委会主任。

▶ **2001 年**

2 月,郭家沟村制定 2001—2003 年发展规划。

▶ **2002 年**

1 月,村干部到外部旅游村考察学习。

是年,党员干部带头办起第一批 5 家农家院,有金领农家、金波农家、康玉平农家院、云生农家院和学军农家院。

▶ **2003 年**

9 月,胡金领当选郭家沟村党支部书记兼村委会主任。

是年,郭家沟村打造清水川(后定为"塞上水乡")生态示范家园项目。

▶ **2005 年**

9 月 30 日,胡金领参加 2005 年度天津市"351"培训工程村级干部岗位培训。

▶ **2006 年**

7 月 10 日,村委会派人参加由蓟县旅游经济委员会举办的导游员资格培训班。

9 月 26 日,接收学习下营镇人民政府文件《下营镇 2006 年"十一"黄金周旅游工作安排意见》。

10 月 20 日,村委会派人参加蓟县服务业发展办公室召开农家院旅游发展工作座谈会议。

是年,蓟县首批确定"塞上水乡郭家沟村"等 15 个特色旅游村。

▶ **2007 年**

4 月 25 日,下营镇发布《2007 年"五一"黄金周旅游工作安排意见》,胡金领任镇工作领导小组成员。

6 月 14 日,《天津日报》发表报道《"塞上水乡"郭家沟村》。

6 月 26 日,《天津日报》发表报道《蓟县下营镇郭家沟村呈现一片水乡风貌》。

7 月,下营镇于郭家沟村设立下营青川洗涤站。

9 月 14 日,成立集体所有制的天津市塞上水乡旅游开发中心。

9 月 27 日,下营镇发布《2007 年"十一"黄金周旅游工作安排意见》,胡金领担任工作领导小组成员。

是年,村人均纯收入 6800 元,主要来源于旅游、外出务工和果业收入。

▶ **2008 年**

5 月,郭家沟村首批通过天津市旅游特色村(点)认定验收。

▶ **2009 年**

8 月 16 日,郭家沟村启动农村改厕工程。

8 月 29 日,时任天津市市长戴相龙来郭家沟村视察。

是年,郭家沟村获"2009 年度县级新农村建设'五比三创一考评'活动中示范型创建工作先进村"。

▶ **2011 年**

4 月 4 日,胡金领参加"蓟县旅游专业村党支部书记培训班"。

5 月 28 日,下营镇成立郭家沟村提升改造领导小组。

11 月 13 日,蓟县人民政府印发《蓟县国民经济和社会发展第十二个五年规划纲要》,提出"规范提升常州、郭家沟村等品牌旅游村"。

12 月 11 日,全体村民签署旅游村改造承诺书。

是年,郭家沟村被纳入蓟县首批 50 个重大项目,打造以休闲农业、旅游观光为特色的新农村建设示范点。

▶ **2012 年**

2 月 12 日,蓟县人民政府批复实施《郭家沟村旅游特色村提升改造项目规划》暨《下营镇郭家沟村庄建设规划》。

3 月,郭家沟村旅游特色村提升改造项目开工,9 月,项目竣工。

6 月,《水工业市场》发表文章《农村污水处理的实践与总结——天津市蓟县下营镇郭家沟村污水处理工程介绍》。

9 月 26 日，第二十届中国·天津渔阳金秋旅游节在郭家沟旅游特色村隆重举行。

▶ **2013 年**

2 月 20 日，郭家沟村提出先景区带动农家院，后农家院带动景区。

6 月 20 日，《中国经济导报》发表文章《住在大山深处的"金领"——调研天津蓟县郭家沟旅游示范村有感》。

6 月 3 日，时任中共中央政治局委员、天津市委书记孙春兰带领天津市互看、互比、互学工作检查组视察郭家沟村。

6 月 4 日，《天津日报》发表报道《来到郭家沟 不再忆江南》。

国庆节期间，郭家沟村日接待游客突破 3000 人次。

10 月 23 日，村"两委"召开"关于加强提升郭家沟村管理"会议，提出把郭家沟村推向全国。

是年，郭家沟村被农业部、国家旅游局评选为"全国休闲农业与乡村旅游示范点"。

▶ **2014 年**

是年，全村接待游客 12 万人次，实现旅游综合收入 1500 多万元。

▶ **2015 年**

1 月 20 日，《城市快报》发表报道《小路修好后游客跟着来了》。

12 月 10 日，杨伯良在《天津日报》发表《多彩郭家沟》。

是年，郭家沟村获得"中国美丽休闲乡村""全国特色景观旅游名镇名村"称号。

▶ **2016 年**

6 月 3 日，郭家沟景区通过国家 2A 级旅游景区认定。

7 月 1 日，胡金领被评为市级优秀共产党员。

是年，郭家沟村有 42 个农家院，人均纯收入 7.5 万元。

▶ **2017 年**

7 月 16 日，迎全运郭家沟村消夏晚会开幕。

7 月 21 日，天津电视台就"无现金支付村"主题来村进行专题报道。

10 月 12 日，中央电视台农广天地播出《塞上水乡郭家沟村》。

11 月 14 日，时任天津市副市长曹小红带队考察郭家沟村登山步道建设情况。

11 月 22 日，《光明日报》发表报道《蓟州乡村旅游为何红火——探寻天津市蓟州区实现"富美强"的秘诀》。

11 月 24 日,《人民日报》发表报道《一个乡村的供给侧改革》。

12 月 13 日,《中国旅游报》以《旅游扶贫在行动——郭家沟的供给侧改革》为题全文转载,发表评论员文章《像郭家沟村那样抓乡村旅游》。

是年,郭家沟景区通过国家级 3A 级旅游景区认定。

▶ **2018 年**

3 月 3 日,央广网发表报道《特色小镇托起乡村振兴新希望》。

▶ **2019 年**

7 月 28 日,郭家沟村入选文化和旅游部、国家发改委第一批全国乡村旅游重点村名单。

8 月 22 日,《新华每日电讯》发表报道《蓟北山区纪行:一样靠山吃山,别样发展内涵》。

8 月 25 日,天津广播电视台发表报道《记者调查:让乡村旅游多些新鲜感》。

10 月 15 日,举办"第一届郭家沟村厨艺大赛"。

11 月 1 日,农业农村部、中组部、民政部来村落实检查农村集体产权制度改革。

11 月 25 日,胡金领参加文化和旅游部主办的乡村文化和旅游能人培训班学习,29 日成绩合格、结业。

是年,郭家沟村列入全国乡村旅游重点村。

是年,全村接待游客超过 20 万人次,旅游总收入 5000 万元,人均纯收入 8 万元。

▶ **2020 年**

3 月 26 日,区旅游局来村讲解民宿提升改造政策。

4 月 27 日,郭家沟村入选 2019 年度天津市乡村旅游区(点)和工业旅游示范基地。

5 月 11 日,网易天津发表报道《塞上水乡的能源变迁》。

6 月 29 日,郭家沟村召开村"两委"班子会,建立诚信台账。

8 月 26 日,澎湃新闻发表报道《酷暑炎炎找个安静、凉爽、放松的好去处——"塞上水乡·郭家沟村"》。

10 月 18 日,津门书画名家作品展在蓟州区郭家沟村举办。

10 月 28 日,《中国旅游报》发表报道《天津郭家沟村:升级旅游体验发展永不止步》。

11 月 11 日,津云发表报道《天津市蓟州区郭家沟村:新时代的新乡村 小山沟的大奇迹》。

是年,蓟州区启动实施《蓟州区农家院提升改造工程三年行动实施方案》,郭家沟村被纳入主题文化体系构建工程。

是年，郭家沟村全年接待游客二十多万人次。

▶ 2021 年

1 月 15 日，《天津日报》发表报道《蓟州区下营镇郭家沟村"一肩挑"胡金领："土鸡窝"里飞出"金凤凰"》。

5 月 10 日，胡金领赴四川成都参加中央组织部、农业农村部联合主办的"村党组织书记培训示范班"学习，14 日考核合格、结业。

6 月 22 日，多部门联合发布"建党百年红色旅游百条精品线路"，"常州村—青山岭村—黄崖关长城—郭家沟村—团山子村—毛家峪村—小穿芳峪村—东水厂村"入选。

6 月 10 日，津云发表报道《蓟州区下营镇郭家沟村党支部：山村巨变产业旺 一心为民奔小康》。

6 月，郭家沟村与天津市陶陶投资有限公司签署合作协议。

8 月 9 日，津云发表报道《守好绿水青山 换来金山银山——记中共天津市蓟州区下营镇郭家沟村党支部委员会》。

10 月 14 日，津云发表报道《天津的农家院里藏着乡村振兴的"致富经"》。

12 月 2 日，胡金领作为代表参加中国共产党天津市蓟州区第二次代表大会。

▶ 2022 年

2 月 14 日，津云发表报道《天津市人大代表胡金领：破解资金土地难题完善乡村振兴配套政策》。

2 月 26 日，天津市人民政府对标天祝县旅游专业村，郭家沟村进行结对帮扶。

4 月 29 日上午，郭家沟村景区举行迭代升级开园启动仪式。

5 月 20 日，时任天津市人大常委会主任段春华到郭家沟村实地考察。

5 月 26 日，《经济日报》发表报道《天津蓟州区：农家老院改出特色》。

6 月 17 日，津云发表报道《胡金领：跨过中低端乡村旅游壁垒 走创新型发展之路》。

7 月 11 日，金台资讯发表报道《天津农商银行坚定向"美"而行 助力郭家沟村旅游产业发展》。

7 月 22 日，北方网发表报道《蓟州区下营镇郭家沟村党支部书记、村委会主任胡金领：当好"领头羊"扮靓"塞上水乡"》。

7 月 31 日，第三届天津夜生活节启动，郭家沟景区推出奇幻森林光影秀。

8 月 2 日，津云发表报道《提升乡村文化水平 他带领百姓在绿色发展的道路上全力奔跑》。

8 月 13 日，津云发表报道《山中也有不夜城！蓟州这个贫困村逆袭成旅游"招牌"村》。

8 月 23 日，津云发表报道《蓟州区下营镇郭家沟村：做优乡村游　花园变乐园》。

9 月 21 日，《天津日报》发表报道《让村民端上"金饭碗"——记蓟州区下营镇郭家沟村党支部书记、村委会主任胡金领》。

11 月 19 日，津云发表报道《一道沟，一副担；一畦稻，一幅画》。

12 月 31 日，郭家沟景区成功升级国家 4A 级旅游景区。津云发表报道《蓟州区郭家沟村成功创建国家 4A 级旅游景区》。

是年，全村旅游接待量 20 万人次，旅游综合收入突破 5000 万元，人均纯收入 8.5 万元。

▶ 2023 年

1 月 8 日，中国新闻网发表报道《郭家沟景区成为天津首个乡村类的国家 4A 级景区》。

1 月 10 日，天津广播电视台发表报道《蓟州区郭家沟村成为天津首个乡村旅游 4A 级景区》。

4 月 10 日，《新华日报》发表报道《天津市蓟州区郭家沟村：小村"卖风景"，创新步不停》。

4 月 13 日，中国新闻网发表报道《天津"百师进百村"成果丰硕打开乡村特色化发展新思路》。天津社会科学院苑雅文的"郭家沟村新型沉浸式乡村文化体验营策划案"，获得"百师进百村"活动二等奖。

4 月 17 日，中国网发表报道《乡村变景区，腰包鼓起来精神富起来》；津云发表报道《天津："善治"带动村民致富郭家沟村迸发新活力》。

4 月 26 日，中国社会科学网发表报道《因地制宜谋发展山水文脉促振兴》。

6 月 21 日，人民网天津频道报道《天津蓟州郭家沟村：美丽乡村"蝶变记"》。

7 月 23 日，新华社发布微纪录片《郭家沟村新事》。

8 月 2 日至 6 日，全国和美乡村篮球大赛（村 BA）东北赛区的比赛在郭家沟村举办，北京、天津、河北、辽宁、吉林、黑龙江、江苏、山东 8 省市 16 支代表队参赛，山东省淄博队和山东省聊城队胜出，入围全国总决赛。

附　录　郭家沟村民收藏品

1. 清康熙二十九年（1690）六月二十九日，村民高仲金将自置民地三段共计十八亩，内中有梨树六株，卖与村民王尚忠。西至道，南至闻宝，东至本主魏三元，北至杨世荣。四至分明。卖价银六两五分整。中人高坚儿、闻宝、杨世荣、魏三元。

2. 清道光八年（1828）四月初四，村民王守业因手中缺钱，将自家粮栈及坐落郭家沟北的田地十五亩，卖与村民王思何，定价蓟钱400吊。中保说合人李汉清、刘九如、任秀生、闻玉峰。买地树文约人王守业。代笔人丛全、杨福、王铠、王其、王梅、王真、王纯、王林、王富、王廷瑞。

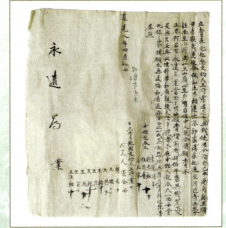

3. 清咸丰十一年（1861）十二月初一日，村民王瑞章从其侄王廷琢处赎回田地，并立字据。

4. 清同治十二年（1873）账本

5. 清光绪八年（1882）九月十七日，村民魏瑞生因无钱使用，将坐落在郭家沟西坡的花棵，树珠俱在其内，卖与村民王庆。南北二至王姓，东至曹姓，西至岭詹卖价蓟东钱266吊。中保说合人王景田、王廷叔、张义合。代字人王印。

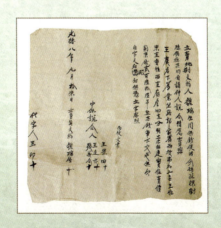

6. 清光绪三十二年（1906）五月十九日，王善德亲笔书分家契约。所分财产是康熙二十九年（1690）六月二十九日买卖的土地："立分老红契地四亩，东至河西上坎楞，北至河沟，南至龙沟，四至分明。坐落郭家沟家南地四亩，又拨河东地二亩，东至小道西，西至河北，南至河。中见人高国太、魏一元、闻宝、杨世荣，立卖地契人高仲金，代字人魏自亮。"

7. 清光绪三十二年（1906）十二月八日，黄耀龙将自置荒山一处，坐落孟家岭，连段开垦八亩，东至岭岩，西至孙姓，南至孙姓，北至荒阶，四至分明。自烦中人，情愿卖于张广来名下，永远为业，卖价壹佰叁拾吊整。代字人赵百元。

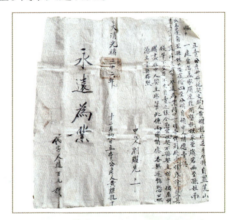

8. 清宣统元年（1909）二月初九，村民王怀山、王怀玉、王怀宝三兄弟因父亲去世、继母孀居而分家立约。亲友中间人朱步元、柳九春、胡文顺、胡文忠、李永瑞、刘进祥。族中人王怀正、王敬。代笔人张献忠。

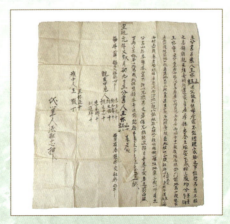

9. 中华民国元年（1912）正月十一日，村民薛门窦氏将自己坐落于郭家沟河伯寺东三间瓦房的宅院卖与张起，卖价白银 18 两。

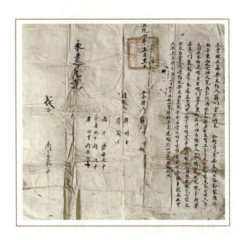

10. 中华民国五年（1916）十一月十日，村民孙连科将受分升科地 4 亩，坐落郭家沟东坡，卖与同村孙广城。卖价洋元 60 元。中证人张玺三、纪年林、王振海、孙广才。

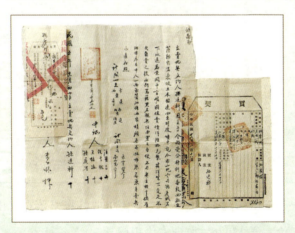

11. 中华民国六年（1917）十一月十一日，董文仲，因不用，将祖遗地一段一亩，坐落郭家沟东坡，四至开后，土木相连，亲烦中人说合，情愿卖于胡荣玺名下，卖价大洋拾伍元整。四至：东王振江，西崔德才，北王振江，南王振江。中人王振江、王振海。代字人张文斌。

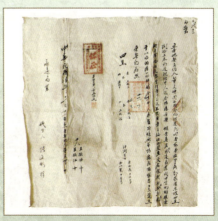

12. 中华民国七年（1918）一月六日，财政部为村民王怀山颁发执照。王怀宝居住青山岭，承恳郭家沟马州照地6顷。

13. 中华民国九年（1920）十一月十二日，村民张树勋将祖上一亩左右田地，卖与村民张玺三，定价银元13元。田地位于郭家沟东坡。双方立买卖田房草契。中保人胡法荣、孙连生。代字人张文彬。

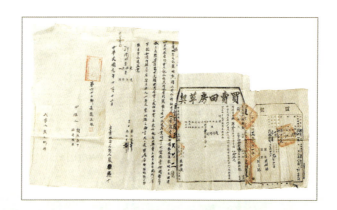

14. 中华民国十一年（1922）四月八日，村民曹成伶将坐落在青山岭的祖遗地十亩，卖与村民胡荣玺，卖价大洋136元。监证人为王佩廷。

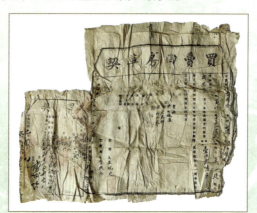

15. 中华民国十三年（1924）十二月二十三日，村民王敬将自治升科地两亩六分七厘，坐落蓟县二区六十二乡郭家沟东沟，卖与村民王怀宝，定价银元 37 元。四至：东至胡荣春，南至王怀山，西至道，北至王怀山。中保人胡得荣、胡山、卖地契文约人王敬。

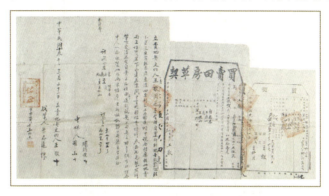

16. 中华民国廿八年（1939）十二月廿六日，村民刘福印将坐落白滩东坡的民地四亩卖与胡荣玺，卖价大洋 80 元。监证人为王佩廷。

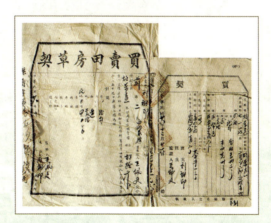

17. 中华民国廿九年（1940）五月初一日，村民张玺三将坐落郭家沟东坡根的自治民地一亩，卖与村民王怀宝，卖价大洋 30 元。中保人胡海荣、王佩廷、孙广成、孙广忠。代笔人张文彬。

18. 中华民国二十九年（1940）七月二十七日，胡荣玺买下董文仲民地一亩，坐落二区八二乡郭家沟，东至王振江，南至王振江，西至崔德才，北至王振江。卖价洋15元，应纳税纸洋九角九分。

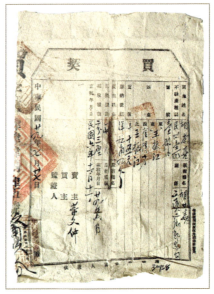

19.1951年1月1日，蓟县人民政府为村民王佐发、王孙氏、王胡氏、精息颁发土地房产所有证。按照《中国土地法大纲》规定，本户所有土地共计耕地九亩三分、房屋3间、地基一亩二分，为私有产业。有耕种、居住、典卖、转让、赠予等完全自由，任何人不得侵犯。签章为蓟县县长陈修正、郑浩然。

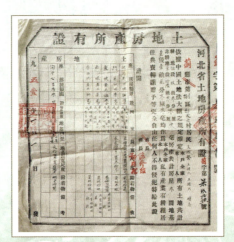

后 记

　　合上笔记本电脑,向出版社交稿,再把排版后书稿逐字、逐画地校对好,两年多的耕耘终于结果,留给作者的,除了成就感,更多的是对乡村的记忆、对振兴的思考……

　　现在的郭家沟村是知名度很高的旅游名村,值得为她著书立传。但是,这个过程对我们确实是考验:一是与村民沟通难度较大,访谈过程得到的信息往往是碎片化的,特别是很多重要的事件反而被忽略、被埋没,需要我们启动智慧去听、去问、去寻,终于挖掘出大量一手的、鲜活的素材。二是郭家沟村是2000年以后开始经营致富的小山村,存档的史料很少,只能依靠查询档案、媒体报道、村"两委"的文件文档等资料,或者听取相关人员的口述,特别有价值的是——胡金领书记的日记本为我们描画出最系统、最流畅的旅游村建设的线路图。2003年上任的胡金领有个记日记的好习惯,不记录思考和评价,只把当天发生的事流水般写下来,如今已经存下三十多册日记,这些细碎的记忆如连成串的脚印汇聚在一起,展示出郭家沟村走上乡村振兴道路的探索、前行。

　　为了写出这本能够真实体现郭家沟历史的书,我们在深入了解乡村发展历程的过程中,逐渐了解了郭家沟人,也破解了心中的疑问。为什么郭家沟能够成为天津市第一个乡村类的国家4A级旅游景区、成为乡村振兴示范村?答案是:郭家沟村的上级部门是干事务实的管理机构,郭家沟村领导班子是政务管理、经营管理全能手,郭家沟的带头人是个敢担当富智慧的人,郭家沟的党员是能够带头的好党员,郭家沟的村民是识大体、顾大局的村民,郭家村的外来工作人员是创新创业、热爱乡村的异乡人。

　　天时地利人和成就了郭家沟村。天时,是欣逢盛世;地利,是绿水青山;人和,是全村人心往一处想、劲往一处使。而我们能有机会书写郭家沟的历史和郭家沟的故事,也是新时代赋予社会科学工作者和文化工作者的使命。

　　在本书创作过程中,给我们留下的是一个个难忘的画面:村"两委"胡金领、张艳国、王凤国、贾紫璇等同志,不辞劳苦带领我们走进家家户户和景区,组织座谈会,讨论、查找、核实相关线索一起,在骄阳下组织拍照,在百忙中校对文稿……

　　老书记张志刚先生是我们的"高级顾问",在写作中有难题就去找老书记,踏破了他家的门槛。老人家笔耕不辍，亲自写出多个宝贵的民俗资料，帮助我们挖掘出非物质文化遗产"郭家沟小调"，还为我们图解"木杈子制作工艺"绘制了各种工具的图形……为了弄清家族历史，曾经当过村支书的张福刚先生为我们提供了大量的帮助。在村里智者的帮助下，我们才有可能勾画出郭家沟村12个家族的"关系图"。

夏日炎炎，摄影家王广山身背两台照相机穿梭在大街小巷，不辞劳苦走遍全村，义务奉献他的摄影作品，成为书中精彩元素。还要感谢蓟州区摄影家协会、天津旅游摄影协会将精彩作品给予我们；天津大学设计总院文旅研究院胡洋院长的点睛之笔；书法家唐云来创作了村名作品；小画师董梦瑶，她的放羊图、婚礼图活灵活现地勾勒出郭家沟人的历史过往；设计师星澜勾画出现在的郭家沟地图，艺术地再现了美丽郭家沟的村景和地形。

村民们给予了我们积极配合。有的翻出了家中的老照片，有的找出了祖辈存下的清朝年间的老地契，有的为我们提供了展示村庄历史的老物件……还有17位党员的大力支持、46家农家院（民宿）的积极配合，使我们的一个个章节没有停留在枯燥的文字上，而变得生动起来。

《郭家沟村发展志略》一书就像一座桥梁，连接着社科研究人员、文化工作者和新时代农民。天津市作家协会尹学芸主席所著的序，揭开了这本书的帷幕，也给予我们鼓励和激励。特别感谢天津社会科学院民俗文化专家罗澍伟先生，给予作者不间断的指导和鼓励。此外，王静、李洋、王玥欣等科研人员先后参加了调研。通过科学系统的理论研究，通过扎根基层的全面调查，作者团队记录下一个小山村的振兴之路，折射出中国共产党领导下的农业农村现代化建设的进程与成就。

感谢郭家沟人的信任，感谢所有帮助我们、关心我们的人。祝愿郭家沟越来越好，郭家沟人的日子越来越好！

特别感谢天津社会科学院出版社的大力支持！感谢他们认真负责的工作态度、创新创意的编撰设计，给予这本书厚重与灵动，给人们带来更好的读书享受！

在本书编撰过程中，因涉猎广泛，而作者团队学术水平有限，加之时间紧、任务重，难免有所疏漏。亲爱的读者，感谢您打开这本书，有不当之处请留下宝贵意见。在此，我们鞠躬致谢！

苑雅文　董秀娜　罗海燕

2024年9月2日于郭家沟村